Katrine Kielos-Marçal

MOTHER of INVENTION

これまでの経済で無視されてきた数々のアイデアの話

カトリーン・キラス＝マルサル

山本真麻 訳

イノベーションとジェンダー

How Good Ideas Get Ignored in an Economy Built for Men

河出書房新社

これまでの経済で無視されてきた数々のアイデアの話

［もくじ］

発明 INVENTIONS 7

1 車輪がスーツケースに付くまでに5000年を要した話

2 あごの骨を折るほど危険なガソリン車と安全で「女性向け」な電気自動車の話

技術 TECHNOLOGY 55

3 ブラとガードルのお針子が人類を月に送った話

4 馬力と女力《ガールパワー》を一緒にするな、という話

女性らしさ FEMININITY 103

5 融資されない偉大な発明とリスク満載の捕鯨の話

もくじ

CONTENTS

6 インフルエンサーがハッカーよりも稼いだ話

体 BODY 155

7 ブラック・スワンには体があった話

8 セリーナ・ウィリアムズがチェスのガルリ・カスパロフに勝つ話

未来 FUTURE 203

9 エンゲルスがメアリーの言い分を聞かなかった話

10 地球を火あぶりにしたくはない、という話

謝辞 264

原註 266

参考文献 290

索引 299

これまでの経済で無視されてきた数々のアイデアの話

発明

INVENTIONS

1 車輪がスーツケースに付くまでに5000年を要した話

バーナード・サドウはマサチューセッツ州在住のマイホームパパで、かばんメーカーに勤めていた。来る日も来る日もデスクの前でスーツケース事業とにらめっこする仕事だ。[1] 40代にしてUSラゲージ社の部長を務め、まずまずの成績を残していた。

ときは1970年、オランダ領アンティルのアルバで休暇を楽しんだサドウ一家が帰路につくときだった。カリブ海に浮かぶアルバ島は、暖かいところで冬を過ごしたい裕福なアメリカ人で賑わう場所だ。

小さな空港に着くとサドウは車から降り、家族分のスーツケースを抱えた。約70センチ四方のスーツケースにはおよそ200リットル分の荷物が入り、重さは最大25キロにもなる。それを両手に1つずつ持つと、左右のバランスをなんとかとって、よたよたとチェックインカウンターに向かうのがやっとだった。

ちなみにこれは、空港のターミナルに離陸20分前に着けばよかった時代の話である。アメリカ国内では年間30件あまりのハイジャック事件が起きていながら、[2] 金属探知機の導入も、搭乗客の尻ポケットに拳銃が隠されていないかを見張る警備員の配備も進んでいなかった。

一方で、サドウがこのとき直面した悩みには、いくつもの国際空港が専門の対策チームを置いて取り組んでいた。当時の旅行客は、汗だくになりイラつきながらスーツケースを抱え、出発ラウンジに出入りしたり、どんどん拡張されるターミナル内を移動したりしなければならなかったのだ。

救済策はあるにはあった。ポーターが押すトロリーに荷物を載せてもらうのが、少し料金はかかるが唯一の代替手段だ。ただしいつでも利用できるわけではなく、まずはトロリーを探さなければならなかったので、結局サドウもいちばんメジャーな手段を選んだ。家族分のスーツケースを両手に持って歩くことにしたのだ。

しかし、なぜこんなに大変なんだ。

ふと浮かんだこの疑問が、のちに業界を永久に変える。

通関手続きに並んでいると、空港のスタッフとおぼしき男性がサドウのほうに向かってきた。[3]重そうな機械を車輪付きの台に載せている。彼がサドウをひょいと避《よ》けたとき、空港の床を転がる4つの車輪がサドウの目に飛び込んできた。サドウは力を入れすぎて関節が白く浮かび上がっている両手を見下ろし、はっとして妻にこう言った。「かばんに足りないものがわかった。車輪だ！」

マサチューセッツの自宅に戻ると、衣装ケースのキャスターを4つとも外してスーツケースに付けた。それからその奇妙な発明品に紐《ひも》を結わえると、上機嫌で家じゅうを引き回した。これこそ未来だ。[4]サドウが発明した未来。

このおよそ1年前に、ＮＡＳＡは当時最大規模のロケットに宇宙飛行士3人を乗せて、宇宙に送り込んでいた。合計数百万リットルのケロシン、液体酸素、液体水素を燃料に、アポロ11号は地球の重力を振り切って宇宙へと飛び出した。宇宙空間を毎時3万２０００キロメートルで突き進み、地球よりも重力の弱い月面に降り立って風のない真っ暗闇を走り、燃え終わった花火のような匂いがするさらさらとした月の砂の上に、人類は最初の一歩を踏み出した。

その宇宙飛行士、ニール・アームストロング、バズ・オルドリン、マイケル・コリンズが地球に帰還したときでさえ、３人は持ち手を握ってスーツケースを持ち上げていた。19世紀中ごろに近代型のスーツケースが発明されて以来変わらないスタイルで。ここで浮かぶ疑問は、スーツケースに車輪をつける名案をなぜバーナード・サドウが思いつけたのか、ではない。なぜそれまで誰も思いつかなかったのか、である。

車輪は人類最大の発明の1つに数えられる。車輪がなければ、荷車も自動車も電車も、水力を活用するための水車も生まれていないし、その水を入れる水差しをつくるための足踏みろくろも存在しない。車輪がなければ歯車もないし、ジェットエンジンも遠心分離機も、ベビーカーも自転車もベルトコンベヤも発明されていない。でも、車輪がないころにも「円」ならあった。

世界初の円はおそらく、棒を使って砂に描かれただろう。月か太陽を見てその形を写し取ろうとしたのかもしれない。花の茎を折れば、円が現れる。木を切れば年輪が。湖に小石を投げ入れれば、丸いさざ波が水面に広がる。自然界のいたるところで出会う形が円だ。細胞から細菌まで、瞳から天体まで。円の外には次の円を無限に描くことができる。宇宙の謎のもっとも原始的な部分がここにある。

でも人体にとっては、円は自然な形とはいえない。[5] 小さな円を描くようにして歯を磨いてください、と歯科衛生士にいわれても、つい歯ブラシを往復させてしまうではないか。人間の腕には直線的な動きが適している。筋肉がそのように配置されているし、筋肉と骨をつなぐ腱《けん》と筋付着部もそうつくられている。手首、足首、腕などどこを見たって、360度回転する部位はない。人体には不可能な動きを可能にするために、人は車輪を発明したのだ。

世界初の車輪はメソポタミアで生まれたというのが、長く歴史学者の定説だった。といっても運搬に使う車輪ではなく、円盤形のろくろだ。しかし近年、メソポタミア人が円盤の上で壺をつくり始めるよりはるか昔に、東欧のカルパティア山脈の坑道を通って銅鉱石を運び出す際に車輪が使われたとする説が浮上している。[6] 現存する世界最古の車輪は5000年以上前に作られ、スロベニア、リュブリャナの約20キロ南で出土した。[7] 言い換えれば、スーツケースの課題を解決できるとバーナード・サドウが着目した技術は、5000年以上昔に生まれていたというわけだ。

サドウの発明の特許は2年後の1972年に認められた。申請書類にサドウはこう記している。「スーツケースが文字どおり床を滑り……体格や筋力、年齢に関係なく万人が、疲弊したり体を痛めたりすることなく楽に引いて運べる」[8]

車輪とスーツケースを組み合わせた類似の特許は実はすでに存在したが、サドウは知らなかった。アイデアを製品にして商業的に成立させたのはサドウが世界初で、だからこそサドウはキャスター付きスーツケースの父と呼ばれる。[9] でも、いったいなぜ5000年もかかったかについては、もっと複雑な背景がある。

キャスター付きスーツケースは、発明がときに亀の歩みとなることを示す典型例だ。「単純でわかりやすすぎる」ものが長いこと目の前にあっても、それを活用しようという発想にはなかなか至らない。

ノーベル経済学賞受賞者のロバート・シラー[10]は、発明の多くが社会に広まるのに時間を要するのは、良いアイデアだけでは役に立たないからだ、と述べる。アイデアの有用性を社会全体に認められる必要もある。その便利さに消費者側が気付けないことだってあるし、サドウの場合に関していえば、まずスーツケースに車輪を付ける意義が理解されなかった。サドウはアメリカじゅうの大手百貨店のバイヤーに発明品を売り込んだが、最初は誰も首を縦に振らなかった。[11]

バイヤーたちは、キャスター付きスーツケースというアイデアに反発したわけではない。買いたがる人がいるわけないと思ったのだ。[12] スーツケースといえば手に持つもので、車輪を付けて引きずり回すものではない。

「行く先行く先で拒否されました」とサドウはのちに語った。「意味がわからないって」[13]

発明品は最終的には、老舗百貨店チェーン、メイシーズのバイス・プレジデントだったジェリー・レイビーの目に留まった。レイビーはキャスター付きスーツケースを事務所内で引き回すと、サドウを追い払ったバイヤーを呼んで注文を命じた。[14] 英断だった。間もなくメイシーズは、サドウの特許申請の文言をそのまま借りて、これを「滑るスーツケース」として売り出した。いうまでもなく今は、キャスター付きが標準ではない世界を想像するほうが難しい。

そうあとから言うのは簡単だとロバート・シラーは述べている。シラーは、サドウより約40年早くキャスター付きスーツケースを売ろうとしたジョン・アラン・メイについてこう言及した。メイは、人類が昔からさまざまなものに車輪を付けてきたことに気が付いた。大砲、荷馬車、手押し車など、「重い」と見なせるあらゆるものに車輪を足してきた。その論理でいえば、延長線上にスーツケースがあるのは至極自然だ。「車輪をもっと有効活用しませんか」と、メイは100社以上にアイデアをプレゼンしてまわった。でも誰もまともにとりあわなかった。むしろ鼻で笑った。車輪をもっと有効活用する？　じゃあ人間に付けたらいかがです？　転がせるじゃあないですか！　実用的でしょう？[15]

ジョン・アラン・メイのスーツケースが販売されることはなかった。

経済学者は、人間は合理的に行動するという前提で話を進めがちだ。でも現実はというと、人間は自分たちを過大評価し、素晴らしい発明はもう出尽くしたと思い込んでいる。そればかりか、「単純」で「わかりやすすぎる」新アイデアを認めたがらない傾向にある。いま世に広まっている技術はすでに最高の形、完成形なのだからと。現代の生活を思えばそれも仕方がない。冷蔵庫の扉が手前に開き、自動車をハンドルで操作するのは、それが最善だというところにたどり着いたからでしょう？　この考え方のせいで、キャスター付きスーツケースのようなわかりやすい発想をみすみす逃している。

ロバート・シラーはこの問題をどうしても見過ごせないようで、自著内で何度も取り上げている。『ナラティブ経済学』（東洋経済新報社、２０２１年）では、スーツケースを転がすことへの抵抗感は、集団圧力という、新奇なアイデアにつきまとう懐疑論のもととなる現象で説明できると述べた。[16] あることを誰も――特に成功者と見受けられる人が誰も――していないのには、それだけの深くて合理的な理由があるに違いない、と勝手に納得してしまう。そのせいで損をしようが危険な目に遭おうが関係ない。結局は、知らぬ神より見知った鬼。誰もスーツケースを転がしてなどいないのだから、わざわざそうする必要もないでしょう？　このような考え方が発明を邪魔することがある。ただ、シラーはこの説明だけでは満足していない。この件はもっと複雑だ――人はなぜスーツケースを抱えることに固執したのだろう？　車輪を付けて引いたほうがずっと楽だというのに。

世界的に有名な思想家のナシーム・タレブもまた、キャスター付きスーツケースの謎について思案してきたひとりである。もう何十年も空港や鉄道駅で重いスーツケースに苦戦しながらも、疑問を抱いていない自分に驚いた。そうしてこの事象を自著『反脆弱性』（ダイヤモンド社、２０１７年）で研究することにした。[17]

タレブは、人間がいちばん単純な解決策を素通りしがちであることの例として、スーツケースに長く車輪が付かなかった事実を挙げている。人間は、難解で壮大で複雑なものを求めてしまう。スーツケースの車輪のような技術はあとから思えば当たり前のようでも、昔からそう見えたわけではない。

同様に、新しい技術が発明されたからといって活用される保証だってない。スーツケースに車輪が付くまでに結局5000年もかかったのは、おそらく極端な例ではある。でも、たとえば製薬界では、ある発見がなされてから製品となって市場に出るまでに数十年かかることはちっとも珍しくない。[18] 新しい技術が日の目を見るにはたくさんの条件が重なる必要があり、たとえば、適切な人間が適切なタイミングで適切な場所にいなければならない。実は発明者本人さえ、発明した技術がもたらす効果に気付いていないことが多いのだ。これを何に応用できるだろうと考えて、新技術を製品へと変身させる、天性の理解力を持つ誰かの目が必要となる。

その人がついぞ現れなければ、発明からは何も生まれない。本当にたくさんのものが「半分だけ発明された」状態に何百年もとどまっている、とタレブは述べる。良いアイデアがあっても、何にどう使えばいいのかがわからないのだ。

「どうして活用しないんですか？　これほどすごいものはないのに！」と、コンピューターの画面上を動き回るポインターを初めて見た24歳のスティーブ・ジョブズは、大声を上げた。[19] カリフォルニア州にあるゼロックス社の商業研究施設、PARC（パロアルト研究所）での出来事だ。1970年代当時、世界トップクラスのデータエンジニアやプログラマーがここに集結していた。ジョブズは、アップル社の株10万株を100万ドルで売る代わりにこの名高い研究所を見学させてもらう約束を取り付けたのだった。取引は結果的には大損だった。ゼロックス社にとっては。

ジョブズを興奮させたのは、案内役のエンジニアが画面上のポインターを動かす際に使った「マウス」と呼ばれるプラスチック製の機器だった。画面では、「アイコン」ごとに、「ウィンドウ」が開いたり閉じたりした。決定的だったのは、エンジニアがコマンド入力ではなくクリックでコンピューターを操作していた点だった。つまり、ゼロックス社はマウスと近代的なGUI（グラフィカル・ユーザー・インターフェース）の両方をすでに発明していたのだ。[20]唯一の問題は、その正体を理解していなかったこと。

ジョブズには、理解できた。

マウスとGUIのアイデアをアップル社に持ち帰ったジョブズは、1984年1月24日にマッキントッシュを発売。何をもって「パーソナルコンピューター」とするかを定義づけたマシンとなった。

マウスをクリックするだけで、画面に表示される「ファイル」形のアイコンにデータを入れられる。1台2495ドルのアップル社のマッキントッシュは、のちに世界を一変させる。ジョブズの目に映ったゼロックス社のマウスは単なるボタンとコードではなかった。コンピューターを一般向けに広く普及させる鍵を握った端末だった。あの日ジョブズがゼロックス社を訪問しなければ、ひょっとすると、近代型のパソコンの登場まで5000年待つことになったかもしれない。まさにこれがタレブの言いたいことだ。イノベーションは、あとから見れば地味で当たり前でも、そのときにはなかなか気付けないもの。結局、スティーブ・ジョブズがずば抜けていたのだ。生まれたての技術を見て、どうすれば製品に変身させられるかを見抜ける人は、そういない。

車輪だって、きっと発明されるやいなや世界に革命を巻き起こしたのだろう、と思われている。たしかに作った人は天才だ。車輪があれば、摩擦を減らし、てこをつくり、動かないものを動かすことができる。

こんなイメージだろうか。何千年も昔、突然ひらめきの瞬間が訪れた。彼女は自分の村へ駆け戻り、森で倒木が転がるのを見て浮かんだインスピレーションを大興奮で仲間に話す。仲間は雷に打たれたような顔でそれを聞き、彼女に畏敬の念を抱く。この瞬間から私たちの生活は一変するのだ、すべてに車輪が付くようになるのだ、と思いながら。

ところが残念、そうではない。車輪は長いこと、理論としては素晴らしいが十分に応用されていない発明品のひとつだった。

伝線しないタイツと少し似ている。

ローマ帝国の全盛期、盾と羽根飾り付きのかぶとを装備したローマ軍団兵は、石畳の道が張り巡らされた帝国内をローマからブリンディジへ、アルバニアからイスタンブールへと隊列を組んで歩いた。ローマ街道は、男たちがグラディエーターサンダルで練り歩くのに適した道だった。一方で車輪に適しているとはいえなかった。

なぜかというとローマの道は、小石の層と粘土の層を代わる代わる重ねた上に大きな平たい石を敷いて造られたからだ。その上を鉄で縁取られた車輪でガタゴトと進むと、ローマ皇帝が贅《ぜい》を尽くした石の道に溝が付き、これを皇帝が嫌がった。こうした場合に権力者がとる行動はおおよそ決まっている。規制だ。車輪を持つ乗り物に対し、寛大とはいいがたい積載制限を課した[21]。

だが数百年をかけて、ローマ式の道の造りは上下あべこべになる。大きな平たい石を土台に、丸みのある小さめの石が上に敷き詰められるようになった。つまり、あるときを境に、車輪を持つ乗り物が道を破壊せずにたくさんの荷物を運べるようになったのだ。でも難点もあった。馬車で走ると、道の表面の小石が道の両脇に押しやられてしまう。するとしょっちゅう整備しなければならず、費用がかさむ。街道整備などの新しい仕組みが早急に必要となったが、広大な帝国じゅうの道が整備できているかをいったい誰が管理するというのか。

18世紀になってようやくスコットランド人の発明家、ジョン・マカダムが、道の上に敷く小さめの石は角張っているほうが良いことに気付くと、ヨーロッパで車輪使用が飛躍的に進んだ。車輪で道を踏んだとき、丸みのある石は両脇に押し出されていたが、角張った石ならばその場で押し固められる。よって、マカダム流で造られた道は平らな状態を維持できた。

それでもやっぱり難点はあった。角張った小さな石はすべて同じサイズでなければならない。労働者たちが道の両脇に並べられ、石をぴったり同じ形に割っていく作業を命じられた。その多くは女性と子どもだった。車輪が世界に革命を起こすには、まず世界のほうが車輪に合わせて変わる必要があったし、そこに時間がかかったのだ。いうまでもなく、大量の人手も。

新しい技術は、ときには試されさえもしなかった。中東では輸送手段として車輪よりもラクダが長く好まれてきた。経済的な理由からで、ラクダのほうが運用コストが安い。人間を背負って毎日２５０キロを歩きとおすし、食べ物はとげのある小枝や乾燥した葉を少々、それを何時間だって噛《か》んでいる。砂の上を自由自在に移動できるので、大きさをきっかりと揃えた石畳で道を造る必要もない。イノベーションは往々にしてこの道を辿《たど》る――新しい技術は最高に素晴らしいかもしれないが、経済的とは限らないから。とはいえ、車輪がやっとスーツケースに付いたのが１９７２年だったことに経済的な理由などないだろうけれど。[22]

長いあいだ、余暇としての旅行は主に富裕層だけに許された道楽だった。貴族の青年は衣装だんすのごとく巨大な旅行かばんに持ち物を詰めて、パリやウィーン、ヴェニスに周遊旅行に出かけた。召使いが荷物を全部抱えて付いてきてくれるのだから、かばんに車輪を付ける必要性など感じるはずもなかっただろう。

これとはかなり性質の異なる旅もあった。よりよい生活を求めてアメリカに移住する貧しいスウェーデン人一家を描いたヴィルヘルム・ムーベリの名作小説『The Emigrants（移民者たち）』（未邦訳）シリーズでは、主人公たちは生活用品や衣類、大工道具を、金属と木、革でつくられた不格好な馬鹿でかい箱に入れる。スウェーデンで「アメリカトランク」として知られるようになったこの箱は、長い船旅に耐えるつくりになっており、持ち運びやすさを考えたものではない。そもそもスウェーデンに帰る可能性はゼロに等しいのだから、車輪があってもしかたがない。

結局、現代の私たちがスーツケースと呼ぶものは、近代のマスツーリズム（旅行の大衆化）が広まり始めた19世紀末にやっと誕生した。娯楽として旅をするようになった人々が楽しんだのが、列車や蒸気船の汽笛、そして革新的なかばんだった。何が革新的かというと、かばんのてっぺんを見ればわかる――持ち手だ。片手で持てるかどうかが近代のスーツケースとその祖先を分ける目印だった。

旅行人気に火が付くと、ヨーロッパの主要な鉄道駅では旅行客の荷物を運ぶポーターが急増した。でも20世紀中ごろにかけてポーターの数は徐々に減り、旅行客は自力で荷物を運ぶか荷物用トロリーを使うかするようになった。[23]

1961年、イギリスの富裕層向け雑誌『タトラー』がこの問題を大きく取り上げた。市場に出ている製品は単純に時代のニーズに合っていない、スーツケース業界にはブレイクスルーが必要だ、というのが同誌の見解だった。誰もが（『タトラー』誌の読者層でさえも）自力で荷物を運ばざるをえない時代と経済になってきていた。マドリードの駅に降りて税関に辿りつくより先に汗びっしょりになる、と同誌は書いた。[24] どうにかしなければ。

当時売り出されていたスーツケースの持ち手には、高級皮革が使われることが多かったが、それでも縫い目が手に食い込んだという。国境で列車を乗り換えるのに200メートル歩かなければならず、いっそスペイン旅行を諦めようかと思うくらいだ、と。世界各地を旅してまわる新世代にとってこれはゆゆしき問題だった。そこで『タトラー』誌は奮起して、最新のスーツケースモデルの持ちやすさを比較検証する熱意あふれる記事を出した。

　同誌いわく、ハロッズへ行けば当たり前にスーツケースは買える。あそこへ行けば旅行がいくらか楽になる。イギリスの著名百貨店のハロッズには「持ち心地が市場トップクラス」の高級スーツケースが並んでいたが、やはりお値段もなかなかのものだ。そこで同誌は、業界はデザイン面のイノベーションに注力したほうがいいと力説した。最先端の素材を使った革新的な持ち手に期待したい、と。もっとも、持ち手の素材だけに「最先端」を求めるのはどう考えても考えが甘いのだが。

　車輪のほうは、『タトラー』誌の視界には入っていなかった。同じ１９６１年、旧ソビエト連邦の宇宙飛行士ユーリ・ガガーリンが人類で初めて宇宙に行った。人間を大気圏外に打ち上げることができながら、スーツケースに車輪を付ける案を思いつけなかったのだ、人類は。このあたりから、物事はますます不可解な方向に進み始める。

　実はなんと１９４０年代のイギリスの新聞に、スーツケースに車輪の技術を適用した製品の広告が載っている。厳密にいえばキャスター付きスーツケースではなく、「ポータブル・ポーター」と名付けられた車輪付きの器具をベルトでスーツケースにくくり付ける方式だ。つまり、自分のスーツケースをキャスター付きにアレンジできる商品がちゃんと存在したというわけだ。でも、なぜ広まらなかったのだろう？

　このキャスター付きベルトは、１９４８年のコヴェントリー駅で初めて注目を浴びた。[25] 地元の新聞で紹介されたのだ。その記事によると、重そうなスーツケースを持った「すらりとした栗色の髪の美女」に手を貸そうと、ポーターがプラットホームへの階段を駆け下りた。美女は「いいえ、ご心配なく――自分で運べますから」と返した。そしてその場にしゃがみ込んでカーキ色のベルトを取り出し、キャスター付きに変身させたスーツケースを意気揚々と転がしながらホームに停車中の列車に向かって歩き出した。できすぎなほど絵になるその姿をひと目見ようと、列車の乗客たちも窓から覗いていたという。

なんだか宣伝くさいなと感じただろうか。そのベルトの特許をとったのは偶然にもコヴェントリー発の企業で、[26]発明者2名もあわせて記事に取り上げられた。「男性の力が足りないいまの時代」に重宝される革新的なアイデアで、成功を確信したと語った。

さて、ここでキャスター付きスーツケースの謎の最初の手がかりが登場する。プラットホームでスーツケースを転がしてみせた女性の話は、『コヴェントリー・イブニング・テレグラフ』紙の「女性と家庭」コーナーに掲載された。すぐ隣には申し分なく英国的なクッキングコラム（「細かくすりおろした、またはみじん切りにした野菜にマーガリンをよく混ぜると、美味しいサンドイッチ用スプレッドのできあがり」）。スーツケースを転がす必要があるのは女性だけと暗に示されているみたいだ。男性は持ち上げて運べばいい。男性の上半身の筋力は、女性と比べて平均40〜60％高い。スーツケースを持ち上げると腕、背中、肩に重みがのしかかるので、一般的には女性のほうが苦戦するはずだ。

コヴェントリーの発明家2人が、このベルトを主に女性向けに発明したのは明白だ。車輪が本体に付いたスーツケースの製作にも取り組んだ。顧客の手で車輪を取り付けるならはじめからメーカー側で付けて売ったらいいのでは、という至極当然な結論に至ったのだった。そうしてバーナード・サドウがひらめくよりもずっと先に、キャスター付きスーツケースを実際に製造した。ところがイギリス人女性にとってはニッチでチープだったせいか、広まらなかった。[27]男性の生活も便利にしたかもしれないし、世界の旅行かばん市場を一変させたかもしれないのに、1960年代の世界はその女性向け製品を受け入れる準備ができていなかったのだ。

1967年、レスターシャーに住む女性が、辛らつな口調の手紙を地元紙の編集長宛てに送った。女性は、コヴェントリーの発明家たちが20年前に生んだのと同様のキャスター付きベルトをかばんに装着していた。それで地元のバスに乗ると、かばん用に券をもう1枚買うよう車掌から指示されたという。「車輪の付いているものは乳母車と見なす」という論理だった。納得できずに女性は言い返したそうだ。「じゃあローラースケートを履いて乗ったら、乗客扱いになるんですか？　それともベビーカー扱い？[28]」

1930年代にアメリカで食料雑貨チェーンを経営していたシルヴァン・ゴールドマンには、女性と荷物の問題について考察するだけの理由があった。[29]

真面目なビジネスマンなら皆するように、ゴールドマンもどうすれば事業利益を最大化できるかを考えていた。そして、買い物客のほとんどが女性であること、店内専用の買い物かごに入る分、持ちきれる分しか買っていかないことに気が付いた。さて、一般的に言って、会社を成長させる方法は2つある。顧客を増やすか、既存顧客にもっと多く売るかだ。ゴールドマンの場合はどうやら、女性が持てる荷物量に限りがあるせいで既存顧客に売る量を増やせずにいる点が問題だった。

ゴールドマンは考えた。女性が食料品をもっとたくさんレジに持っていけるようにするには？　できれば片手が空いた状態で、棚から商品をどんどん取れるといいのだが。そう、ここで人類がやっと車輪に着目する。バーナード・サドウの40年前だ。ゴールドマンは世界初のショッピングカートを発明し、自分の商店に導入した。

それでどうなったかって？

誰も使いたがらなかった。拒絶だった。どうにか受け入れてもらおうと、ゴールドマンはついに「サクラ」を雇って店内でショッピングカートを押させた。男性客のなかには、カートを侮辱と受け取る人が多くいた。「この太くたくましい腕にこんなちっぽけなかごが持てないとでも？」と。[30]つまり、シルヴァン・ゴールドマンは自身の発明で億万長者になる前に、まずは「車輪付きのカートを押すなんて男らしくない」という観念に対峙しなければならなかったのだ。なんとも強い影響力を持つ固定観念だった。

何より、これには長い歴史がある。

さかのぼること12世紀、吟遊詩人のクレティアン・ド・トロワが語った騎士ランスロットの物語がある。[31]友であるアーサー王を裏切ってグィネヴィア王妃と恋に落ち、そのせいで聖杯を手にし損ねた悲劇の騎士だ。クレティアン・ド・トロワの詩には、さらわれた愛しのグィネヴィア王妃を捜して、ランスロットがはるか遠くまで旅する場面がある。馬を失ったランスロットが、重い防具をガチャンガチャンといわせながら田舎道を歩いていると、小さな荷車に乗ったこびとが近づいてきた。

「こびとよ！　王妃が通るのを見かけなかったか？」とランスロットは大声で呼びかけた。

こびとはイエスともノーとも答えない。代わりにその悲運の騎士にこう提案をする。

「私の荷車に乗るなら、王妃に何が起きたかを明日お教えしましょう」

何も悪いことはないように思える。ランスロットは移動手段に加えて欲しい情報も手に入れられるのだから。でも実はこびとは、騎士にとっては屈辱的な「車輪のついた乗り物に乗る」行為をランスロットに求めたのだ。12世紀の読者にとっては一般常識だったようだが、現代ではまったくピンとこない。いったいなぜ車輪が男らしくないということになるのだろう？

古代の戦士や王たちは馬で引く二輪戦車に乗って戦場を駆けまわり、雷鳴のような音を立てる馬車で敵国の罪人を引きながらテベレ川を渡った。当然、戦車や馬車には車輪があった。ところが軍隊における騎兵隊の戦略的価値が高まるにつれて馬車の人気は落ち、車輪の人気も落ちていった。車輪付きの乗り物に乗って引っぱってもらうなんて行為は、男らしい騎士道精神にはそぐわなくなったのだ。これがランスロットのジレンマの核心であり、こびとの提案の非道さを表している。[32]

この詩の見せ場は、高貴なランスロットがグィネヴィア王妃と愛のために騎士としての品位を落とす、その覚悟の大きさである。彼の品位は落ちるところまで落ちた。ランスロットは荷車に乗ったのだ。車輪は、サーガの悲劇的な結末に向かって転がり始める。

ここで、バーナード・サドウと彼の画期的な発明品であるキャスター付きスーツケースに話を戻そう。サドウがインタビューに応じたのは数えるほどしかないが、そのうちの1回で、アメリカの百貨店チェーンがサドウのスーツケースにこぞって難色を示したことについて語っている。

「あのころは男らしさを誇示する雰囲気がありましたね。男なら妻のスーツケースを持ってやるという。それが当然だったんです」

言い換えれば、キャスター付きスーツケースが市場から受けた反感は、ジェンダーと強く結びついていた。この小さな要素こそ、なぜスーツケースに車輪が付くまでにこれほどの年月を要したのだろうと長く考察してきた経済学者たちが、見過ごしてきたものである。

人間がキャスター付きスーツケースの真価を見抜けなかったのは、それが男らしさに関する俗説と噛み合わなかったから。今なら、どう考えてもおかしいとわかる。「真の男ならかばんを抱えろ」なんて理不尽な考えがいったいどうして、今にしてみれば必然とさえ思える発明を妨害できるほど根強かったのだろう。男らしさに関する通説がいったいどうして、利益を欲する市場よりも頑固だったのだろう。そして、「重い物は必ず男性が運ぶべき」という乱暴な考えのせいで、世界規模で業界を変えるであろう製品の可能性が見えなくなるのはなぜ？

このような疑問が、本書の核である。男らしさにまつわるある種の観念を死んでも手放したくない人が、この世にはごまんといるのだ。「真の男は野菜を食べない」、「真の男はちょっとした体調不良で病院に行ったりしない」、「真の男はコンドームを付けない」などという教えが日々、生身の男性を苦しめている。社会は頑なに男らしさにしがみつき、文化はときに人命よりもその観念を守ろうとする。そんな状況では、古い観念が技術イノベーションを500年も押しとどめるほどの強力さを有するのも当然だろう。でも、私たちはこのようなジェンダーの観点からイノベーションを見ることはほとんどしてこなかった。

1972年のキャスター付きスーツケースの広告を見ると、ミニスカートとハイヒール姿の女性が、白っぽい大きなスーツケースを運ぶのに苦戦している。女性はモノクロで、つまり過去を表している。一方でもう1人の女性はユニセックスの茶色いスーツを着て、首まわりにはスカーフをネクタイのように結び、モノクロの女性の脇をすり抜けてさっそうと手前に歩いてくる。こちらはまさに現代のイメージで、なんとスーツケースを引いている。顔には笑みをたたえ、目線は少し上、未来を見据えている。

キャスター付きスーツケースは社会の変化とともに市民権を得るようになる。1980年代に入って女性の単独行動が増えた。荷物を代わりに持ったり、持つよう期待されたり、持たないなんて男らしくないと見なされたりする男性を、同伴しなくてよくなった。[33] キャスター付きスーツケースは、女性の自由という夢を連れてきた。男性の護衛なしに遠出するのは普通のことだと許容される社会を。

マイケル・ダグラスとキャスリーン・ターナー主演の1984年公開のハリウッド映画、『ロマンシング・ストーン　秘宝の谷』では、ターナー演じるジョーンがキャスター付きスーツケースを引いてジャングルへ入る。バーナード・サドウが発明した、長辺に車輪が付いていてストラップを持って引くタイプのスーツケースだ。熱帯植物がうっそうと生い茂る環境でスーツケースは幾度となくバタンと倒れ、ダグラス演じるジャックのいらだちを誘った。ジャックはターザンのように木のつるにぶら下がり、伝説の巨大エメラルドを探し出しながら敵からジョーンを守る役どころだ。その過程でしょっちゅう倒れるジョーンのスーツケースはジョークとして描かれている。

　これはバーナード・サドウ版モデルの深刻な問題だった。サドウの世界初のキャスター付きスーツケースは、長い辺に車輪が付いていたために安定性が悪かった。革ひもを持って自分の真後ろでゆっくりと慎重に、それもできれば平らな地面の上で引く必要があった。

　デンマークのかばんメーカー、キャバレー社は、車輪を短い辺に付ければこれを解決できると1980年代序盤に気付いていた。[34]しかし業界大手のサムソナイト社が従来の車輪の位置にこだわったため、1987年までは長辺に付けるのが主流だった。1987年、アメリカのパイロットだったロバート・プラスが現代式の機内持ち込み用かばんを開発。[35]サドウのスーツケースの向きを変えて小型化したものだ。ここまできてやっと、車輪がかばん業界に革命を起こす。

　この新型スーツケースはたちまち大流行した。はじめは客室乗務員向けに販売され、空港のピカピカの床の上で華やかな制服姿でかばんを引き回す様子を、旅行客は目を見開いて眺めた。これは欲しい。

すぐにあらゆるかばんメーカーがあとを追い、スーツケースは持ち手を握って持ち上げるものから、後ろ手で引くものへと変化した。これが今度は飛行機と空港の造りに影響を与え始める。業界のあちこちで改築や見直しが必要となり、市場全体が変わっていった。

ロバート・プラスの機内持ち込み用かばんは、現代ビジネスマンの必須アイテムの座を獲得した。どんな国のどの空港でも軽快な音を立てて転がる車輪もあわせて。グローバル化の象徴だ。3センチの車輪が2つ付いていたって今はもう男性を脅《おびや》かしはしない。ごく最近の1970年代までは脅威だったのだけれど。


スーツケースに車輪を付けるくらい、男らしさの観念に反発する空気が整ったのは、人類の月面着陸よりもあとだった。キャスター付きスーツケースへの投資を一度は拒否した百貨店とバイヤーは、ジェンダーロールが変わりつつあることに気が付いた。現代の女性は1人で遠出できる力を欲していること、そして、男性が腕力をアピールして男らしさを証明する必要はもうないことにも。

このような考え方ができるかどうかが、キャスター付きスーツケースを誕生させる最後の1ピースだったわけだ。男性だってかばんを抱えるか否かより快適さを重視するようになるし、女性は1人で長距離移動するようになると、想像できるかどうか。そうできてやっと、キャスター付きスーツケースの正体がちゃんと見えてくる。ものすごく妥当で重要なイノベーションではないかと。

客室乗務員がキャスター付きスーツケースの真の先駆者になれた理由は、とてもわかりやすい。新製品を初めて大量導入して空港を闊歩《かっぽ》し、自由闊達な生きた広告として機能したからだ。言うまでもなく大半が女性で、当然ながら1人で長距離移動する人ばかりだった。このような女性の増加にあわせてキャスター付きスーツケースは大躍進した。

まとめると、「男性はかばんを持ち抱えるべき、女性は移動を制限されるべき」という社会のジェンダー観に変化が起きたとき、スーツケースは転がり始めた。かばんに車輪を付けるのになぜ5000年もかかったのか。この謎の答えはジェンダーだった。

意外だと感じたかもしれない。結局私たちは、「ソフト」（女らしさや男らしさの観念）に「ハード」（技術の継続的な進歩）を押しとどめる力があるなんて思ってもみなかったのだ。

でも、スーツケースを縛っていたのはまさにそれだ。スーツケースひとつにこうなのだから、私たちのジェンダー観はそうとう頑固に違いない。

2 あごの骨を折るほど危険なガソリン車と安全で「女性向け」な電気自動車の話

子どもたちを連れて母に会いに行ってきます、と彼女は書き置きした。手段については触れなかった。だから夫は、列車で行くのだろうと思った。統一されたドイツ帝国の南西にあるバーデン大公国が夏休みに入った、1888年8月のことだった。[1]

その朝ベルタ・ベンツは、夫が組み立てた「馬なし馬車」を操縦して、慎重に工場から外に出した。[2] 2人の息子、オイゲンとリヒャルトが手を貸した。夜明けが近づくなか、誰も起こさないように、特にベルタの夫、カール・ベンツを絶対に起こさぬように。家から十分に離れてやっと、エンジンをかけた。これから黒い森の端のプフォルツハイムという町を目指して、3人で代わる代わる運転しながら片道90キロメートルの道のりをゆく。これほどの長距離ドライブを当時は誰もしたことがなく、だからこっそりと車を出す必要があった。

カール・ベンツは、発明品を「馬なし馬車」と呼ぶことにこだわった。整然としたこぎれいな町、マンハイムでは、カールの乗り物は数年前から話題の的だった。特別に招待した人たちの前で初めて馬なし馬車を運転して見せたとき、カールは自分の発明品にうっとりするあまり庭の塀にまっすぐ突っ込んでしまった。隣に乗っていたベルタともども外に投げ出され、れんがの塀に激突した三輪自動車の前輪は大破。金属片をかき集めて工場に戻り、一から組み立てなおす羽目になった。

特筆しておきたいのは、ベルタが私財のほとんどをカールの発明に投資したことだ。まず結婚持参金をまるごとカールのエンジン会社につぎ込み、それから相続遺産を前倒しでもらいたいと両親を説得した。ベルタが夫の事業に投じた合計4244グルデンは、マンハイムに豪華な一軒家を楽に買える金額だ。それでもベルタ・ベンツは「馬車を馬なしで走らせる4サイクルエンジンを開発する」夢のほうを選んだ。何年間も試行錯誤を重ねてついに、世界初の自動車が完成した。[3] 最高時速は16キロメートルで、4サイクルの内燃エンジンと単気筒を搭載。ベンツ・パテント・モトールヴァーゲンと呼ばれ、わずか0・75馬力の出力だったが、何より重要なことにちゃんと走ったのだった。

馬なし三輪馬車を開発してしばらくは、騒ぎを起こさないよう、暗くなってからカールがテスト走行を行った。車の姿を見ようものなら子どもたちは悲鳴を上げ、老人たちは跪《ひざまず》いて胸の前で十字を切り、大通りの労働者たちは道具をほっぽりだして一目散に逃げ出したから。特に迷信深い人は、見えない力に引かれてうなり声をあげる地獄の三輪馬車を見て、悪魔が来たと震えあがった。でもさらに大きな問題は、市場が車の実用性を疑問視していたことだ。いったい何の役に立つんだ?

さらに困ったことには、最終的にはメルセデス・ベンツ社の片割れとして歴史に名を残すことになるカール・ベンツだが、正直、商才には恵まれなかった。[4] 特許取得から2年も経った1

888年のはじめに馬なし馬車の販売を始めたが、母国ドイツよりもフランスでよく売れた。ドイツ国内では地方当局や警察とスピード制限に関して話がつかず、足止めを食らっていたのだ。のろのろと運転できたってどうしようもないではないか。最終的には国側が折れ、ミュンヘンで開催されたドイツ帝国技術博覧会では、カール・ベンツの自動車は近未来的な大傑作とようやく評判を得たのだった。

その博覧会でカールは金メダルを獲った。ではたしてビジネス面の戦略はあったのだろうか？　ベンツ社が開発したエンジンが幅広い用途に役立ちそうなことは誰の目からも明らかだったが、自動車の使い道にはピンときていない人が多かった。いつ、どう使えばいいんだ？　だからこそ、ベルタ・ベンツは1888年8月5日の朝5時に起きたのだ。

ベルタの母が住むプフォルツハイムは、マンハイムからは90キロメートル離れていた。ベルタと息子たちはカールに秘密でドライブの計画を練った。楽しむため、そしてカールの発明品が単なる新型エンジンではなく革新的な交通手段であることを証明するために。

プフォルツハイムまでは波乱万丈の道のりだった（しかも15時間かけて見事到着したのに、ベルタの母は町の外に出かけていて留守だった）。道中で幾度かは故障するだろうと見込んでいたので、想定外というほどではなかった。

まず燃料パイプが詰まり、ベルタは婦人帽の留め針を使って詰まりをとった。しばらく行くと露出していた点火ワイヤーに絶縁材が必要となり、ベルタは靴下止めを片方外して代用した。

ベルタ、オイゲン、リヒャルトが交替でハンドルを握ったが、上り坂のたびに息子たちが降りて後ろから押さなければならなかった。内蔵のエンジンでは傾斜をうまく登れなかったのだ。運転席からベルタが道ゆく人々に声をかけ、手を借りた。上り坂が急こう配なら、その下りは身の毛のよだつ急降下。自動車の重量は360キロ。シート右側のレバーでブレーキをかけるも、止まれるかどうかは運まかせだった。当時は馬なし馬車でこれほど遠くまで、しかもこれほど丘を越えた人はおらず、ベンツ・パテント・モトールヴァーゲンⅢのブレーキブロックはじきにすり減ってしまった。バウシロットの小さな村を通りかかったときに、ベルタは靴屋に寄ってブレーキブロックを革で覆ってもらった。

これが、ベルタと息子たちが発明した世界初のブレーキライニング（摩擦材）である。

水の補給にも常に悩まされた。エンジンが爆発しないよう、常に冷却し続ける必要があったのだ。ベルタたちはとにかくどこからでも水を調達した。宿屋、川、いざとなれば、そこらのどぶからも。ハイデルベルクの南のヴィースロッホという小さな町では、燃料補給のために、業務用のしみ抜き剤として売られていた石油留分のリグロインを購入した。その町で薬剤師をしていたウィリー・オッケルが瓶ごと売ってくれたという。のちに世界初のガソリンスタンドとして認められるとはつゆ知らず。

夜にプフォルツハイムに到着したベルタ・ベンツは、夫カールに電報を打った。カールは怒りはしなかったがひどく驚いて、翌日にベルタと息子たちがマンハイムに戻ると、車に低速ギアを加えようと決めた。黒い森周辺の丘をうまく走れるように。もちろん、世界中のあらゆる道も。その年の終わりにベンツ・パテント・モトールヴァーゲンⅢの商用生産が始まり、1900年にはカールの会社は世界最大規模の自動車メーカーとなる。

世界初の長距離ドライブを果たしたのは女性だった。にもかかわらず、世界はじきに、女性は運転には向かないという結論に至る。エンジンの付いた乗り物の上で好き勝手させていい生き物ではないのだから。だめだめ、女性はかよわいのだから。コルセットで締め上げて、ペチコートとつばの広い帽子と長手袋、合計15キロを身にまとって生きていくよう神がつくりたもうたのだから。女性は弱くて内気で怖がりで、ちょっとでも脳に刺激があったら子宮にさわると科学的にもいわれているじゃないか。「女性は運転に向かない」ことを裏付ける理由はどれも、実はちっとも新しくはなかった。

かつてローマ帝国は、女性の馬車利用を禁止してローマ市内の交通事情を改善しようとした。市街地を歩いて移動するのは楽ではなかった。網の目のように張り巡らされた狭くうねる路地を、にんにく売りや羽根の行商人、オリーブオイル職人などが汗まみれで行き交う合間を縫って進まなければならない。馬車1台分の幅しかない道も多く、奴隷は前から来る馬車を止める役目を負わされた。生身の肉体を持った主人専用の歩く信号機だ。[5]

当時のローマ帝国はカルタゴと戦争中だったので、「上流階級が贅沢三昧している脇でアフリカの戦地に死にに行きたい者などいない」という政治的な理由から、あらゆる形の贅沢消費が禁止された。民衆の怒りを買って戦意を損なわせかねないものは、ローマの道から一掃しろ。そうなると、女性が車輪付きの乗り物に乗る以上に自堕落な行為があるだろうか？　かくして女性の馬車利用が禁止され、ローマの裕福な婦人たちは激怒した。それどころか、詩人オウィディウスによると、自ら堕胎して禁止令の撤廃を訴える女性もいたという。

20世紀の初めには、「女性が車輪付きの乗り物を運転するなんて自堕落な」というよりは、単に「女性に運転能力がない」という通説が主流になっていた。運転席に座るには女性はあまりにも精神が不安定で身体が軟弱、頭脳も劣っている、と。同時代に女性は参政権と高等教育を受ける権利を勝ち取ろうとしていたが、そこで浴びせられた反論とまったく同じだ。いち国民としての女性の役割について、かつてなかった議論が繰り広げられるようになると同時に、女性はいっせいに自動車に乗りはじめた。女性とは誰であり、何ができるのか。その論争がじわじわと技術革新に入り込み、活気づけてきたのだ。[6]

そのころ自動車はオーダーメイド制だった。注文時に希望を伝え、そのとおりに製造される。基本的に自動車メーカーには市場全体を見て熟考するほどの余裕がなく、どちらかというとその場の間に合わせで作っていた。

当時はさまざまな移動手段が好きに使われていた。徒歩に馬、ロバ、列車、路面電車、それから自動車。自動車の動力も、ガソリン、電気、蒸気とさまざまだった。20世紀初頭、ヨーロッパの自動車の3台に1台は電気自動車だったし、アメリカではさらに割合が高かった。

ガソリン車メーカーと電気自動車メーカーが、どちらの方式が優れているかで言い争うさまが目に浮かぶようだ。でも実際、自動車黎明期のメーカーは、自動車がいかに馬や馬車に勝るかを宣伝したがった。彼らが参入したいのは馬を利用した交通市場だったのだから、理にはかなっている。

その時代のガソリン車――ベルタ・ベンツがプフォルツハイムまで運転したベンツ・パテント・モトールヴァーゲンⅢの後継車だ――の信頼性はまだまだ低かった。始動させるのが難しくて音もうるさく、乗り物というよりもむしろ、圧力ピストン式で油をまき散らす機械に近かった。高速移動用のたくましいマシンで、家から遠く離れた場所まで連れて行ってくれ、（うまくいけば）また帰って来られた。冒険者の車だ。知ってのとおり、冒険は男がするもの。女ではなく。

そんな流れで、電気自動車には「女性向け」のイメージがついた。[7] 純粋に目的地まで運んでくれるという点で、ガソリン車よりも電気自動車のほうが、馬車の後継にふさわしかった。ガソリン車は、移動手段というよりはパーッとお金を使いたい向こう見ずな若者（男性）の娯楽といえた。アメリカの自動車コラムニスト、カール・H・クロディはこう記している。「人間の半数を占める女性にとって、電気馬車以上に快適な乗り物がかつて発明されたことがあっただろうか」[8]。馬車に乗るならつきものの、たてがみ、ひづめ、しっぽを洗う作業をもうしなくていいなんて！ ただ車庫に自動車を取りに行くだけでいい。当然、そうできるのは一部の裕福な女性に限られていたが。

一方でガソリン車は、始動させるだけでもクランク棒を操作する必要があった。非常に骨の折れる、危険な作業だった。まずエンジンの前に立ってラジエーターから突き出た短いワイヤーを引き、それからクランク棒を握って何度か上方向に引いたら、運転席に上ってイグニッションスイッチを入れ、またエンジンのところに戻ってクランクを正しい場所に持ってきて、それから最後に何度かクランクを強く引くとやっと始動する。

電気自動車のほうは、運転席に座ったまま始動できた。音も静かで整備も楽。初めて時速100キロメートルを出したのも実は電気自動車だ。[9] けれども徐々にガソリン車が主流になり、電気自動車はスピードはそこそこで信頼性の高い車という位置づけになった。

「電気自動車は（中略）驚くほど騒音も臭いもなく、清潔でスタイリッシュ。いつでも発進可能」という1903年の広告文がある。[10] 広告の写真に写る2人の女性は婦人帽と手袋を身につけ、大きく微笑んでいる。1人が運転し、もう1人は楽しげに隣に座っている。電気自動車は角を曲がる動きも滑らかだった。

1909年の広告も似たようなアプローチで、「未来の、もしくはかつての花嫁」のために、と男性消費者に電気自動車の購入を促す文句が書かれていた。[11] 要は、「快適さを重視する人のための車です」。ガソリンも機械油もなし、手動エンジンスタートもなし、爆発したりドレスに火が移ったりするリスクもなし。安心してご利用ください。

歴史学者のヴァージニア・シャーフは自著『Taking the Wheel（ハンドルを握る）』（未邦訳）で当時のアメリカ人評論家の言葉を引用している。「18歳未満には免許を与えるべきではないでしょう。（中略）それから女性がとれる免許は、絶対に電気自動車に限定するべきです」。[12] 190

0年ごろの電気自動車はガソリン車に比べて加速が速く、ブレーキの安全性も高かった。いくつもの点で都市には最適な移動手段といえたが、バッテリーの持ちが悪いせいであまり遠くへは行けなかった。約60キロメートル走るたびに充電する必要があったうえ、都市部を離れて道が悪くなるとスムーズに走れなかった。こうした要素も、電気自動車は女性向けという消費者のイメージに拍車をかけた。結局、女性が遠くへ移動する必要などないのだから。むしろ、そのほうが都合がいい、と。

そもそも女性に自動車は本当に必要だろうか？　友人を訪ね、買い物に出かけ、子どもと散歩する以外に何をするというのだ？　女性用の自動車は、男性用の自動車とはまったく別の乗り物だった。そもそも自動車と呼べただろうか？　どちらかというと乳母車だったかもしれない。子どもたちの脇に自分自身も詰め込める乳母車。事実、ある自動車コラムニストがこう書いている。「自動車以上に、子どもが短時間で新鮮な空気を多く吸える方法はない。（中略）電気自動車を最新式のベビーカーと呼んでも不都合はあるまい」[13]。当時、自動車は「清潔な」移動手段と認識されていた。馬と違って道にふんを落としていかないから。

燃料が電気かガソリンかに関係なく、第1世代の自動車は高級品だった。それを変えたのがアメリカ人のヘンリー・フォードだ。1908年、自動車の門戸をアメリカの全国民に開こうという思いから、ガソリン駆動のT型フォードを開発した。ミシガン州デトロイトの生産ラインで製造され、価格は850ドルで、みんなのための乗り物という位置づけだった。フォードの構想はまさに、組み立てラインで働く労働者でさえも買えるくらい手頃な自動車を作ること。いまや伝説の名車であるT型フォードは「世界を車輪に乗せた」自動車として広く知られた。でもひとつだけ聞かせてほしい。誰にとっての世界を？

ヘンリー・フォードは、革命的なT型フォードを発売した同年に、妻クララのために電気自動車を買っている。そっちのほうが妻に適しているから、と。クララ・フォードの電気自動車は、ガタゴト走るT型フォードとは天と地ほども違った。[14] まるで車輪の上に載った客間。街をのんびりと走りながら女友達をもてなせる、モーター駆動の談話室だ。ハンドルはなかったが、代わりに後部にある2本のティラーハンドルで操作する。[15] 1本は前進用、もう1本は後退用だ。座席部分にはガラス製の花瓶が備え付けられていたし、女性が3人ゆったりと座れる広さがあった。

富裕層の女性がショッピングのあいだに電気自動車を充電できるようにと、充電スタンドがアメリカ大都市の商業地区に乱立した。1900年代初頭の典型的な女性ドライバーは、ドイツの黒い森付近で婦人帽の留め針で燃料パイプの詰まりをとったベルタ・ベンツとはかけ離れていた。それどころか、自動車はいちばん許しがたい贅沢消費と見られるようになっていた。大粒の真珠のネックレスを着けた女性を乗せて自宅とオペラのボックス席を往復する、ピカピカの乗り物。アメリカ合衆国第28代大統領ウッドロー・ウィルソンは、自動車をきっかけに庶民による革命が起きやしないかと不安がったほどだ。ローマの婦人たちが道に奴隷を並ばせて馬車を走らせていた時代に戻ったかのようだった。

電気自動車はますます、女性を念頭に置いて改良されるようになる。たとえば屋根が初めて付いたのも電気自動車で、それは女性は（男性とは違って）雨よけを欲しがるものだから。具体的に言えば「化粧をいっさい崩さず、髪型もきれいなまま保」ちたがるからだ。[16] 同様に、レバーと制御装置を女性の服に引っかからない場所に配置したのも、電気自動車メーカーだった。電気自動車はスカート姿で運転できる車へと進化するが、それは「女らしさ」と結びつけたというより、ターゲット層の強い要望を汲んだからだ。

とはいえ、電気自動車業界は「華やかなほうの性」だけにアプローチして満足していたわけではない。電気自動車はハイテクで信頼性の高いシティカーだ。スーツに機械油の染みを付けることなく時間通りに出勤したい人だって興味を持つはず。デトロイト・エレクトリック社の役員を務めていたE・P・チャルファンは、憤慨した様子でこう綴《つづ》っている。「ガソリン車の販売業者は電気自動車に、年老いて体の弱った人や女性のための車という烙印を押した」[17]。また、ある男性が電気自動車を買おうとしたら友人に「それは『淑女の車』じゃないか」と忠告された、なんて話も残っている。[18]

女性との結びつけのせいで、電気自動車は市場で完全に誤った位置についてしまったとチャルファンは考えた。でも家族用の自動車を選ぶのは、結局誰？　そう、男性だ。つまり、電気自動車は女性ではなく男性にアピールしていかなければ。1910年、デトロイト・エレクトリック社は電気自動車についた女っぽいイメージを払拭するべく、男性向けモデルを発表した。名付けて、紳士向けアンダースラング・ロードスターだ。

でも売れなかった。

１９１６年にアメリカの業界誌『Electric Vehicles』に、電気自動車と女性イメージの不運なつながりを分析する記事が連載された。「軟弱なもの、または世間でそう思われているものは、アメリカの男性からは支持されない」。また、「男性は自分が肉体的に『精力旺盛』で『剛健』かどうかはさておき、少なくともそうありたいと願っている」と。表現を変えると、女性が車でも色でも何かを好きだとすると、アメリカの男性は必ずといっていいほどそれから距離を置く。残念ながら電気自動車に起きたのもこれだと同誌は結論づけた。

あまりにも非論理的だし馬鹿げている。実際、電気自動車は女性にも男性にも同様に適しているのに。でも、自動車を購入する人が論理に従うとは期待できない、と記事は指摘した。「電気に軟弱なイメージを抱けば最後、迷いなく電気自動車を候補から外してガソリン車を選ぶ[19]」。つまり、電気自動車業界は生き残りたいなら男くさい自動車を作らなければならない。ガラスの花瓶やふかふかのシートは忘れて。

ところが予想外の展開になった。電気自動車は「もっと男らしく」なりはしなかった。少なくとも、およそ１００年後にイーロン・マスクが業界を盛り上げるまでは。代わりにガソリン車がほぼ完全に覇権を握った。ヘンリー・フォードのおかげで価格が下がったからだけではなく、「女らしく」進化したおかげで。

ヘンリー・リーランドは１９００年代初期にキャデラック・モーター・カンパニー社のＣＥ

Oを務めた。バーモント州の農家に生まれ、南北戦争ではエイブラハム・リンカーン側に貢献し、その後ヘンリー・フォードが立ち上げた自動車会社の1つを買い取ってキャデラック社を興した。「キャデラックの車を買うとは往復券を買うに等しい」というのが同社のスローガンだった。高級路線のガソリン車を販売したが、当時の「高級」とはただひとつ、家まで引いて帰る必要のない自動車を指していた。

電気自動車にとどめの一撃をお見舞いしたのは、実はヘンリー・リーランドと言っていいだろう。それも妙なことに、ジェンダーと深く関係するある事件がきっかけだ。リーランドはこれを「バイロン・カーターの悲劇」として何度も繰り返し語った。

バイロン・カーターはリーランドの友人だった。[20]いまや有名となったその話は、デトロイト近郊の橋を通りかかったカーターが、女性ドライバーに手を貸そうと足を止めたことから始まる。女性の自動車がエンストし、クランク棒でエンジンをうまくかけなおせずにいたのだ。ここで注目すべきは、女性の車が電気自動車ではなかったこと。電気自動車なら運転席から始動させられたので、クランク棒を使う必要はなかった。でもこのころ、自動車業界はガソリン車を女性にも売り込むようになっていた。スカートでも乗れるようドアを幅広にするオプションまで出ていたくらいだ。そもそも大半の家庭は自動車を1台しか持たなかったため、女性も共同でガソリン車を運転するケースは多かった。スピードが速いからと、ガソリン車を好む女性も増えていた。そんな流れもあって例の女性は、キャデラックのガソリン車を再発進させられずに、デトロイトの橋の上で立ち往生していた。

もともとガソリン車のエンジンをかけるのは大変な作業だった。それが技術の進歩とともにエンジンの動力が上がり、複雑さも危険性も増していた。運命の日にバイロン・カーターが橋の上で足を止めたとき、待ち受けていたのはその手強い機械との戦いだった。

紳士だったカーターは当然のように袖まくりをし、女性に手を貸そうと前に進み出た。これが判断ミスとなる。なにせ、女性は点火プラグを調整するのを忘れて運転席についてしまった。クランク棒がカーターの手を離れて勢いよく逆回転し、あごを直撃。骨が砕かれ、その怪我の合併症により、数日後にカーターは亡くなった。

ヘンリー・リーランドには耐えられなかった。カーターは友人だったうえ、その友人を殺した車はキャデラック社製だった。責任を感じたリーランドはクランクをなくす決意をした。ガソリン車を電気で始動させるのは間違いなく可能なはずで、そうすればクランク棒なしに運転席からエンジンをかけられる。試す価値は十分にあった。無能な女性を道端で助けた友人が命を落とすことがなくなるなら。

キャデラック社はかなりの短期間で、ガソリン車用の電気式セルフスターターを何とか完成させせた。問題はひとつだけ。自動車に取りつけるには大きすぎた。改良が必要だった。そこでリーランドが見つけたのが、オハイオ州の農家の納屋にいたチャールズ・F・ケタリングだ。

チャールズ・F・ケタリングは、世界初の電動キャッシュレジスターを発明した実績を持つ才気あふれるエンジニアだ。生まれて初めて自動車を見たのは新婚旅行中だった。最新式の乗り物が壊れて路傍で困り果てている医者に遭遇したのだ。[21] ケタリングはボンネットを開け、故障箇所を突き止め、この出来事をきっかけに自動車に夢中になる。次第に何人かの同僚と仕事後に納屋に集まるようになり、当時の自動車をさまざまな面から改良しようとした。のちにケタリングが興したデルコ社の前身だ。

キャデラック社開発のセルフスターターを改良、とりわけ小型化する助っ人にヘンリー・リーランドが選んだのが、このデルコ社だった。

ケタリングは3年かけて問題を解決した。なかでも画期的だった発明が、発電機としても機能する電気式のエンジンだ。エンジンを始動させた後は走行中の動力を利用して発電もできる、コンパクトな一体型装置である。その電力でついでにヘッドライトも点灯させられた。

１９１２年にキャデラック社はモデル30を発売。電気式セルフスターターとヘッドライトを搭載した初の商業生産車だ。この発明で同社は権威あるデュワートロフィーを授与された。セルフスターターは車内のダッシュボードか床に設置したボタンひとつ、もしくはペダルひとつで操作できたので、車から降りてクランク棒を回すよりもはるかに簡単だった。キャデラック社が販売中の全モデルにこれを標準装備すると、ほかの企業もすぐに後を追った。とはいえ、ケタリングの発明を「全人類のための改良」というよりは「女性への譲歩」だと見て、採用をためらうメーカーもなかにはあった。その新奇な装置はたしかに見事ではあるが決して必要ではない、と。

『ニューヨーク・タイムズ』紙はこの技術革新を「簡単で便利な婦人向けオプション品」と表

現した。[22] クランク棒でエンジンをかけられないのは女性、運転を簡単にしたいという需要を生んだのも女性、セルフスターターをわざわざ作ったのも女性のため、とほのめかしている。セルフスターターは１９２０年ごろにやっとT型フォードにも標準装備されるが、それまでは、クランクなしでエンジンをかけるにはオプション品を買う必要があった。[23]

「Splitdorf-Apelco のセルフスターターとライトさえあれば、女性も自由自在かつ快適にフォード車を運転できます」とは、ある広告の文言だ。「彼女にフォードを貸してあげよう」なんていうのもあった。[24]

でも何と言われようと、ケタリングは電気自動車の優れた点（運転席からエンジンをかけられるようにした）をガソリン車に展開した。かくしてガソリン車の長所と電気自動車の快適さを併せ持つ製品が生み出された。これがじきに世界を席巻するのもなにも不思議ではない。

ただ、疑問は残る。自動車業界はなぜ長いあいだ、自動車市場は男性向けと女性向けに分かれていると決めつけていたのだろう？　結局、１台しか持てない家庭がほとんどなのに。いったいなぜ、男性にも喜ばれる車を作ろうとは考えなかったのだろう？

アメリカの電気自動車業界が「女性イメージを付けられた」と不平を言ってばかりいる脇で、チャールズ・F・ケタリングは快適さと安全性という「女性向けの」観念をガソリン車に組み込んでいた。これを皮切りに、自動車業界が最初は鼻で笑っていた女っぽい「フリル」が、次々と標準装備され出した。年月とともに、ガソリン車はますます電気を使うようになる。「女性化」されたのだ。

そして市場を奪って大成功を収めた。

こうして自動車の運転は、贅を極めた上流階級の道楽から全国民が楽しめるアクティビティへと変化を遂げた。ガソリン車にクランクがある限り、遅刻せずに職場に着きたい人は欲しがらないので、レジャーやスポーツ用にとどまる。長いあいだ「女性らしい」と思われてきた価値観をガソリン車に組み込んだメーカーが、市場を大きく広げ、自動車をニッチな製品からいまや見ない日はないほどの存在に進化させた。

「ガソリン車の設計に毎年画期的な変更が加えられるようになったが、女性向けに寄せる流れが大きな要因であると認めざるをえない」と『Electric Vehicles』誌は報じた。具体例として、柔らかくよく沈む布張りのシート、外観の美しいライン、簡素化された操作、自動イグニッションが挙げられている。どれも、「より軟弱な性に配慮した証」と表現された。[25]

なぜだか自動車業界は長いあいだ、快適さを求めるのは女性だと考えてきた。自動車に快適さを欲しがるのは女性だけ。安全性だってそう（どうやら男性は死んでも構わないらしい）。衣服に機械油が付くのを嫌がるのは女性。あごの骨を折らずにエンジンをかけたいのも女性。おかしな話だ。なぜ快適さは、最先端の技術革新からはほど遠い、女性用フリルとして扱われたのだろう？　便利さ、扱いやすさ、美しさ、安全性を求めるのも女性だけ。壊疽《えそ》を起こして死ぬリスクなしにエンジンをかけられる車が欲しいと、男性が思うはずがない。そう思い込んだのはなぜだろう？　男とは雨の中を運転してびしょ濡れになりたい生き物だ、という思い込みは？

男なら大きな音を立てる油臭い自動車を迷わず選ぶに違いない、と決めつけたのはなぜ？

交通手段として馬の地位を奪ったのはガソリン車ではなく電気自動車だったと、技術史学者のハイス・マムは見ている。当時のガソリン車は単に技術面で質が悪すぎた。でも、電気自動車が馬を負かしてすぐに、ガソリン車が覇権を奪った。それはガソリン車が低コストで生産可能になったからではないとマムは指摘する。低コスト化に成功したのは、電気自動車を市場から押し出した後だ。つまり、ガソリン車には価格以外の勝因があったということになる。[26]

その1つはやはり、電気自動車がバッテリーに課題を多く抱えていたことだ。バッテリー技術は生まれたばかりで、課題を補えるインフラ（バッテリー交換所など）もまだ構築されていなかった。ただ、これ以外に「文化的」な要因もある。

ほとんどジェンダー要因と呼んでもいい。[27]

電気自動車とガソリン車のメーカーに共通していたのは、「女性向け」と刷り込まれたものを下に見る土壌。電気自動車業界は女性用に車を作ったものの、その「女性向け」機能の多くが実はユニバーサルだったことを見抜けなかった。

同様に、いくつものガソリン車メーカーは「真の男なら手動でエンジンをかける」という観念に必死にしがみついた。いずれも市場を縮小させる結果に終わった。まったく要領を得ない観念を守ろうとしたばかりに。

ヘンリー・リーランドの場合は、友人のバイロン・カーターがあごの骨を折ったあげく壊疽で亡くなったことで、考えが変わった――少なくともそう言われている。チャールズ・F・ケタリングと接触する大きな転機となり、それをきっかけに、いわゆる「女性向け」機能と「男性向け」機能が融合されるようになった。当然ながら、市場は広がった。

それから1世紀が経ったいまでさえ、歴史学者やジャーナリストはたびたび、セルフスターターは女性のためのイノベーションだったという言い方をする。ケタリングはセルフスターター（と男性エンジニアとしての手腕）によって女性ドライバーに門戸を開いたヒーローとして描かれる。

キャデラック車用にセルフスターターの開発を依頼したときのヘンリー・リーランドも、おそらく似たような考えだっただろう。カーターの死について語るときの、「エンジンをかけられない女性のせいでこれ以上男性を死なせないために、対策が必要だった」という言いっぷりから確信できる。

でもケタリングの発明は違った。運転における男女の境界線を書き換え、万人に開けた新しい市場をつくり出した。

この点でセルフスターターは革新的だったわけだ。女性も運転できるようにしたからじゃない。女性だって、それまでもそこそこうまく運転していた。

ベルタ・ベンツに聞いてみたらいい。

ここで疑問が湧く。もしも当時の人々のジェンダー観が違ったら、成り行きは違っていたのだろうか？　１００年前、電気駆動の消防車、タクシー、バスが世界の大都市を駆けまわっていた。その後、姿を消した。代わりにガソリン駆動技術がテクノロジーの花形となり、環境汚染を引き起こし、騒音と臭いをまき散らした。20世紀初頭の社会が電気自動車を女性向けと見下さなければ、歴史は違う道を辿ったのだろうか？

１２０年前にできた電気自動車のインフラには、いま見ても驚くほど近代的な点が多々あると認めざるをえない。たとえば、１９００年代初期にはすでに電気自動車をレンタルすることも、走行距離分だけ料金を支払うこともできた。さまざまな都市で電気自動車のタクシーが走り、道端で客を拾っていた。実業家の多くがこう主張していた。客が求めているのはA地点からB地点への移動であって、家の外に高級な機械を保有したいわけではない。田舎の貴族は電気自動車ネットワークに狂喜した。もう町に馬車で出なくていいのだから。

電気自動車が市場を勝ち取っていたなら、交通機関の造りが異なり、当時からあったカーシェアリングや相乗りの発想がもっと発展していたかもしれない。せめて電気自動車が姿を消していなければ。その世界線でも、技術はいまの世界に劣らず発展しただろう。ただ単に、違う形で。

アメリカでは１８００年代に、ある電気自動車会社がニューヨーク市街中心部にサービスステーションを設置した。きっかり75秒でバッテリー交換ができる、最新型の半自動システムを備えていた。[28] 当時から（いまもそうだが）バッテリーが電気自動車の最大の課題だった。でも、性質上どうしても充電に時間がかかるとはいえ、それを仕組みで補うことは少なくとも理論上は可能なはずだった。同社はまさにそれを実現しようとした。自動車が入ってきて、充電したてのバッテリーをものの数分で取り付け、颯爽《さっそう》と出て行く。ガソリン車メーカーにはない発想だった。[29] このビジネスモデルが1社でも成功していれば、現代の車の持ち方も大きく違っていたかもしれない。似たような車を家の前に2台並べていつでも乗れるのが豊かさの証、なんて感覚もなかったかもわからない。1人しか乗っていない車がずらりと並んで信号を待つような、車だらけの街も。イノベーションとは人間が作る機械だけが起こすのではない。その機械に付随する理論もまた、イノベーションなのだ。

アメリカ人投資家のウィリアム・C・ホイットニーは1899年、全国的な電気自動車ネットワークを構築しようと資金100万ドルを調達した。ホイットニーはすでにニューヨークの路面電車ネットワークの電化に大きく貢献し、かなりの利益を得ていた。次のステップに自動車を選んだのも自然な流れだ。

電気駆動の交通機関でアメリカ全土を繋《つな》ぐというのが、ホイットニーの夢だった。都市間には電車を走らせ、都市の内側は電気路面電車と電気自動車でカバーする。都市居住者は一生自動車を買わずに済む、という構想だった。電気交通ネットワークでどこへでも行ける。馬車は、静かで清潔な電気自動車に置き換わる。このシステムを、いずれはメキシコシティやパリなど別の都市にも展開する。ホイットニーは野心的だった。いまも生きていたなら、TED Talks の壇上で大言壮語したに違いない。

でも計画はそううまくは運ばなかった。

ニューヨークの電気交通ネットワーク立ち上げからわずか1年で、利用者からの信頼をほぼ完全に失ってしまったのだ。事業運営がお粗末なうえ、利用者には何をどうすればいいのかがまったくわからなかった。バッテリーをすばやく交換するシステムだけが頼りだったが、高価なバッテリーを雑に扱うせいで何台も壊してしまった。1901年には閉業に追い込まれた。歴史を振り返ってみれば、壮大なアイデアが単なる商才のなさで失敗に終わったケースはごまんとある。別の誰かがホイットニーのモデルを引き継ぐこともできたはずだ。でも、消えてしまった。電気自動車とともに。

そして100年後を生きる私たちがまた電気駆動の乗り物に注目し、電気自動車を発明しなおそうとしている。イーロン・マスクはガラスの花瓶などを排除した無難なデザインを採用し、今の電気自動車のドライバー数は男性が女性を上回る。ただ、そもそも個人で自動車を所有する必要があるのかと疑問を抱く若者も増えている。それでも、個人の自由からコミュニティ計画まで、現代社会の考え方はいまだにガソリン車の論理を基準にしている。ベルタ・ベンツがプフォルツハイムまで乗って行ったあのガソリン車の。

結局、勝利を収めたのは、ガソリン車のどこでも好きなところに行けるという能力だった。電気自動車の売りは、安全、静か、快適。この3つのどれひとつとして、本質的に女性向けとはいえない。強いていうなら、人間向けの価値基準だ。あいにく、私たちがあえて「女性向け」と呼ぶものは、ユニバーサルなものとは認識されない。そして電気自動車が「女性向け」であるとはつまり、「下位」にあることを意味した。初期の電気自動車業界が直面した難題のひとつだ。電気自動車の技術が女性向けと見られていなかったら（そのせいで評判を落としていなかったら）、電気自動車は覇権をとっただろうか？　もちろん、そんなことはわからない。バッテリーに課題があったのは事実だから。それでも、社会インフラがその課題を埋めるようつくられていれば、少なくとも大都市ではしっかりと機能しただろう。でも、それも叶わなかった。

チャールズ・F・ケタリングがセルフスターターを発明して成し遂げたのは、ガソリン車をユニバーサルな車に変えること。怪我のリスクなしにエンジンをかけられる快適さが「婦人専用」機能になるのをケタリングは嫌がった。電気自動車業界は、ケタリングのように型を破ろうとはしなかった。そもそも可能だったかもわからないが。やがてガソリン車の価格が下がり、ガソリンの価格も下がった。その後何度か電気自動車を再興する試みもあったにはあったが、石油業界からの強い抵抗に遭っている。

結局のところ、20世紀初頭の電気自動車が見せてくれた世界が本当に実現可能だったかはわからない。でも言えるのは、ジェンダー観ほど人の考え方を強烈に形づくるものはなかなかないということ。そして人間がどの機械を選んで発展させるかは、そのジェンダー観の影響を受ける。

人類のためにどんな未来を描けるかも、ジェンダー観次第で変わるのだ。

技術

TECHNOLOGY

3 ブラとガードルのお針子が人類を月に送った話

現地時間1941年12月7日の朝、日本の戦闘機が真珠湾を攻撃した。うちの会社にとって面倒な事態になると、アブラム・スパネルはすぐさま理解した。[1]

スパネルの会社は商業用ラテックス製品を製造していた。目下の人気製品は「リビング・ガードル」。アメリカ人女性の体を当時の流行だった砂時計のようなシルエットに整える、ラテックス製の下着だ。血流を妨げて脳を酸欠にさせる心配なしに、腹部をぎゅっと押さえ、締め付けてスリムに見せてくれる優《すぐ》れものだった。

流行に合わせて体形を変えることは、昔から女性の体に課せられてきた務めのひとつだった。ただしラテックス製ガードルは、鯨の骨の入った従来のコルセットとは違う。体を細く見せられるうえ、着けたまま身をかがめて靴の紐を結ぶこともできる、画期的な製品だった。革新的な素材のおかげで女性は自由に動けるようになった。着けたままテニスもできる、と広告で謳《うた》われていたほどだ。実を言えば汗の問題があるが、それさえメリットとされた。汗をかけば体重が落ちるという論理だ。ラテックス製ガードルは腹部のぜい肉をもみつぶすか、少なくとも、あばら骨の下の良い位置に押し込んでくれる。

話を戻すと、日本の戦闘機は、すでに始まっていた戦争にアメリカが加わらない可能性を、木っ端みじんに吹き飛ばした。ハワイの海岸に無数の死体が打ち上げられ、ほぼ無傷で逃げ切れたのはアメリカ軍太平洋艦隊の戦艦1隻のみ。スパネルは、今後しばらくはゴムが女性用コルセットではなく、トラックのタイヤと軍事用レインコートに回されることを悟った。でも、今から何ができるというのだ。

スパネルは取り乱すタイプではなかった。20代前半のころに掃除機業界で数百万ドルの利益をあげていたので、真珠湾攻撃を知ってもまだ何とかできるだろうと考えていた。しかし同日に日本軍はイギリス領マラヤも攻撃していた。これでスパネルは窮地に立たされる。マラヤはゴムの木が豊富に育つ場所だ。日曜日にスパネルの事業の国内市場が大幅に縮小すると、月曜日にはもうサプライチェーンから外されていた。

しかし、事業にとってこれは最高の転機となる。

ゴムの木の高さは最大40メートルにもなる。ナイフで樹皮に切り込みを入れると、ラテックスと呼ばれる樹液が流れ出る。この液体を凝固させて型で成形すると、タイヤやガードルや外科用手袋などの製品ができあがる。

アマゾンの熱帯雨林では、何百万ヘクタールもの土地にゴムの木が自生していた。しかし1876年、イギリス人のヘンリー・ウィッカムが、7万個超の種を船で持ち出すことに成功。それを機に国際貿易のバランスが一変することになる。

白人優位思想の持ち主だったウィッカムは、ヴィクトリア時代きっての大胆な植物密輸作戦を成し遂げたということにした。現地の人々はゴムの木の価値を知らなかった！　彼らを欺く頭の良さがウィッカムにはあった！[2]　でも、実はこのどちらも真実ではない。

　ウィッカムは実際にはアマゾンの先住民の手を借りてゴムの木のサンプルを集めた。種は長さ2センチほどあるので、7万個をポケットに入れて走ってとんずらはできない。でもせっかくの成功談を真実で邪魔する必要があるだろうか？　1938年にはあるドイツ映画がアマゾンのジャングルで大ヘビと格闘するウィッカムを描いた。もちろんイングランドにも、ウィッカムの冒険譚《たん》は伝わった。人種差別的な含みも添えて。

　話が広まると、どうしても尾ひれはつくものだ。ウィッカムは豪快な冒険家なんかではない。植物の知識を多少持ち合わせた、ごく一般的なイギリス人帝国主義者だ。でも国際貿易を作り変えたことには間違いない――何十年もかかったが。

　木というものは、知ってのとおり、成長に時間がかかる。

　ウィッカムの時代、製鋼所も鉄道会社も工場も、われ先にゴムを確保しようとしていた。電信ケーブルも灌漑《かんがい》用ホースも、そしてもちろんタイヤも、ゴムから作られていた。この需要を考慮して、イギリスはウィッカムが持ち出した種をまずロンドン南西にあるキュー王立植物園で育て、その後アジアの植民地に運んだ。マラヤでは年中ラテックスを収穫できるうえ、害虫も付きにくいことがわかったからだ。ゴムのプランテーションは急発展し、南米の熱帯雨林をはるかにしのぐ生産量が確保できるようになった。

数十年の歳月と何回かのバブル（ゴムの価格高騰）を経て、ゴムのプランテーションはその真価を理解されるようになる。第二次世界大戦が始まる頃には、イギリス領マラヤのゴムの世界シェアは9割に達していた。そんな背景があって、アブラム・スパネルは日本軍の真珠湾攻撃とマレー半島上陸により窮地に立たされたわけだ。

アメリカはあわてて合成ゴムの生産体制を強化しはじめた。スパネルも事業を戦時下体制に切り替えた。ゴム製ガードル、ピクニック用の敷物、ラテックス製おむつなどの製造をやめ、アメリカ海軍向けのライフボートや空軍向けのヘルメットを製造してしのいだ。戦争が終わり、北米の個人消費が回復するとともに、スパネルが望む消費者製品の時代がようやく訪れた。

解放されたばかりのパリでは、クリスチャン・ディオールが女性のシルエットの発信源となる。細いウエストとひらひらと揺れるスカートが当時の流行最先端で、スパネルの会社のゴムが再び女性の身体を包むようになった。またたく間に利益が増えた。

1947年、スパネルのILC社は4部門に分かれた。ガードルの製造部門はブランド名をPlaytexに変え[3]、ガードル以外にブラジャーも生産するようになるとこれも大成功。名前の変更に合わせ、女性消費者市場をターゲットにした野心的なブランド戦略が功を奏したのだ。Playtexは昼間の主婦層向けテレビ番組のスポンサーとなり、週刊誌にも積極的に広告を出した。まもなくPlaytexは婦人下着の代名詞になる。現代のSPANXが補正下着の代名詞であるように。

スパネルは、戦争が終わってもILC社の軍需品部門を残した。なんだかんだで利益をあげていたので、廃業する理由もなかったのだ。アメリカ軍が引き続き大量に軍需品を購入していた。ＩＬＣ社はさらなる利益増幅を狙って調査プログラムに資金を投じ、すぐに空軍と海軍向けのヘルメットと衣服の生産拡大に乗り出した。女性用補正下着と軍需品は、同じ屋根の下で製造するにはあまりにも違いすぎるように思えるが、どちらにもゴムの柔軟な性質が活かされていた。素材を軸にしたビジネスモデルだ。

そんな流れがあって、１９６９年７月、婦人下着を縫う重労働で鍛えられたお針子がつくった宇宙服で、ニール・アームストロングは月着陸船のはしごを降りた。

完全な真空状態では温度は存在しない。よって宇宙に温度は存在しないことになるが、実は宇宙は完全な真空とはいえず、温度を持つ粒子も存在する。熱は放射によって放出、吸収されるので、宇宙飛行士が感じる温度は、体から放射する熱とほかの星からの放射熱のバランスによって変わる。

月の太陽光が当たる面の温度は最大１２０℃にもなるが、日陰の面はマイナス１７０℃まで落ちる。一方で、宇宙空間の温度は絶対零度プラス３℃もない。そこではどんな物質も動かない。よって、人間が宇宙空間で命を保つには、衣服を身にまとう必要がある。

でも、いったいどんな服を[4]？

金属製のよろいで全身を覆うのもひとつの手だろう。排泄と呼吸ができて命を保てる、硬い造りのよろいで。でも宇宙飛行士は動き回らなければならない。体を曲げ、ひねり、伸ばし、跳び、かがんで月の砂に手を伸ばし、外れたネジを指先でつまんで、正しい場所に入れられなければ。加えて、毎時3万6000キロメートルの猛スピードで飛んでくる微小隕石から身を守る必要もある。

アメリカが人間を月に送ると決めたのは1961年。男性を送ることも、同じ年に決まった。宇宙飛行士はアメリカ軍戦闘機のパイロットから選出するとされたのだ。女性はそもそもパイロットになれなかったので、つまり男性限定というわけだ。ソ連は1963年に早くも女性宇宙飛行士、ワレンチナ・テレシコワを宇宙に送り出したが、アメリカはそれを見ても方針を改めたりはしなかった。ソ連の宇宙探索活動をほぼ漏らすことなく注視していたというのに。

いずれにせよ、月に行くアメリカ人男性が決まり、宇宙で着るものが必要になった。そこでNASAは1962年、民間企業8社に宇宙服の開発協力を依頼する。うち1社は宇宙用品の製造経験はないものの、ラテックスに関しては熟達していた。そう、Playtex のブランド名で婦人下着のヒット商品を出していた、アブラム・スパネルのILC社だ。

ILC社はほかの7社とは異なり、専売特許を活かした柔らかい宇宙服を提案した。布を21層重ねた構造で、手縫いで作るという。最終的にはこの柔らかい宇宙服が選ばれるのだが、用心深いNASAは当時、下着メーカーの宇宙服に命運を預ける気はさらさらなかった。

結局、ILC社は軍需品専門のハミルトン・スタンダード社の下請けにつくことになった。2社で共同開発したらいいという考えだったが、ILC社のブラジャー職人とハミルトン社の武器職人の衝突がひどく、この強制的な共同開発から生まれた宇宙服は使えたものではなかった。

それでもニール・アームストロングに服が必要なのは変わらない。

ＮＡＳＡは１９６５年に再びコンペを開いた。３つの企業が発案した3種類の宇宙服に、ヒューストンで22種類の試験を行った。[5] またしても、ＩＬＣ社の柔らかい手縫いの宇宙服が大差をつけて勝利。空軍長官に提出された報告書によると、ほかの2社はＩＬＣ社の足下にも及ばなかったそうで、「第2位はなし」と書かれている。ヘルメットが試験中にどこかへ飛んでいったり、宇宙服の肩幅が広すぎて月着陸船に戻る際に宇宙飛行士がハッチにつっかえたりしたからだろう。もしこれが試験でなく本番だったら、哀れな宇宙飛行士は永久に月面に取り残されていた……。テキサス州ヒューストンで済んでよかった。

服なんて何でもいいって、いったい誰が言った？

ＩＬＣ社は2度目の勝利を収めたわけだが、ハミルトン・スタンダード社との共同開発が散々な結果に終わったことを思うと、本当に月面に人類を送り込めるのか自信が持てなかった。だから予算を増やしていっそう研究に励んだ。

１９６８年、ＩＬＣ社はＮＡＳＡに研究の成果を報告することにした。レポートを送るのではなく、新作の宇宙服を地元の高校のフットボールコートに運び込んだ。ＩＬＣ社の技術者がそれを着て走り、ボールを蹴り、投げ、パスを出す様子を録画した。技術者はくるくると回って見せ、ストレッチを行い、体を二つ折りにしてつま先を触った。鯨の骨のコルセットにはできるまい。

こうしてアポロプロジェクトの宇宙服は、婦人下着専門の針子が手縫いする柔らかい服に決まった。それに決まって良かった。というのも、ある事件が起きたのだ。ニール・アームストロングとバズ・オルドリンが１９６９年７月に月面に降り立ったとき、ある事件が起きたのだ。２人は月着陸船の中で３時間かけて宇宙服に着替えた。そして月面での作業を終えるころ、ひとりが振り向きざまに宇宙服の酸素タンクを月着陸船にぶつけ、サーキットブレーカーを壊してしまった。オルドリンはのちにひょうひょうと話した。よりによって、「ニールと私が月から司令船に戻る際の上昇エンジンを始動させる、なくてはならないブレーカーだったんです[6]」。

一大事だ。

ヒューストンでは技術者たちが夜を徹して血眼《ちまなこ》で解決策を探した。結局、オルドリンがペンをブレーカーに押し込むという単純な策で解決。オルドリンとアームストロングは無事に月を離れることができた。もしも宇宙飛行士たちが金属製の硬いよろいを着てあちこちを飛び回っていたら、まわりの機材にどれだけの損害を与えたか、容易に想像できる。幸い、それは免《まぬか》れた。

柔らかい宇宙服を縫ったのは女性だった。当時、針子の職はほぼ女性が占めていたのだ。ＩＬＣ社は、特に腕の良い針子をブラジャー生産やラテックス製おむつ製造の部門から宇宙部門に異動させた。あわせてさまざまな工夫も加えた。たとえば、一度に１針分しか縫えないように改造した特別なミシンを用意した。そうでもしないと縫い目が完璧な直線にならないのだ。宇宙服とブラジャーは、重力（あるいは重力のなさ）の影響を軽減するという目的は同じでも、求められる要素は大きく異なる。

まち針の使用も禁じられた。宇宙服は21層構造で、４０００ピースを縫い合わせて1着にするが、まち針で留めると穴が空いてしまう。どれほど小さな穴であっても、冷たい死に神のような宇宙空間が侵入すれば命を奪われかねない。それを防ぐためにＩＬＣ社はX線設備を導入し、まち針や穴がないか、生地を1層1層検査した。

それでも全体から見れば、宇宙服自体はたいした問題じゃなかった。縫う作業も設備も。このストレスフルなプロジェクトの最大の問題は、クライアントとのコミュニケーションだった。ＮＡＳＡである。

というのも、ＮＡＳＡのエンジニアはＩＬＣ社の針子との話し合い方をわかっていなかったし、逆もしかりだった。たいてい話が嚙み合わずに重大な誤解が生まれ、どうせわかり合えないの一言にまとめられる。

ＮＡＳＡ側は製図を求めたが、針子が使っていたのは型紙だった。ＮＡＳＡは宇宙服を構成する部品すべてに対し、製図の原本と変更記録を求めた（航空用モーターではそれが常識だ！）。針子からすれば、そんなの知ったことではない。４０００ピースもの生地を縫い合わせなければならず、生地の扱い方のノウハウはエンジニア用語で説明できるものではない。製図には用がなかった。針子の知識は、柔らかい布と鋭利な針という別世界で培われたものだ。

ＩＬＣ社は１９６７年に最初の宇宙服をＮＡＳＡに納品したが、ＮＡＳＡははじめ受け取りを拒否した。技術的欠陥があったわけではなく、製造プロセスの文書化要求が「満たされていなかった」からだ。[7]

ＩＬＣ社は苦心の末、経験豊富なエンジニアを複数名雇ってチームに加えた。ＮＡＳＡと針子のあいだの緩衝材の役割を担わせたのだ。針と糸の言葉をエンジニアの言葉に翻訳し、頭の固いＮＡＳＡのお偉い様を満足させるために。

新たに加わったエンジニアたちが大量の技術文書を作成すると、これを待っていたのだとＮＡＳＡは大喜びした。宇宙服１着ごとに資料は山となり、製図もしっかりと描き込まれていた。ただしその製図を針子が使うことはなかった。針子の１人はこう話したそうだ。「紙の上では正しく見えても、その紙を縫うわけじゃありませんからね」

それでも、書類の山の存在意義は大きかった。ＮＡＳＡを安心させたのだ。大量の製図が、針子の技能をクライアントにわかる言葉で伝えた。

これが決定打となった。

１９６９年の月面着陸が話題にあがったときに私たちが思い浮かべるのは、あの白い宇宙服だ。クレーターだらけの灰色の天体と対比を成す、白くて柔らかな生地。月に行った宇宙服は冒険旅行の象徴となり、アポロプロジェクトを体現するアイテムとして世界の歴史に刻まれた。

１０００年もの歴史を持つ針と糸の技術がなかったら、人類は月に行けなかったかもしれない。この技術は男性よりも女性と結びつけられやすい。家族のために衣服を縫う仕事が昔から女性に割り当てられてきた結果、裁縫は技術とは見なされにくくなった。それでも、精密に縫われた柔らかくてキラキラする断熱素材が宇宙服に欠かせない事実は、いまも変わらない。

NASAはいまも針子を雇っている。たとえば宇宙にデジタルカメラを持って行くことになったら、まずは専用のカバーを縫う必要があるのだ。手袋を着けたまま、撮影したりバッテリー交換したりできるカバーを。専門技術が必要な代物だ。にもかかわらず、私たちにはどうも、柔らかいものをあまり技術的ではないとみなす癖がある。

これには女性との繋がりが絡んでくる。

技術とは「男性が大きな生き物を殺すために金属から作り出すもの」。ここまであからさまな表現ではなかったとしても、私たちは子どものころから似たような物語を聞かされてきた。むかしむかし、人間が洞窟の中で体を寄せ合いぶるぶると震えていたとき、ある男性がとがった石を棒の先にくくりつけてマンモスを殺すことを思いついた。そう、これが技術の進歩という長い長い旅路の始まり。

ここから、人間のイノベーション欲とは周辺世界を殺して征服したいという欲望と切っても切り離せない、という推察が生まれた。でも、本当だろうか？　それが経済に与えた影響は？

量産品のペニシリンからピラティスのリフォーマー〔ピラティス専用のトレーニング器具〕まで、あらゆるものはもとは軍需用に開発されたという説は結構有名だろう。大国同士の領空争いをきっかけに航空機が発達し、月旅行を争った結果としてロケット、人工衛星、ベルクロ（面ファスナー）が生まれた。原子爆弾が開発されなければ核エネルギーはなかっただろうし、レーダーがなければ電子レンジも生まれなかった。潜水艦、ラジオ、半導体、それからインターネットまでもが、直接または間接的に20世紀の大戦の産物なのだと。

第二次世界大戦中、ウィンストン・チャーチルは、「ホワイト・ラビット・ナンバーシックス」と呼ばれる超巨大な溝掘り機の発明に積極的に関与した。[8] 大成功とはいえない結果だったが、イギリスの首相ともあろう人がただ1台の開発の見学にこれほど時間を割いた事実から、戦時下にイノベーションがいかに重要視されていたかがわかる。

最強のマシンを持つ国が勝つのだ。

でも戦場を見ると、それほどハイテクとはいえないのが現実だった。たしかにアドルフ・ヒトラーは1941年、ドイツ製の頑丈な戦車3250台でソ連に侵攻した。ただし、60万頭の馬も一緒に。[9] 第二次世界大戦はいまの私たちが想像するほど機械化されてはいなかった。戦争博物館に行くと、ピカピカに磨き上げられた機械類が何列分も誇らしげに陳列されているが、その大砲を前戦まで引いていった動物は同等の注目を受けていない。だって動物園ではないから、と。私たちはある意味騙《だま》されている。

さらにいえば、発明品のなかには、戦争勝利という目標に格段に貢献したとはいえないものも多くある。原子爆弾の開発には20億ドルかかった。[10] その金額で、同じくらいの死者数を出せるほどの戦闘機と爆弾を買えたはずだ。[11] 日本を徹底的に爆撃するというのが目標だったならば。

ここから経済の核心が見えてくる。戦争とは元来、イノベーションで生み出すよりもはるかに多くの経済的価値を破壊する行為なのだ[12]。経済歴史学者のほとんどがこれに同意する[13]。というか、わかりきった話ではないか。なのにどうして、新しい何かをつくるには暴力と死が必要だ、などという考えが出てくるのだろう？

ヘンリー・ティザード卿は第二次世界大戦中、イギリスの空軍省と航空機生産省の最高科学顧問を務めていた。レーダーからジェットエンジン、原子力まで、あらゆるものの開発で重要な役割を果たした。ティザード卿は1948年のスピーチでこう言い切っている。分野によっては例外があるかもしれないが、戦争はちっとも科学を前進させなかった。全体的に見て戦時中は「学問の進歩は鈍化する」ように感じられた、と[14]。

世界をこっぱみじんに吹き飛ばし、その荒廃状態からペニシリンの大量生産に成功した。ペニシリンの量産化はたしかにありがたい発明だったとはいえ、善は悪からしか生まれないなんて自然法則はない。インターネットを得るために600万人を殺さなければならないという法則も。技術の神に莫大な数の犠牲者を捧げ、見返りにベルクロとレーダーを得ただなんて。

必要は発明の母ということわざがあるが、資金も発明の母になりうる。戦争、または戦争の脅威があると、国家は持てるものすべてをイノベーションにつぎ込みがちになる。米ソ冷戦につぎ込んだ額を丸ごと気候変動対策に使っていれば、今ごろどうなっていただろう？　少しくらいは解決に近づいていたのではないか。私たちはどうしてか、人間の独創性に本気で火をつけるにはある程度の流血と死が必要だという考えから抜け出せない。これがまた人類の技術史の重大な誤解につながっている。

執拗《しつよう》に女性を排除しようとしたせいで生まれた誤解。

男性には戦争技術に特化するよう強いる一方で、女性が携わるものは技術と見なさないなら、人間の技術史は暴力と死に思いっきり偏るに決まっているではないか。

道具を作って使う能力の起源は、太古の昔に遡る。ヒトの遠い親戚であるチンパンジーだって道具を作る。世界初の道具は石ではなく、枝や小枝など腐敗しやすい素材で作られたのではないかと学者たちは考えている。「腐敗しやすい」とはつまり、35万年も残りそうにはないということ。だから枝などで作られた道具についてはあまり情報がない。消えてしまったから。
でもだからといって、世界初の道具は狩猟用であり、よって（おそらく）男性が発明した、と示す証拠だってどこにもない。たとえば掘り棒という、先端をとがらせ火であぶって硬くした木の棒。これは人類の新たな扉を開いた。掘り棒のおかげで地下の食材をとれるようになり、美味しい幼虫にかぶりついたり、ヤムイモ（芋の一種で、およそ1メートルにもなるので素手で掘り出すのは難しい）を掘ったりできるようになった。[15]
槍《やり》か掘り棒のどちらが先かなんてわからない。興味深いのは人間がそれをどう語るかだが、槍が先に違いないと推測されている。人間のイノベーションは武器から始まったに違いない。最初の発明家は男性に決まっている。でも、女性が先に掘り棒を発明し、それが狩猟にも応用されたという可能性だっておおいにあるのだ。

掘り棒は女性の発明と考えられている理由は、多くの狩猟採集社会に共通の役割分担にある。男は狩猟、女は採集が基本だった。これは動物界とは異なる。雌のライオン、トラ、ヒョウ、オオカミ、クマ、キツネ、イタチ、イルカ、シャチに聞いてみるといい。ヒトにだって女性の狩猟者はいた。最近になって９０００年前の女性の骨と狩猟道具が一緒に発掘され、古代人のジェンダーロールについての仮説が見直されてきている。[16]

どうしてそうなったかはわからないが、人間の女性はある時点から、持てる時間のほとんどを子育てや食事の用意、衣服の世話に割きはじめた。だから、モルタルも石臼も発明したのは女性だし、食料を採集し、運び、食事の用意をする方法を考えたのも女性だと、学者は見ている。

ということは、食料を燻製《くんせい》にしたりはちみつや塩に漬けたりすると保存がきくことに気づいたのも、女性の可能性が高い。料理は技術だ。物理的、化学的な発明が無数にあるし、金属の精錬や、陶器、染色などといった別の技術の発生や促進にも寄与した。それに、発見しておしまいの技術やプロセスばかりではない。きちんと効果が出るうえ再現可能なノウハウに落とし込むには、実験が必要だ。誰かがうっかり蹴飛ばした豚が焚き火に入り、皮がカリカリに焦げる香りが魅惑的だった、なんて話ばかりではないのだ。

では、なぜ世界初の道具はこん棒や槍だと決めつけられているのだろう？　おかげで、「人間の発明への原動力は周辺世界への支配欲と結びついている」なんて説がもっともらしくなってしまう。人類の物語から女性が排除されると、人間は人間ではなくなる。それでも自分たちの目を欺くために、私たちは女性を排除しつづける。家父長制のもっとも恐ろしい影響は、人間とはそもそも何であるかを忘れさせるところだ。

歴史のなかで「女性」と符号がつけられたものを、代わりに「ユニバーサル」と言い換えたら、「人間」の定義ががらりと変わるはずだ。問題の核心は、人間イコール男性とされてきたことにある。女性は男性を補う存在であり、男性のあばら骨1本から作られた存在だと。

これは文化の至るところに垣間《かいま》見える。ウィリアム・シェイクスピアの戯曲では、デンマークの王子ハムレットが全人類を代弁して、自分の存在についての苦悩を独白する場面がある。人類の代表で間違いはないのだが、問題は、ハムレットのように「ユニバーサル」な存在でいる権利を持たない層がいることと、それが「人間」の枠をどれほど狭めてきたかである。

たとえば出産する人の物語は、戦地に行く男性の物語のように人類共通の話と受け止めてはもらえない。人間の喜びと苦しみ、人間の体のすさまじさ、愛する者のためにとる行動などを、出産の物語では伝えられないらしい。出産する予定のない人、したことのない人、今後もしないであろう人の心に響く話ではないと。ヴァギナから出てきて光に出会うことはこれ以上にない万人共通の経験であるというのに。

技術史においてもこれとまったく同じことが起きている。男性の道具は「歴史（history＝彼の[his]物語）」の一部となり、女性の道具は「女性の歴史」にまわされる。

そのせいで私たちはあらゆることを誤って捉えてきた。

啓蒙思想家のヴォルテールが書いた有名な一文がある。「博識な女性も女戦士も存在したが、女性の発明家はいたことがない」[17]。言語道断だ。ヴォルテールのガールフレンドは新しい金融商品を発明したというのに。それも、ギャンブルで巨額の借金をつくって投獄された彼を助け出すためだけに[18]。でもヴォルテールにはそんな発想はなかった。おおかた「発明」といえば「大きな機械」だと思っていたのだろう。

ヴォルテールを責めるべきではないのかもしれない。学校では、青銅の時代の次が鉄の時代ですよ、ほら「銅」と「鉄」でしょ、と教わるのだから。でも、代わりに「陶器の時代」や「亜麻の時代」と呼んだってよかったはずだ。粘土を火に入れると硬くなること、それに食料や水を入れて保管できることを発見したのは、青銅や鉄の精錬に負けない技術的偉業ではないか[19]。

歴史学者のカッシア・セントクレアは、陶器と織物は、青銅と鉄よりもずっと日常生活に不可欠な役割を果たした可能性が高い、と主張し続けているが、いまも時代を象徴する進歩としては認められていない。織物や陶器の技術の足跡は、金属とは違いとっくに土の一部と化してしまったというのはある。でも主に女性の世界に属する技術だった点も忘れてはいけない。女性の世界に属するものは、定義上、技術とは見なされないことも。私たちははるか昔からずっと、数えきれないほどの努力をこのように扱ってきた。

たとえば、ヨーロッパ各地の産婆は木製の角笛のようなものを妊婦のおなかに当てる。汽車のようにゴウゴウと鳴る胎児の心音を聞くためだ。道具が金属製ではなく木製なのは、女性にふさわしいと思われていることと無関係ではない。素材で意味が違ってくるのだ。昔から、素材にも女性用と男性用があった。結果、一方は技術性が高い、もう一方はさほど高くないと見なされている。

近代の助産術が生まれた19世紀ごろ、助産師はほぼみんな女性、医師はほとんどが男性だった。助産師の仕事と医師の仕事を、特に経済面で明確に区別できることが重要視された（そうでもしないと医師の高給をどう正当化できるだろう？）。

よってヨーロッパのほとんどの国で女性助産師は金属器具の使用を禁止された。出産で鉗子《かんし》を使う必要が出てくると、男性助産師か男性医師が対応した。スウェーデンだけは例外だった。1829年、スウェーデンの女性助産師は世界で唯一、金属器具を使う権利を与えられた。ただし、医師が対応できないときに限られていたが。医師がいる場では、女性助産師はかばんから自分の器具を取り出すことさえはばかられた。[20]

公式の就業規則書にそうはっきりと記載されている。

1920年代と30年代にイギリスとアメリカからスウェーデンに送られた派遣団が、体制の違いについて驚きをもって報告している。スウェーデンでは女性助産師が金属製の鉗子で赤ん坊の頭をはさんで引っ張り出すことが、医療制度として許可されていた。衝撃的だ。でもどうやらうまくいっていた。スウェーデンの妊婦と新生児の死亡率は、当時のイギリスとアメリカに比べて低かったのだ。イギリスとアメリカのほうが医師の数も多く医療水準も高かったのに。

それでもほとんどの国では、助産術の「技術的」と見なせる部分は徐々に医師に託されるようになった。道具の使用は、医療業界で高い地位を維持する鍵となった。だから、金属器具を手にする者が高給を得るのは「自然の」秩序に従ったごく当然の流れ——ただし、禁止と規制で周到につくり込んだ秩序だ。何を技術と呼ぶかを定義することで男性の優位性を確保する経済論理が、こうして認められたわけだ。

ついでに何を技術と呼ばないかも定義して。

そしてみんなでこれを支持してきた。


現代の経済学者はよく、男女間の賃金格差は「女性が薄給の職業を選んでいる」からと断定しておしまいにする。単に女性が専門医よりも看護師を、医薬品のロビイストよりも助産師を望んでいると。でも、専門的職業が絡む「仕事」の定義は、実はジェンダー観と密接に結びついている。

医師と助産師の業務区分は、ジェンダー観が違えばまるっきり異なっていただろう。分娩室で先端技術を駆使した医療行為を担当するのが助産師になっていた可能性だってある。いまの助産師の業務に加えて、たとえば帝王切開の執刀も担当できたかもしれない。もっと高度な訓練とずっと良い給料がついてきたはずだ。

女性の手から金属器具を取り上げていなかったら、「助産師は医師よりも低収入であるべき」

という考えを常識にするのはずっと厄介だっただろう。「出産中に助産師が担当する業務には、高度な技術は不要」という考えも。

片方の職業を「技術的」、もう片方をそうではないと呼ぶ必要性、そしてそのふたつに序列をつける必要性を手放せていたら、医療制度全体が大きく違っていたのではないだろうか。

そもそも、たとえば仕事に道具を使うからといって、高賃金や求人市場での高い地位が与えられるべきなのだろうか？　当たり前だが、道具さえ使えば難しい仕事と言えるわけではない。赤ん坊の片方の肩がつかえてしまったら、助産師は産道に指を入れて赤ん坊を引き出してやる。これは並大抵のスキルではない。長年の訓練のたまものだ。それでも、道具を使わずに素手で行う作業のほうが専門性が低いというのが、経済界の標準だ。女性がする作業にも技術が伴うと認めなかったせいで、「女性的」と低賃金がイコールで結ばれてしまった。

ほかにもある。牛乳をかき回してバターを作ったり、クリームをすくい取ったりするのは主に女性労働者の仕事だった。女性が牛の乳を搾り、チーズを作り、飼い葉おけを引きずり、巨大な器《うつわ》をこし器まで運んだ。バター生産の帳簿をつけ、牛乳が50リットルも入るかめを持ち上げ、高い棚の上で乾燥中の巨大なチーズをひっくり返した。

ミルクは女性の乳房からも出るのだから、牛乳の凝結、攪拌《かくはん》、そして搾る作業は女性が担うべきだ。もし神が女性をチーズ製造に専念させたくないなら、ミルクの出る乳房なんて与えなかったはず！

その後、産業化の波がヨーロッパに押し寄せると、バター、チーズ、クリームの製造は農家の手を離れて都市中央部の工場に移る。古きしきたりがここで変わった。男性もチーズに関心を持つようになった。[21]

乳製品製造スキルを身につけた女性は、経済的利益を享受できたのだろうか？　熱心にかき混ぜてきたバターの経済的価値が上がると同時に、女性が得る利益も増えそうなものだ。でも、そうはならなかった。機械の登場により、バター作りは男性に乗っ取られた。ミルクにまつわる解釈が変わった。牛の乳房から出るのはもう、液体の形をした女性の神秘ではない。牛乳は、水、脂肪、たんぱく質、ラクトース、塩分からなる化合物として見られるようになった。男性が大学で分析したり学習したりできるものに変わったのだ。

スウェーデンでは、乳業関連の資格が2種類つくられた。男性用と女性用だ。男性は技術について学び、女性はチーズの作り方について学ぶ。この分け方でどちらが経済的に得をするかは、予想がつくはずだ。

芸術の分野でも同じ現象が起きている。

男性が油絵の具をキャンバスに乗せて抽象的な絵を描いたら、それは芸術作品。でも女性がまったく同じデザインで編み物をしたら、それは手芸と呼ばれる。

片方はニューヨークのオークション会場で86ドルで売れる。もう片方は別荘のテーブルクロスに使われる。[22]

もちろん、織物や編み物がいつも下に見られてきたわけではない。中世のタペストリーは地位の象徴として王家の宴会用広間を優美に飾ったし、アフリカや南アメリカでは織物はいまもヨーロッパにはない形で芸術として扱われている。それでも、「男性的」、「女性的」というラベル付けが経済面で大きな差異を生むことがあるという問題は変わらない。

ちなみに、女性の芸術家に織物や布、編み物を扱う人が多かった理由はただひとつ、絵画を勉強するのを阻まれたからだ。女性は昔からさまざまな教育体制から除外され、いわゆる「伝統知識」の分野に追いやられる傾向にあった。いまも世界各地にこの問題は残っている。チーズの作り方は大学ではなく母親から習う。織物は美術学校ではなく叔母から習う。

母から娘へと受け継がれる類いの知識は、「技術」と対極にある「自然」に分類される傾向にある。それが今度は女性の経済的機会に甚大な連鎖反応を起こす。製品やプロセスが「自然」とラベル付けされたら、もしくは母から娘へと受け継がれたものなら、それで特許を取るのは非常に難しい。

ルールとはたいていそういうものだ。男性のために作られている。[23]

人類が月に降りたってから数十年後、キッチンでテフロン加工のフライパンを使えるのはNASAが宇宙船にこの素材を使用したおかげだといううわさが広まった。事実をいうと、NASAが初めてのロケットを打ち上げる何年も前からテフロン加工のフライパンはキッチンにあった。

夫の釣り具のコーティングに使われているテフロンをフライパンにも適用できると1954年に気付いたのは、コレット・グレゴワールというフランス人女性だ。このアイデアのおかげで夫は富を築いた。彼が興したのが、いまも続くティファール社だ。[24]

しかし世間は、テフロン加工のフライパンは冷戦下の宇宙開発競争の副産物だという説をあっさりと信じた。またしても、この章で扱ってきたテーマに行き着く。発明とは男性の偉業から生まれるものという決めつけ。女性は放り上げたまま戻ってこないパンケーキを喜んで焼き、やっとおこぼれを頂戴するだけ。もちろん、現実はもっとずっと複雑なわけだが。

だから可能性だって本当はもっとずっと大きい。

月に行く宇宙服の製造が最終フェーズにさしかかると、ＩＬＣ社の針子は特別に性能を強化したシンガー社製ミシン2台を使用した。巨大で扱いづらかったが、布を21枚も重ねた作りかけの宇宙服を一般的なミシンの押さえ金で押さえられるわけがないのだから、いたしかたない。いちばん腕の立つ針子たちがいくつもの長い長い夜をこの特大ミシンと過ごした。ＮＡＳＡからとにかく急《せ》かされていた。ニール・アームストロングの着る服のせいでロケット打ち上げが遅れることは許されない。

エレノア・フォラカーはそんな優秀な針子のひとりだった。ラテックスのおむつ製造部門から宇宙服部門に移り、最終フェーズでの長い夜について数年後に語っている。分厚く柔らかい宇宙服をミシンの押さえ金の下に綺麗に入れるため、何度も持ち上げて向きを変えなければならず、そこでしょっちゅう現場に出て手伝ってくれたのが、ＩＬＣ社の月計画のトップ、レオナルド・シェパードだったという。なんといちばん偉い人がミシンの脇で針子の助手をした。[25]

作業をしながらフォラカーを質問攻めにしたそうだ。

これはシェパードの性格というよりも、ＩＬＣ社全体の社風の表れだった。ＩＬＣ社は自社の男性エンジニアに、数週間かけて縫い物の訓練を受けさせた。針子は技術の専門家として重んじられ、宇宙服の改善策をほぼいつだって提案できた。

まとめると、ニール・アームストロングとバズ・オルドリンが１９６９年に月に着て行った服を作ったのは、「男性の技術」と「女性の技術」の境界線をいくつも崩した企業だった。

ＩＬＣ社はブラジャーも工学の産物だと理解していた。ラテックスの特性を活かせば女性のウエストをすっきりさせられることも、宇宙飛行士を別の天体に到達させられることも。裁縫は技術。柔らかなものにも過酷な任務を果たせると、ちゃんと理解していた。

何にも増して、ＩＬＣ社はその理解を反映した組織を築き上げた。

だから、イノベーションを起こせた。そのおかげで人類は月に行けたのだ。

4 馬力と女力《ガールパワー》を一緒にするな、という話

1946年の夏にペンシルベニア大学で開かれた、いまや伝説となっている講義がある。冷房のない、大学の電気工学部の赤煉瓦《あかれんが》の建物で開講された、8週間にわたる集中講義だった。午前中に講義が3時間、昼休憩を挟んで午後にはカジュアルな形式のセミナーという構成だった[1]。

聴講者は、特別招待された28名の科学者、数学者、工学者だ。

ペンシルベニアのこの夏の8週間は、「ムーア・スクール・レクチャー」として歴史に刻まれることになる。講義は音質の悪いテープレコーダーで録音され、講義記録はのちに世界各地の一流オークション会場で法外な値段で売られるようになった。コンピューターをテーマにした世界初の公開講義だったのだ。

第二次世界大戦中には、まさにこのペンシルベニア大学で、最高機密のＥＮＩＡＣコンピューターの開発が工学者たちによって進められた。1万7500本もの真空管を使用し、500万か所をはんだづけしたとても大がかりな機械で、重さは30トン。ムーア電気工学スクールの地下室一帯を占拠する巨大さだった。水面下で開発されてきたＥＮＩＡＣは、戦後ついに秘密

のヴェールを脱ぐ。アメリカのメディアは、砲弾が大砲から顔を出す前に弾道を計算し終える巨大な電気式「数学頭脳」、と衝撃を露わにした。

たちまち、ほうぼうの機関から大学に見学希望が寄せられるようになった。大学はコンピューター知識を公開する責任を感じていた（戦争も終わったことだし）ものの、いつまでも研究訪問の手配に追われるのも困りものだった。通常の講義で講師たちが手いっぱいの時期はなおさらだ。そこで正式なサマーコースを開くことにした。1946年7月8日の午前9時にジョージ・スティビッツ博士が講義台に上がり、歴史的な集中講義が幕を開けた。

「カーティス博士に急用ができて登壇できなくなったので、代わりに私に依頼が来たのです」とスティビッツ博士は語っている。[2]

スティビッツはペンシルベニア大学の教授ではない。だが、第二次世界大戦の期間をアナログとデジタルのコンピューター開発に捧げた人物だ。その過程を話すと長くなるが、おもしろい偶然をひとつ紹介すると、スティビッツはチャールズ・F・ケタリングが創立したデイトンの実験高校の出身だった。自動車のエンジンをかけるときにあごの骨が砕けることがないよう電気式セルフスターターを発明したあのケタリングだ。

この実験高校でスティビッツの数学への強い関心が育まれた。やがて、ちょうど電話網がニューヨークから世界に展開され始めたころ、ベル電話研究所に入る。

電話機を買う人が増え、電話をかける頻度も上がるにつれて、電話網を機能させるために裏で必要な数値計算の量も増えた。忙殺されるばかりのスタッフが手近に使えるものといえば、機械式計算機のみ。

市民が始終電話をかけ、電話網が拡大を続けるなか、どう見ても新たな解決策が必要だった。そうしてスティビッツはさらに高性能の計算機、のちの「コンピューター」を開発する競争に加わることになる。

そんなわけで１９４６年、スティビッツは講義台に上がって聴講席を見渡した。コンピューターの歴史を概説し、すぐに講義の核心となる話題に入った。

「さらに自動化の進んだコンピューターを開発、製作する価値はあるでしょうか？　ある場合、その理由は？[3]」

講義に集まった人々がみな口にしていた疑問だった。コンピューターはすでに存在した。地下でうなり声をあげている。問題は、戦争が終わった今、どんな使い道が考えられるかだった。砲弾の弾道を計算するだけではもう意味がない。

当時、コンピューターを作るとは巨額の投資を意味した。本当に採算がとれるだろうか？「電子頭脳」を本当に作りつづけるべきなんだろうか？

スティビッツの見解はこうだった。人類は、面白いという単純な理由からコンピューターを作りはじめた。教会の鐘を機械式にして複雑なメロディーを奏でられるようにしたのと似たような動機で、黎明期の機械式計算機を生み出した。それはそれでいい。でも１９４６年になったのだから、もう次のステップに進むべきだ。経済面から真剣に検討しようではないか。

「計算機の価値とはなんでしょう？」とスティビッツは問いかけた。「表現を変えるなら、コンピューターを用いて計算する意味とはなんでしょう？」

この問いに答えを出すには、将来コンピューターをどう使えば経費削減になるかを考えてみるしかない、とスティビッツは続けた。となると、経済分析が必要だ。そこからは、もっぱら経済分析についての講義となった。

では、コンピューターとそれが社会にもたらす価値について初の公開経済分析を行った結果、どんな発見があったのだろう？　スティビッツははじめに、コンピューターの能力について具体例で説明した。

「4〜10ガールイヤーに相当する作業を完了できました」

ん？

現代の読者ならここで引っかかるだろう。「ガールイヤー（女年）」って何？　コンピューターの性能を表す単位としてメガバイトやギガバイトならわかる。でも、「ガールイヤー」とは？

1946年の聴講者たちは、この言葉に何の反応も示さなかった。くだんのコンピューターは「4ガールイヤーの節約」に繋がったとスティビッツが続けるのを、ただ聞いていた。[4]スティビッツはさらにコストの話に移った。

このコンピューターを3年で償却するとしたら、年間4000ドルの計算になる。一方で「ガール」を雇うには年間2000ドルが必要だ。コンピューターを補助するさまざまな機器の賃貸料を考慮しても、「ガール4人分の働きをする」コンピューターのほうが50％の経費削減となる。これが、スティビッツがいうグローバル規模でコンピューターを採用すべき理由。そして、「ゆくゆくは主要な事務所では当たり前」の存在になるだろうと講義序盤に語った理由だった。このとおりだ。コンピューターについての世界初の公開経済分析は、「ガールイヤー」という単位で行われた。

いったい何を馬鹿げたことを。

人が新しい技術を発明したとき、本人でさえその技術の正体をよくわかっていない場合が多い。マンハイムの納屋でカール・ベンツの自動車が誕生したときだって、当の本人は「馬なし馬車」と呼んでいた。人はつい、何の代わりになるかという見方で発明品を理解してしまう。既存の何かからの引き算（「馬車－馬＝車」）よりもはるかにすばらしいものと、気付かないまま。

現代の「無人運転車」に関してもだいたい同じだ。ひょっとすると未来の人は、「無人運転車」と聞いて鼻で笑うかもしれない。いまの私たちがカール・ベンツの「馬なし馬車」にそうするように。と思いきや、そうはならない可能性もある。

なぜって、私たちはいまも「馬力」という言葉を使う。自動車から、落ち葉を飛ばす電動ブロワーまで、あらゆるものの力を表す概念だ。

この生みの親が、スコットランド出身のジェームズ・ワットである。

18世紀末にワットは蒸気機関を大きく改良した。[5] 商売人としては当然、この新製品を市場に売り込みたい。でも、これまで蒸気機関を使ったことすらない見込み顧客に、性能をどう説明したらいいだろう？　そこでワットが思いついたのが、顧客がよく知っているものを使って蒸気機関の強みを伝える案だ。そう、馬である。ワットの蒸気機関の使い道は荷物の運搬であり、当時は馬を使うのが一般的だった。蒸気機関のほうが経済的メリットがあると説得するには、馬何頭分の働きをするかを伝えればいいわけだ。

そうしてワットは馬1頭に引かせる重量を概算し、自分の蒸気機関で何頭分の仕事を肩代わりできるかを計算した。1頭＝1馬力ではないので、馬には失礼だったかもしれないが、何にせよとても便利な単位だった。たとえば1950年代のスウェーデンの有名な雄馬エアリアルは、驚きの12・6馬力を出すことができた。[6]エアリアルは飛び抜けて優秀な馬だったが、平均的な馬でも10馬力程度を出せるようだ。

それはさておき、それまで同じ仕事をしていた存在（ここでは馬）の能力を基準に機械の力を数値化するというのがワットの発想だった。ジョージ・スティビッツが「ガールイヤー」を使うことにした論理とまったく同じだ。

なにしろ、そう遠くない昔、コンピューターとは実は女性のことだった。本当だ。コンピューターとは、もとは機械ではなく職業。[7]「コンピューターの職に就く」とは、部屋の中で誰かのためにひたすら計算作業をすることを意味した。

1860年代から1900年代ごろ、コンピューターを使う計算係は、女性が向いているとされる数少ない科学系職業のひとつだった。天文学者のレスリー・コムリーはこう言い放った。女性「コンピューター」は、「結婚して家計の計算係になるまで（全員ではないにしろ）」がいちばん使える！[8]

人間コンピューターの使用は天文学の分野から始まった。重力の法則を発見したことで、すい星がいつ夜空を横切るかを計算できるようになったからだ。

天文学者は算出方法は知っていたが、実際に計算するとなると別問題だった。計算プロセスを細かいタスクに分割し、それぞれ別のスタッフにやらせたらいいじゃないか、と気付いたのはこのころだ。[9] ある日突然、計算の仕事に数学の才能は不要になり、数を数えられ指示に従えるなら誰でもできる仕事へと変わったのである。

ここで、かつらの需要を激減させた最大要因はフランス革命だという話をしたい。もちろん貴族以外にも、ボリュームたっぷりの偽の毛髪を頭に乗っけて闊歩していた人はいた。でもかつらを着けるとどうしても上流階級くささが出てしまい、かつら付きの首が大量にはねられた時代には敬遠された。革命の影響は経済だけでなくファッションにも及んだのだ。たくさんのかつら職人が仕事を失い、[10] 毛髪を三角関数表に持ち替えて「コンピューター」の職に就いた者も少なくなかった。[11]

コンピューターの職ははじめから明らかに地位が低かった。1日8～10時間座ったまま、同じ計算をひたすら行う日がほとんどだった。19世紀末ごろには、政府機関や大学、天文台などが航海術などに使う膨大な量のデータを集めるようになり、処理や分割作業が必要となった。

人間コンピューターの需要は高まっていった。

そのころはまだ、「コンピューター」の大半は若い男性だった。しかし19世紀末に、女性を雇えば大幅に経費削減できるのでは、という考えが出てくる。なんとも魅力的な戦略だ。女性の賃金は低かった。男性の半分の金額を支払っておけば、文句はいわれなかった。ハーバード大学天文台は、望遠鏡で得た天文データを処理するようになったタイミングで、女性限定のコンピューターチームを編成した。所長はこの見事な節約術に大満足だった。こうしてコンピューター分野の職は、いまでいうパーカー姿の（ときにソーシャルスキルが疑わしい）男性のようなタイプではなく、コルセットを締めて科学分野に夢を抱いた品行方正な婦人で占められるようになった。[12]

コンピューターの仕事には高い知性は必要ないと思われていた。これも女性向けの職と見なされるようになった一因だ。アメリカでは、アフリカ系アメリカ人やユダヤ人、障がい者にとってもコンピューター業界は重要な働き口で、それはまさに社会的地位の低さが理由だった。[13] アメリカに限らず、差別を受ける属性であっても数さえ数えられればコンピューターの仕事に就けた。

言ってしまえば、実質、誰もやりたがらなかったのだ。

予想できると思うが、面倒なうえにつまらない作業だった。現代のコンピューターがアルゴリズムに従うのと同じで、上からの指示に従うだけ。「黒たす黒は黒。赤たす赤は赤。黒たす赤、または赤たす黒は……シートをグループ2に渡す[14]」

座ってこれを10時間続けるのだ。

コンピューター業界に入ろうとする女性が、たとえば数学の学位を持っていて（控えめに言って）複雑な計算ができたとしても、それで評価されることはない。たまたま肌の色が「違った」りすれば余計に無理だ。１９００年代になり家の外で働く女性の数が増えると、業界はますます女性だらけになった。

ペンシルベニア大学はコンピューターの職だけで２００人以上の女性を雇った。これがスティビッツが講義で口にした「ガール」の正体だ。彼女たちは同じ大学構内に生身の人間として存在した。だから聴講者も「ガールイヤー」に特に疑問は抱かなかったのだ。

この時代にはほかにも似たような単位があった。たとえば「キロガール」は、計算作業１０００時間分を意味する。[15]

でもコンピューターは「ガール」の代わりを果たしただけではない。主に「ガール」の手でプログラミングされるようにもなっていった。

才気あふれる数学者、アラン・チューリングは深刻な花粉症に悩まされていた。バッキンガムシャーの丘を自転車で走る際にたびたびガスマスクをつけるのはそれが理由だ。屋内で会議をするときでさえ、空気中に花粉を感じとってさっとマスクを取り出すことがあった。何の説明もなく。マスクをつけると何事もなかったかのように話を続けるのだった。[16]

チューリングの自転車のチェーンはしょっちゅう外れていたが、チェーンを買い替える気はなかった。だからいつも油で真っ黒になった手で仕事場に現れ、常にデスクに出しっぱなしの瓶入りテレビン油を使って手を洗うのだった。自転車には鍵をかけないのに、マグカップは誰にも盗《と》られたくないからと必ず暖房器具に鎖で繋ぐ人だった。

第二次世界大戦中にチューリングに与えられた使命は、エニグマ暗号の解読。ナチスドイツはエニグマ暗号機と呼ばれる謎めいた装置を使って、軍事無線信号の大半を暗号化していた。連合国軍はドイツの無線を傍受できていたものの、まったく解読できなかった。傍受できればドイツの潜水艦の爆撃から自軍の船を守れるはずなのに、内容がとにかく意味不明だった。エニグマ暗号機とそれが生み出す530億パターンの暗号のせいで。

敵の暗号を解読する技術は、イギリスでは年季の入った伝統芸だ。1324年、イングランド王のエドワードⅡ世は、発信か受信かに関係なく国際郵便物は必ずまずロンドンに集め、そこで内容を確認するべしと命じた。すると案の定、外国の使節は内容を暗号化するようになった。

これに応じて、エリザベスⅠ世はのちにイギリス諜報機関を立ち上げる。エリザベスⅠ世が雇ったスパイが書簡を秘密裏に確保し、お抱えの占星術師が解読するという役割分担だった。以来、何世紀も続いている。機密の規模とともに暗号の複雑さも大きく膨れあがっている。[17]

1938年、イギリスの秘密情報部MＩ6がバッキンガムシャー郊外の邸宅、ブレッチリー・パークを購入した。緑がかった銅のドームが載った赤レンガの館で、通信・無線諜報と暗号解読法を担《にな》う部門がまるごとここに移された。占星術師はもう時代にそぐわなかったが、アラン・チューリングのような、「教授っぽさ」のある願わくば天才肌の人材が求められていた。いまも昔も、天才は風変わりであることを許されている。会議にガスマスクをつけてきたり、誰かが自分のマグカップを盗みたがっているという自由すぎる思い込みを抱いたり。

オックスフォードやケンブリッジの書室で肩をぽんと叩かれたのは、まさに彼のような男性だった。「ステーションX」(ブレッチリー・パークの軍事暗号名)での勤務を依頼されたのだ。

第二次世界大戦の開戦前に、ポーランドの数学者マリアン・レイェフスキが、ドイツの悪名高いエニグマ暗号の解読にいち早く成功した。ポーランドのエンジニアたちはエニグマ暗号機に似た解読用の計算機械を製作したが、1938年にドイツ軍の暗号機は作り変えられてしまう。

軍事無線は再び解読不可能となった。1939年の夏、ポーランドはレイェフスキの研究をイギリスに託す(ナチスドイツとソ連がポーランドに侵攻する直前だった)[18]。ポーランドでつくられた解読機械はアラン・チューリングのデスクに落ち着き、チューリングはその改良版の開発リーダーを任された。それから数年にわたってチューリングたちが開発した合計200台を超える最高機密機械は、ブレッチリー・パーク周辺のさまざまな建物に分散して設置され、エニグマ暗号を破りつづけた。

チューリング含め、暗号解読作業のために呼ばれた男性たちのほとんどは、軍人ではなく民間人だった。私服を着て自転車で出勤することが許されたし(ガスマスクは任意)、空き時間には希望すれば自分の研究に取り組むこともできた。一流大学を出た優秀な男性は肉体的に厳しい軍人生活から免《まぬか》れられる、というのが暗黙のルールだった。これには先行例がいくつかある。

たとえば1798年、ナポレオン・ボナパルトはエジプト遠征に150人以上のフランス人学者を伴った。天文学者から植物学者までありとあらゆる専門家が集められた。一般の兵士は、ロバと同様学者が特別扱いされていると悔しがり、苦々しげに学者らを「ロバ」と呼んだ。実際にナポレオンは戦場で「ロバと学者を内側に！」と指示を出したという。そう、貴重なものを守れという意味だ。[19]

これと同じ論理で、ブレッチリー・パークの指揮官はチューリングのような男性たちに隊列を組んで歩かせようとさえしなかった。極めて重大な知的作業のために集められたのだから。砂利の上で朝の訓練をさせるなんてもってのほか。

そういった訓練をするのはというと、女性だった。[20] 戦時下のブレッチリー・パークの職員の75％が女性で、巨大な暗号解読機械を操作する役目を主に担っていた。

ブレッチリー・パークのエンジニアたちは、のちに世界初のプログラム可能な電子コンピューターを完成させる。[21] レバーとボタンを使ってプログラミングできる計算機で、操作はイギリス海軍の女性部隊である王立婦人海軍の有志が担当した。

よって、彼女たちが世界初のプログラマーだ。

週7日勤務で、午前8時から午後4時、午後4時から深夜0時、0時から午前8時の三交代制だった。戦時中ほぼずっと、彼女たちは機械の前で夜通し働いた後でも朝の訓練を強制されたし、日曜には凍《い》てつく寒さのなか列になって教会へと通わなければならなかった。

プログラマーには指示に従う能力さえあればよく、女性はその能力が高いというのが当時の社会の認識だった。女性は従順で、決められた順序できっちりとタスクをこなすことができると。もとからそういう性質なのだ。図案に従って正確に編んだり縫ったりできるし、レシピを見てクッキーも焼ける。しかも子どもにものを教えるのもうまいじゃないか。

アメリカのコンピューター技術の開拓者のひとりであるアイダ・ローズが、1973年に自身のプログラミング技術を、数学を教える技術にたとえている。「数学がまったくわからない人を相手にものすごく複雑な計算を教える訓練を、十分に受けてきました[22]。機械も生徒とよく似ていますね」

1950年代にイギリスのＩＢＭ社は、コンピューターの組み立てコストを「ガールアワー」なる単位で計算した。歴史学者のマー・ヒックスによれば、コンピューターの製造現場にはほぼ女性しかおらず、女性用の低い時給で人件費を計算しても差し支えなかったそうだ[23]。ＩＢＭ社は実際にそれで計算していた。

1970年代になると、イギリスの行政機関は同一労働同一賃金という新方針に従うことを余儀なくされる。これは公共セクターのコンピューター事業にとっては問題だった。男性が少なすぎたからだ。

そこで当時の大蔵省は、この分野に限っては同一労働同一賃金の方針を適用するべきでないと主張した。コンピューター業界には「男性の賃金水準」が存在しないため女性の賃金水準を男性に合わせるという事態が発生しない、と。[24]そうして当時の女性の低賃金が賃金水準とされた。プログラミングの職が低賃金だから女性が集まるのか、それとも女性が大量に応募したから低賃金になったのか。

なんともいえないところだ。

プログラマーは、第二次世界大戦前には存在しなかった職業だ。なので取り立てて男性的なイメージもついていなかった。女性はこの仕事には向かないとか能力が足りないという理由を思いつく者もいなかった。6年間、戦場で爆破したりされたりに忙しかったのだろう。言ってみれば、家父長制もよそ見をしていたのだ。加えて、コンピュータープログラマーは男性には魅力的なキャリアではなかった。戦時中は朝の訓練と、戦後は家事と育児と並行してできる程度の退屈な仕事というイメージがついていた。

コンピューターの「お世話」は女性がもとから持つ資質の延長線上でできる、というのが当時の考え方だった。ある職が低賃金であるべき理由を正当化したいとき、いつもこの便利な言い回しが飛び出した。仕事に必要な能力が女性に生物学的に備わっていると定義されてしまったら、どうやって合理的に高い賃金を要求できるというのだ。

たとえば19世紀の靴下産業では、女性と男性の両方が雇われていた。しかし、靴下のつま先部分を縫うという高い技術を要するタスクは、女性労働者に割り当てられた。女性たちが割とうまくやってのけたので、雇い主は、つま先を縫う能力は「女性の生まれつきの特性」と見なすようになった。何かが「女性の生まれつきの特性」であるとは、正式な「スキル」として経済的に評価する必要はないということだ。[25]。

よって、女性の賃金は低くていい。ものすごく現実的で無駄がない。少なくとも、工場主にとっては。

この理屈は女性を絶望的な立ち位置に追いやった。女性労働者が1人でも何かをうまくできなかったら、女性全体の賃金は低くあって然《しか》るべきということの証明とされる。ごらん、ご婦人たちには男性のような仕事はできないのだ！

しかし同時に、まったく逆の主張も成り立っていた。女性労働者が何かに秀でていたとしても、女性全体の賃金は低くあって然るべきということの証明とされる。それがどんな素質であっても、男性より低賃金にするべき証とされた。女性の秀でた部分を「女性の生まれつきの特性」にしてしまう、お決まりの策略だ。シルクの靴下のつま先部分を閉じたり、コンピューターをプログラミングしたり、年寄りの世話をしたりする能力をもとから持っている生き物だから、と。

この思考様式は現代にも残っている。

高齢者や子どものケアに関する職業となると社会がこの理屈を持ち出すのは、決して珍しいことではない。女性がケアの業界に入って、正式な訓練を長期間受けたりしなくてもうまくこなすのが見られるからだ。だからそのような職業は「低スキル」でもできるとされ、よって高い報酬を払うべきではないという結論になる。

その一方で、もしも男性が「生まれつきの特性」で何かに秀でていたら、それはたいていい真逆の主張、つまり賃金が高くあるべき証となる。

19世紀の靴下工場では、男性労働者の「スキル」は強みになった。一方で女性労働者は「スピード」と「正確さ」の観点で評価を受け、何かに秀でていればそれは女性の特性の延長線上にあるからとされた。女性とは、すばやく正確に動く指をたまたま持つだけの受動的な人間にすぎない。体こそ自分で動かせるものの。

反対に男性労働者は、まったく違うやり方で仕事に関わる能動的な参加者だった。学んで「スキル」を身につけたのだから高い賃金を払うべきだ、という至極まっとうな経済理論がついてくる。


1960年代半ばのあるときから、コンピューターのイメージが変わりはじめる。プログラマーの仕事内容は基本的には変わらなかったが、コンピューター業界の重要度が増していった。あっという間に、付加価値税の支払いシステムから巡航ミサイルのプログラムまで、あらゆることが最新コンピューターで処理されるようになった。男性経営者たちは、どうやらこの機械が肝になると気づきはじめた。これを、ミニスカート姿でタバコを立て続けに吸う低賃金の若い女性たちに任せていていいのだろうか？

何か手を打たなければ。

男性にコンピューターへの興味関心を抱かせるための公的計画が立ち上げられた。男の子はコードを学ぶ必要があります。少しでもいいから、触れておくように。

適切な階級に属する将来有望な若い男性を集めてプログラミングの基礎を学ばせさえすれば、いずれ公共セクターのコンピューター事業で管理職の椅子を埋めてくれるだろう[26]。そういう魂胆だった。

すでにプログラミング知識のある女性は今度は若い男性の教育係にまわされた。ゆくゆくは自分の上司になる人を育成する役目だ。管理職は男性向きと思われていた。社会的地位と性別の力があると楽にこなせるからだ。

その男性にコンピューターの知識が皆無だろうと、かまわない。

女性がぞろぞろとコンピューター業界を去りはじめたのも、当然かもしれない。昇進のチャンスがほとんどないのだから。

コンピューター業界から女性が一斉に出ていくあまりにも顕著な現象を見て、イギリスの若き実業家であるステファニー・シャーリーはビジネスチャンスを感じた。そして女性プログラマーに在宅勤務の機会を提供する会社を１９６２年に立ち上げた。業界を去った才能を無駄にするのではなく活用しようという発想だ[27]。

シャーリーのフリーランス・プログラマーズ社は、すぐに公共セクターと民間セクターの両クライアント向けにソフトウェアを開発するようになる。プログラマー全員が在宅勤務だった。電子メールやZoomが生まれるずっと前の話だ。でもうまくいった。顧客と電話で話すときには録音しておいたタイプライター音を後ろで流すといい、とプログラマーたちに助言したそうだ。そうすれば「本当の」オフィスで仕事をしているかのような印象を与えられるし、子どもの泣き声だって隠せる。

1990年代にフリーランス・プログラマーズ社が上場企業となったとき、評価額はなんと23億ポンドもあった。

でも、行政機関のコンピューター事業をいずれ管理するはずだった将来有望な若い男性たちはどうなったのだろう？　どうもなっていない。あいにく、コンピューターを使う職に就けて喜んだ人ばかりでもなかった。ほとんどが、別の職に誘われるやいなや、特別訓練を受けてきたコンピューター事業の管理職を辞めた。

イギリス政府が若者の訓練につぎ込んだ資金はどぶに捨てたようなもの、と歴史学者のマー・ヒックスは言う。いっそどぶに捨てたほうが、いろいろな意味で経済的に賢い選択だったかもしれない。女性を追い払いつつ若い男性に投資することで、イギリスはコンピューター業界の労働力をあえて貧相にするという離れ技をやってのけた。コンピューターが経済の要となりはじめる、まさにそのタイミングで。

技術革新が進んだ結果、女性がイングランド銀行の管理職に就くなどというおぞましいことがいずれ起きるのでは、と人々は恐れをなした。ブレッチリー・パークで世界初のプログラミング可能なコンピューターを開発し、技術大国として最高のスタートを切れたのに、恐れるあまり勢いを殺しにかかっていた。

アラン・チューリングのその後については割と有名だろう。現代式コンピューター発展のキーマンとなった、才気溢《あふ》れる花粉恐怖症の数学者。彼は「著《いちじる》しくわいせつな行為」（すなわち同性愛）で有罪判決を受け、性欲を減退させる薬の投与を受けた。1954年6月8日、チューリングは自宅のベッドで亡くなった状態で発見される。傍らにはかじりかけのりんごが転がっていた。青酸中毒による自殺とみられている。[28]

今、シリコンバレーはバッキンガムシャーにはない。いろいろあった結果だ。

1980年代半ば以降、コンピューター業界で働く女性の数は世界中でじわじわと減りはじめた。ほかの技術分野や科学分野では女性の割合が増え始めていたのにだ。プログラミングの職場は女性だらけから男性だらけに変わり、同時にプログラマーの社会的地位は向上し、低賃金は高賃金に変わった。

職業のジェンダー比率が大きく変わったのは当然ながらこれが初めてではない。古代から19世紀末までずっと、秘書は男性向けの社会的地位の高い職業だった。[29] 王につく秘書官の豪華な肖像画が、ヨーロッパ各地の国立美術館に残っている。秘書官は頭に羽根を付け、ふくらはぎは筋肉質だ。しかし1920年代のある時点から、秘書は女性の職業になった。[30] 一列に並んで座り、精力的にタイプライターを叩き、わずかな賃金をもらう仕事に。

人間は長いあいだ、作業に求められる力の強さに基づいて男女に仕事を割り当てていた。身体的な序列で経済的な序列も決まるという考え方だ。女性は持ち上げられる量が少ないから生産量も少ない。だから賃金も低い。

でもなぜ、力の強さばかりに経済的な価値があるという前提なのだろう？　あくまで、経済的価値を生む身体的特性のひとつに過ぎないのでは？

たとえば指が小さくて細いというのは、少なくとも工場の現場では重宝されることが多い。何を生産できるかが変わってくる。でも、女性は手が小さいから賃金を高くするべきだなんて主張した人はいない。だって、男性の身体的特性にこそ高い経済的価値があるとされてきたのだから。

男性がみんな女性よりも力が強いわけではない。男性向きと思われている仕事で必ず女性向きの仕事よりも力が要るわけでもない。介護職の女性は転んだ患者を抱え上げたりベッドで寝返りを打たせたりする必要があるが、それを理由に給料や社会的地位が上がってはいない。

また、牛乳50リットル入りの缶を抱える女性の職はあっても、セメント50キログラム入りの袋となると、ない。牛乳は昔から女らしさと結びつけられてきたが、だからといって、牛乳50リットルがセメント50キログラムよりも軽くなる魔法は起きない。

時代が進み、50キロのセメント袋を担ぎ上げるのは男性の背中にあまりよくないとわかってきた。だから25キロ入りで売るようになった。おかげでいまは選択肢もある。

女性向けの職業と男性向けの職業を分ける基準は身体的な力の強さという考え方は、いまの労働市場ではもう古い。とはいえ「技術的な資質」で給与額が決まるという説に取って代わられただけだ。男性は女性よりも技術に強いというイメージがある。男の子は自然とコーディングを学ぶようになるが、女の子が学ぶには幼いうちから後押しが必要だ。

２０１７年、グーグル社エンジニアのジェームズ・ダモアが書いた「女性はＩＴの仕事にまったく適していない」という趣旨のメモが流出し、ダモアは結局解雇された。[31]女性は生物学的に資質を持たないという主張だった。女性は一般的には社会または芸術分野の仕事を好む傾向にあり、モノよりも人に強く関心を抱く。男性よりも神経過敏な傾向にもあるため、コンピューターを使う職には就かないほうがいい。百歩譲って就いたとしても、女性の性質を考慮するとグーグル社の高給ポジションに任命するのはおすすめしない、と。

ダモアのメモは大炎上した。ところが一方で、ダモアの意見もそれなりに正しいと考える人も多かった。「女性とコンピューター技術は対極にある」という、西洋社会に広く普及する考え方の代表者としてダモアが罰を受けたのだ。

「なぜ女性のほうが低収入なのか」に対する経済学者の解答で多いのは、「女性があまり給与のよくない業界を選んでいるから」。残念なことに女性はコンピューターが好きではないらしい。ダモアのように、女性の脳のつくりが原因と信じる人もいる。単に女性はプログラマーに必要な思考能力を持ち合わせていないのだ。少なくとも、高収入のプログラマーに必要な分は。

いやいや、プログラマーが低賃金の職だったとき、女性は申し分なくその能力を持っていたのだけれど。

女性もコンピューター業界に進むよう十分に後押ししてこなかった社会が悪いと考える人もいる。女の子はあまりテレビゲームをしない。ふわふわしたおもちゃで遊ぶ時間を減らして、代わりにもっとゲームの中で撃ち合いをしたほうがいい。そうすれば高収入の仕事にも楽に就けるようになるだろうし、女性らしさを活かしてハードなテック業界を少し温和に変えられるだろう。これは、クラスいちの悪ガキたちのあいだに優秀な女子生徒を座らせ、どうにか彼らを静かにさせてくれないかと期待するのと何となく似ている。女性の役目は男性をなだめることで、自分の力で何かになることではない。「女性は生物学的にコンピューターとは合わない」とか「女性は社会のせいでコンピューター嫌いになった」と考える人たちはみな同じ誤解を抱いている。技術と女性は対極にある、と。

女の子がコンピューター関連の職に就きたいならネックはその性別だ、と。

でもわずか75年前には、「コンピューター」は女性だったのだ。

本当に。

女性らしさ

FEMININITY

5 融資されない偉大な発明とリスク満載の捕鯨の話

アイナ・ヴィファルクは秋に発病した。このウイルスに感染するのはだいたい秋だ。だから親は子に、落ち葉をやたらに触るな、木から落ちた果物は食べるな、と言って聞かせる。ポリオはどうやら季節性の病気らしいと認識されていた。スウェーデンでは「秋の亡霊」と呼ばれていた。

ポリオの初期症状に多いのは、発熱と首筋への違和感だ。運が悪いとウイルスが血液に入り込む。その場合、発症から3～4日経って、人生最後の一歩となるかもしれないとも知らずにふと立ち上がったとき、それがやってくる。

脚がまひし、床に倒れ込むのだ。[1]

ポリオは昔からあるウイルスだ。エジプトのファラオを急死に至らせたこともあると歴史学者は言う。しかしポリオが初めて深刻なレベルで大流行したのは、19世紀のスウェーデンでだった。[2] あまりにも不可解だった。天然痘《てんねんとう》や赤痢《せきり》、しょうこう熱でバタバタと死人が出ていたのが落ち着いたころだったのだ。市民は大量生産されはじめた石けんで手を洗い、清潔に保ちやすい安価な綿の服を着るようになっていた。そこにポリオがやってきて、スカンジナビア半島はまたたく間に「危険なウイルスの培養地」という悪名を馳《は》せるようになった。

罹患《りかん》時のアイナ・ヴィファルクは21歳。故郷からほど近く、幼い頃に両親が農地を借りていた大学都市ルンドで学びはじめたばかりだった。１９４９年だった。[3] 第二次世界大戦が終結し、スウェーデンでは石けんと洗剤の配給がなくなったばかり。製造業が成長期を迎えていた。大戦中に中立政策を貫いたスウェーデンは、ほかのヨーロッパの国々とは違って焼け野原にはならず、工場が残っていたのだ。政府は手厚い社会保障制度に資金を投じ、国民はじゃがいも団子と肉の入ったスープを飲みながら自国の経済成長を眺めた。

若きヴィファルクに壮大な夢などはなかった。そんな暇はなかったのだ。学業資金を蓄えようと、必死に働いていた。生活の質を上げる鍵は教育、というのが持論だった。

ルンドの看護学校に入学したての9月4日、ヴィファルクは風邪のような症状に見舞われる。首がこわばるのを感じ、強い疲労を覚えた。それからわずか数日後には腰が痛みだし、次にけいれんにも似た激しい放散痛が信じられない速さで足に移った。1週間後には入院することになり、右脚を持ち上げられなくなった。

やがて右腕と腹部、両脚にまひが起きた。耐えがたい痛みが続き、特に夜、腰が酷《ひど》く痛んだ。ヴィファルクは自分の両脚を見下ろした。そこにあることはわかるのに、感覚はいっさいなかった。

10月にはもう立つこともできなくなっていた。はじめは革のパネル付きの布製コルセットで体を固定したが、じきにパネルはしっくい製になった。膝を伸ばした状態ではどちらの脚も持ち上げられなかったし、両腕で体を支えなければ上体を起こすこともできなかった。4か月後、ヴィファルクは歩行器2つを体の前にがちゃがちゃとついて、再び歩きはじめた。一歩一歩がつらい闘いで、1メートル進むたびに勝利を感じた。「人間がこの世界を自由に移動するには何が必要だろう」と彼女以上に深く考えた人は、そういないだろう。2月の終わりには歩行器が松葉杖に代わった。両脇の下に1本ずつ。

それからの15年間、ヴィファルクはその姿で動き回った。

ヴィファルクは結局看護師にはならなかった。代わりにベステルオース中央病院の整形外科で病院カウンセラーの職を得て、メーラル湖に面した小さな町で新生活を始めた。共同住宅の9階に部屋を借りて、大きな湖の周りをぐるぐるとドライブし、松葉杖をついて街中を歩き回った。日中は患者のために身を粉にして働き、夜は障がい者協会の創立のための活動に時間を割いた。ヴィファルクのような人の実情について病院側の理解が足りないときは、積極的に意見を伝えた。たとえば病院の入り口にスロープをつけたら、移動に問題を抱える人も病院に入りやすくなりますよ、と。

毎週日曜の朝は泳ぎに出かけた。毎回、赤十字が派遣したボランティアがヴィファルクの着替えを手伝った。水着を着たり脱いだりのほうが、水中エクササイズよりもずっと難易度が高かったのだ。

年月が過ぎ、ヴィファルクは出入りのしやすい1階の部屋に住むようになり、社会福祉事業の管理の仕事に就いた。犬を飼いたかったけれど、実現する日は来ないと自分でよくわかっていた。1960年代をとおして、身のまわりの小さなものから大きなものまで何でも改善することに熱中した。たとえば、自宅の中庭のドアにカウベルを取り付けて、侵入者があったらわかるようにした。わかったところで何ができたかはわからないけれど。また、流しの下にブラインドカーテンを付けて、ごみ袋が見えないようにした。

夜はあまりよく眠れなかった。痛みがやってくると特に。痛みは波のように押し寄せ、夜じゅう付き合わねばならず、眠れても長くて90分だった。副作用が怖いので痛み止めは飲みたくなかったし、考えごとをして過ごすほうを選んだ。松葉杖で肩がすっかり擦れてしまい、それもまた激痛を生んでいた。世界中を自由に動きまわれる体を持たないヴィファルクのような人は、ひっそりと暮らすべきだ――それが社会の考えだった。

でもヴィファルクには別の考えがあった。

1960年代の終わり、41歳になったヴィファルクは、州議会の作業場に設計士として出入りしていたグンナル・エクマンと知り合う。[4] ヴィファルクは、車輪付きの歩行器を作ってほしいとエクマンに頼んだ。車輪が4つとハンドル、ブレーキ、座る用の板がついたもの。そして折り畳みできるもの。車にひょいと積んで、どこにでも持っていけるように。エクマンは指示に従って歩行器を設計し、組み立てた。こうして近代式の車輪付き歩行器が生まれたのである。

足の不自由な人が、松葉杖を捨てて歩きだした。

少なくとも、アイナ・ヴィファルクは。

ベステルオースで生まれたこの車輪付き歩行器が本当に世界初かどうかはよくわからない。歴史上のさまざまな発明品もそうだが、それを突き止めるのは難しい。ヴィファルクが知らなかっただけで類似の歩行補助具の特許はすでに存在したが、ヴィファルクのほど広まったものはなかった。歩行器に車輪を付けようという発想もすごいが、彼女のすばらしい点は、自分や自分に似た境遇の人の新しい暮らしを予見していたところだ。

ヴィファルクの車輪付き歩行器は、病院の廊下でほこりをかぶりがちな器具とは違った。骨が弱って病室で死を待つだけのお年寄りが、ベッドからトイレへと数メートル移動するときにだけ引っ張り出される程度のものでもなかった。ヴィファルクからすれば、車輪付き歩行器は「相棒」。生活をともにする器具だった。洗濯物をローラーで絞るとき、植物に水をやるとき、コーヒーを飲みに行くときに隣にいてくれる存在。近代式の歩行器はアイナ・ヴィファルクの身体的制約に合わせて設計され、自由への渇望に応えて作られた。ヴィファルクが違う階級、体、もしくは性別に生まれていたら、間違いなく「起業家」と呼ばれたに違いない。でも、そうはならなかった。

それどころか、ヴィファルクは本人の意思に反して早期退職に追い込まれた。

スウェーデンでは、夏が一年で最高の時期だとよく言われる。ベステルオースに住む人がみなそうするように、アイナ・ヴィファルクも冬のあいだは部屋の中からメーラル湖を眺め、氷が解けて割れる音を心待ちにして過ごしていた。半年続く暗闇は、太陽への激しい渇望を生む。

1938年以来、スウェーデン人は年に3週間の休暇を法で義務付けられている。そこで熱意あるひとりのビジネスマンが、戦後に飛ぶ機会を失った大量の航空機を活用しようと考えた。航空機をチャーター機に変えると、すぐに目を輝かせたスウェーデン人たちが太陽の照る南ヨーロッパに旅行に行くようになった。マヨルカのホテルにはスウェーデン式コーヒーが置かれるようになり、ギリシャのタヴェルナ（大衆食堂）ではスウェーデンのフォークダンス会が催され、スウェーデン発のポップグループABBAは、キプロスへのパッケージツアーの割引と引き換えに、キプロスで初のライブを無料で行った。[5]

ヴィファルクもスペインに憧れていた。問題はただひとつ。車輪付き歩行器はスーツケースには入らなかった。でも、これなしでどうやって行けというのだ。歩行を補助する器具とかばんを置ける台は必須だった。

ある日ベステルオースの図書館へ行くと、職員がいろいろな棚へと本を運ぶのに使っていたブックワゴンに目が留まった。[6]ヴィファルクはまったく同じワゴンのフレームを通信販売で注文し、人の手を借りてそれに車椅子の車輪を付けた。新型の歩行器の誕生だ。もしかしたらこれでスペインに行けるかも？ ヴィファルクは大興奮で試験をしたが、ダメだった。新作の上にスーツケースを載せると、車輪が回らなくなってしまった。改造型ブックワゴンではスーツケースの重さに耐えられなかったのだ。

ヴィファルクが冷蔵庫を開けたのはそのときだった。たまたま、その日のほかのプロジェクトのために冷凍室の電源を切っていたのだ。ラックをひとつ取り出し、それを当時使っていた歩行器に付けてみた。スーツケースをそのラックの上に置くと、驚いたことに車輪は回った。
ヴィファルクは意気揚々とスペインに出かけた。

やがて、ヴィファルクの発明は、世界中の高齢者が自由を手に入れる助けとなっていく。骨粗しょう症、関節炎、めまいなどに苦しむ人が、この車輪付き歩行器のおかげで、自宅での自由な移動能力を取り戻せるようになった。そのまま外に出て自力で牛乳を買いに行くことだってできた。店まで歩き通すのがしんどければ、歩行器に腰掛けて休憩すればいいだけ。この発明をしたのが、15年間も松葉杖で苦労して町じゅうを歩き回った女性だというのは偶然ではない。自分のために作られていない世界に住むと、その世界を良いほうに変える方法が見えやすいのかもしれない。自分のためだけではない、全人類のための改善策を。

現代の私たちがキーボードで文字を入力できるのは、イタリアの発明家ペッレグリーノ・トゥーリのおかげでもある。目の不自由な友人、カロリーナ・ファントーニ・ダ・フィヴィッツァーノとやりとりするために発明したそうだ。それは世界初の機械式タイプライターとも呼ばれ、カロリーナは手紙の内容をまず召使いに口述する必要がなくなった。[7]

また、世界初の電子メール用プロトコルを書いたのはアメリカ人のヴィントン・サーフだ。[8]
耳が不自由だった彼は、職場にいても家族とコミュニケーションのとれる電子メールの将来性を見抜いていた。なにせ、受話器に向かって大声で叫ばなくていいのだ。

スマートフォンを指先でスワイプして操作できるのは、また別のアメリカ人、ウェイン・ウェスターマンのおかげだ。ウェスターマンは右手の神経に障がいを持っていたため、マウスをうまく使えなかった。そこで、指でタッチしてコンピューターを操作できる技術を開発したのだ。2005年にはこの技術をアップル社に売った。

そして2年後に、スティーブ・ジョブズは初代 iPhone を発売するに至った。[9]

歩行補助具のグローバルでの市場全体価値は、現時点で22億ドル。これからの数十年で高齢者が世界中で増え、老いへのイメージが変化するとともに、この数字は急速に増えると見込まれている。[10]

そう、アイナ・ヴィファルクの発明は世界に大きな影響を与えた。ところが、ヴィファルクの銀行預金額にはあまり影響がなかった。障がいを持った起業家に贈る助成金にも、ユニバーサルデザイン研究への融資にも、ヴィファルクの名前は残っていない。車輪付き歩行器の発明で得たわずかな現金は、コスタ・デル・ソルのスウェーデン教会に遺贈された。

彼女はパッケージ旅行を愛していたから。

アイナ・ヴィファルクにはお金がなかった。アイデアを現金に換えられなかったということでもある。歩行器を自力でつくり、冷凍庫のラックを使ってＤＩＹしてデザインを改良し、ベステルオースの繁華街を歩行器で行き来して日々の用事をこなしたのに。発明品を輸出して世界中に売り出すには、まとまった資金が必要だった。ヴィファルクにはそれがなかった。とりたてて彼女に融資したがる人が現れることもなく。これについては、本人がよく理解していた。

「たくさん若者がいるなかで、誰が障がい持ちの女の話を聞いてくれると思う?」

ヴィファルクは歩行器の特許を一度も申請しなかった。代わりにアイデアを今でいう750ポンド程度〔およそ12万7000円〕で売却し、指定のメーカーが作って売り上げた額の2%を使用料として受け取った。[11]

「ちょっと優しくしすぎましたね」と、のちにヴィファルクは振り返る。

たしかに、アイナ。それもあるけど。

今だったら、「女性起業家コースを受講するといい」とヴィファルクに勧め、「一歩踏み出そう」、「自分の声を発信しよう」、「自分を信じて」なんて助言する人がきっといるだろう。でもそういう問題ではないのだ。これは、私たちの経済システム全体の話。

これまでの経済システムが女性のアイデアをどう意図的に排除しているかの話。

信用貸しの類いを活用したことのない小さな会社はたくさんある。たとえばりんごジュースを売るとしよう。毎度レジをチーンと開けて売上金を入れ、夕方にサプライヤーがやって来たらレジから現金を出してりんごを買う。

このような経営スタイルにももちろん何の問題もないが、事業を成長させるとなると難しい。ジュース工場を増やしたければ銀行ローンを使用することになるだろうし、事業拡張の予定などなくても、会社がこの先どうなるかはわからない。

たとえばサプライヤーの住む地域でオオスズメバチの大群が発生し、地域のミツバチが無情にも全滅させられたとすると、ジュース屋は遠くから高いりんごを仕入れざるを得なくなる。

そんなとき、90日間の当座貸し越しをしてくれる銀行が必要になる。

ジュース製造機が壊れる可能性だってある。生産を停止したくなければ、新しい機械を買わなければならない。購入から30日以内に料金を支払える算段がなければ、それもなかなか難しい。

つまり、信用貸しとは経済的リスクを管理する方法なのだ。最良の状態であれば、強いほうの組織（銀行など）が一時的に弱くなっている組織（りんごジュース屋）に介入して援助できる仕組みだ。でもこのシステムが崩れると（しょっちゅう崩れるわけだが）、一般に信用収縮と呼ばれる状態になる。

2008年の世界的な金融危機が典型的な例だ。アメリカ住宅市場の貸し付けにおける突拍子もないからくりが破綻したのが発端だった。要は、ある日突然、銀行が他銀行に貸し付けをしたがらなくなったのだ。世界各地の金融市場の多くが凍結し、以前は貸し付けを受けていた企業が受けられなくなってしまった。

すると事業拡張ができなくなり、従業員を解雇するしかない企業も多く出てくる。職を失った人々は収入がなくなるので製品やサービスを購入できなくなり、すると製品やサービスを売っていた企業も従業員を解雇せざるを得なくなる。失業者が増えると、国の税収が下がるうえ、失業手当の支出は増える。赤字は膨れ上がるいっぽう。信用収縮には、悪循環に引きずり込むという厄介な性質があるのだ。何らかの介入なしには、経済全体が何年間も停滞する可能性もある。

問題なのは、世界中の女性は常に信用収縮状態に置かれているということ。現時点で、女性が経営する企業のなんと8割が、信用貸しを必要としつつも応じてもらえていないと見積もられている。[12] 現在の金融システムが1ミリたりとも女性のためにはつくられていないからだ。

コートジボワールのある農場経営者の女性は銀行から融資を受けられない。なぜなら、農地を所有しているのではなく借りているからだ。融資を「担保」するものがないと銀行から言われた。女性で土地や資産を所有する人はあまりおらず、融資の審査に受かる可能性は非常に低い。

どの国でも、女性が抱える経済リスクは男性と比べてずっと大きいと見られている。所有する現金額が低く、資産も少なく、さらには妊娠・出産も経済面ではリスクとなる。

加えて女性には、美容サロンやカフェ、託児所など、ほかのビジネスほど「重大」ではないと見られがちな事業を立ち上げる人が多い。こうした「軽薄な」業界のほかには、診療所や会計事務所のような退屈で堅実な業界で起業する女性も多い。でもテック系スタートアップのように評価されることはなく、投資家が飛びつくほどの成長可能性も期待されない。結果、とりわけ大金が必要となったときなどに、男性同様の優遇を受けられない。

融資を受けるには何よりもまず、経済的に競争優位性があると見なされなければならない。それはどんな人かと考えると、思い浮かぶのは男性だ。投資したり貸し付けたりする相手には、信用に足る人物を選ぶものだ。たいていの場合、女性は選ばれない――仮に選ばれたとしても、基本的には白人だ。

女性が男性よりも裕福で経済的なチャンスにも恵まれているという国は、世界にひとつとしてない。[13] 男性がお金を持ち、女性は持たないという事実は、世界の土台を成す要素のひとつだ。どの革新的アイデアが現実化されるか、されないかの判断にも、当然、大きく効いてくる。

女性起業家がなかなかローンを組めず、貸し付けや融資を受けられないことに、とても合理的な理由がいくつもあるのは承知だ。でもそれに適応したとしても、結局女性は女性であり、性別のせいで違う扱いを受けるという事実は変わらない。女性が有色人種や障がい者の場合、現実はさらに厳しい。ずっとずっと厳しい。そんな状況下でも、女性が興したビジネスは、一般的には男性発のビジネスよりも早く利益を出す。

２００８年の信用収縮は世界経済を10年間停滞させた。では、ずっと続いている女性限定の信用収縮は世界経済を……そう、常に停滞させている。外部からの借り入れや融資に頼らないほうがむしろうまくいくケースもあるとはいえ、多くの業界で普通はそれでは成り立たない。単純にリスクが大きすぎるし、それで諦める女性も多い。なのに私たちは、世界中のリーダーに緊急サミットを開くよう、マイクの海の前に真面目くさって座って女性の信用収縮について話し合うよう、求めてはいない。女性の信用システムの凍結を解くために1兆ドルをつぎ込む気のある中央銀行総裁なんていない。恒久的な女性信用収縮下では、女性はアイナ・ヴィファルクのようにするほかない。発明を安く売るか、消えゆくままにするか。

これには大きな副次的問題がついてくる。どれだけ大きいかを理解するには、まずは北極圏や南極圏の冷たい海に向かわなくてはならない。
さあ、鯨を捕りに行こう。

1800年代、捕鯨は最も卑しく危険で暴力的な、誰でも参入できる仕事のひとつだった。ものすごく儲かる仕事でもあった。[14]

アメリカの捕鯨船はアラスカをまわって北極海に向かうか、太平洋の遠洋に漕ぎ出した。船員は、その雄大な生き物を目にしたらすぐに、母船から降ろされる小型の捕鯨ボートに飛び移る。オールを操って波の合間を縫い、氷山をかわして、危険を顧みずに生き物を追跡する。

もりを打ち込める距離まで鯨に近づくためだ。もりに付いた縄の端をしっかりと握ったまま、矢尻で鯨の皮脂層を貫き通す必要がある。4万5000キログラムもの鯨を、手こぎボートと縄1本で引くのはどう考えても無理だ。だから矢尻のかえしがうまく鯨に刺さったら、船員はとにかく縄にしがみつく。傷ついた鯨は自由になろうとのたうちまわる。どう見ても厳しい状況だが、どうにか切り抜けるしかない。鯨はそれから2~3時間、ほかになす術《すべ》もなく、波の上で人間を引き回す。鯨が死のダンスを諦めたら、そこで初めて船員（生き残ったらの話だ）はその巨体を母船に引き揚げることができる。

捕鯨の目的は鯨の脂肪。当時は経済の一端を担う重要な存在だった。捕鯨船員が船上の巨大な桶に油を搾り入れ、これが世界中を照らすランプのオイルになっていた。

なにより鯨油のランプは持続性が高かった。大型船を導く灯台は、煮立てた鯨油を燃料として岸を照らした。ニューヨークの街灯にも、炭鉱員が地中深くから切り出した石炭をトンネルを通って運び出すときの灯りにも使われた。産業革命で普及した歯車は（文字どおり）熱かった。よって生産量が増えると機械の中の温度も上がる。だから常に歯車に油を行き渡らせる必要があり、鯨油はこのような熱にも適していた。

だから鯨を殺す必要があった。

鯨由来の製品が社会であまりにも重宝されたため、捕鯨は特大の利幅を得られる産業になった。19世紀中頃には、アメリカで捕鯨航海1回分に投資すると、同じ額を農業に投資するのと比べて3倍の収益を得られた。ただし捕鯨投資は、参入するにも大金が必要だった。

アラスカに捕鯨船を送ろうと思うと、3万ドルの初期投資が要る。普通規模の工場を1棟建設する費用の10倍だ。たしかにアメリカには裕福な家族がいて、やはり捕鯨に興味を持ったけれど、その富だって無限ではない。

捕鯨はリスクが非常に高いタイプの投資でもあった。死に際にのたうちまわる鯨に北極海で手こぎボートごと何時間も引き回されるのだから、予定どおりにいかない場合もあるのは目に見えている。捕鯨航海の3回に1回は赤字となった。このハイリスク・ハイリターンという特徴を狙って新たな産業が生まれた。ベンチャーキャピタルだ。

裕福な家庭を説得してそこそこまとまった金額を投資させるという、投資家グループが思いついたアイデアだ。[15] トム・ニコラス教授はアメリカのベンチャーキャピタルについての有名な自著で、初期の「ベンチャーキャピタリスト」が裕福な家庭から資金を集め、それで船を買って船長を雇うまでの流れを詳しく解説している。その船で捕鯨に行き、安全に帰ってくることが船長の任務だ。成功すれば、ベンチャーキャピタリストはキャリー（成功報酬）を出資者に分配する。「キャリー」という用語は現代のベンチャーキャピタルでも使われている。

この新しいシステムにより、裕福な人が複数の捕鯨航海に分散投資できるようになった。2艘《そう》が沈んでしまったとしても3艘目が帰港すれば、たいていは2艘の沈没による損失額を上回る利益を手にできた。ベンチャーキャピタリストのおかげで、ますます多くの捕鯨船が融資を受けられるようになった。

やがて、海から鯨が消えた。

人間はついに、煮立てた鯨油で町に灯りをともすのをやめた。女性は鯨の骨でできたクリノリン〔スカートの形を保つために内側に入れる素材〕を使うのをやめ、工場は機械に別の潤滑油を使うようになり、ベンチャーキャピタリストのビジネスモデルはぱったりと姿を消して、１００年後にやっと再浮上を始めた。

それも猛烈な勢いで。

パーソナルコンピューターの開発が進んだ戦後の数十年、かつての捕鯨船員たちはカリフォルニアに向けて漕ぎ出した。

そして上陸したのが、のちのシリコンバレーだ。

今は多くの若者が起業家を目指すが、１９５０年代のアメリカではどちらかというと正気の沙汰ではない道だった。安定した大企業での高給の仕事が山のようにあって、しかも大企業は一生面倒を見てくれるし退職するときには金時計までくれるというのに、なぜ「自分で起業する」必要があるんだ？　ガレージでコンピューターを組み立てる変わり者のヒッピーがやることじゃないか。それでも、経済にはそんな奇異なことに資金をつぎ込みたがる人々が必要なのだ。

これまで試したことのない相手や技術、製品に投資しようとする人々を、経済は必要とする。だからアメリカのＩＴ業界は第二の捕鯨になった。高リスクだし投資額も大規模になるが、正しい船に投資すれば莫大な利益が見込める。

ベンチャーキャピタリストは資金を捻出して、シリコンバレーの新興企業の仲介や事業計画の支援を引き受けた。世界を変える力を持ったＩＴ起業家とベンチャーキャピタリストの協力関係が、現在のデジタルエコノミーの基盤となっている。

１８００年代の捕鯨船は、無事に岸に戻ると船員がキャリーの20％、投資家が80％を受け取った。ただし、船長は長期航海用の食料や生活用品を船に補充する役割もあるので、保証として投資額全体の２％を事前に受け取っておく。言い換えれば、船長は航海が成功するかしないかにかかわらず２％分は受け取れるわけだ。いろいろな意味で、今もベンチャーキャピタルは同じようなしくみで動いている。[16]

ベンチャーキャピタリストが企業に投資する金額のうち約２％は、投資先の企業がどうなろうとベンチャーキャピタリストの懐に入ることが多い。サービスに対する料金だ。ベンチャーキャピタリストの成功はこの部分にかかっているわけだが、ではどうすれば彼らは儲かるだろう？

そう、投資額をできる限り大きくするのだ。ベンチャー企業1社に1000万ポンド投資すれば、その企業が利益を出そうと出すまいと、毎年1000万ポンドの2%が懐に入る。

一方で、もし50万ポンドを小さな企業に投資すれば、保証された年間報酬はわずか1万ポンドだ。よって、100社に小規模な投資をするよりも10社に莫大な額を投資したほうがおいしいということになる。たとえ10社中1社の船しか無事に帰港しなかったとしても、ベンチャーキャピタリストはキャリーの20%をもらえるので、おそらく9社分の無利益を十分に埋め合わせる額が手に入る。

つまり何を意味するかというと、世界市場を狙っていない企業に小規模な投資をするのは魅力的とは言えないのだ。投資家は爆発的成長の兆しを探している。第二のフェイスブックを見つけたい。4万キログラム級の鯨を仕留めて、まるごと岸に持ち帰りたいのだ。ベンチャーキャピタリストは高リスクのゲームを悠々と楽しむ。特に、ボロい捕鯨船に乗った船長とは違って我が身を危険にさらさずに済むようになったときから。

もしかすると、自分の財布さえ危険にはさらさないかもしれない。

でも、これがアイナ・ヴィファルクと車輪付き歩行器とどう関係するのだろう？　1970年代のスウェーデン中央部では、ベンチャーキャピタルがそこかしこに大量にあったわけではなさそうだ。ヴィファルクはまったく違うタイプの資金援助に申し込んだが、「たくさんの候補者からわざわざ障がい持ちの女性」に投資したい人なんているわけがないと、自分でわかっていた。ほんのひとにぎりの人間のアイデアだけが投資を受ける機会を得られるという経済の真実が、ベンチャーキャピタルのせいで異様に増幅された。すでに女性が社会で不利な立場にあったのに加えて、ベンチャーキャピタルとそれを支える捕鯨論理が、行き過ぎた状況を作りだした。

イギリスでは、創業者が女性のみのスタートアップに投資されるベンチャーキャピタル資金は全体の1％にも満たない。財務省依頼の2019年の調査から、イギリスのベンチャーキャピタリストがまとめた取引のうち83％で、創立チームに女性がひとりもいなかったことがわかっている。[17]

イギリス国内のベンチャーキャピタル投資額を1ポンドとしたら、創業者が女性のみのチームが手にできたのは1ペンス未満。全員男性のチームが89ペンス、男女混合のチームが10ペンスを手にしている状況だ。

「スウェーデンのベンチャーキャピタルの分配額は依然として性別による偏りがある」と、金融専門紙『Dagens industri』が2020年に報じた。[18] 創業者が女性の企業に2019年に投じられた額は全体のわずか1％強。そもそもここで「偏り」という言葉を選ぶこと自体、興味深い。男性が98％以上を手に入れているという話なのに。まあいい、「偏り」と呼ぶことにしよう。

EUのほかの国でも同様の「偏り」が見られている。[19] ベンチャーキャピタルが支援するIT企業のうち、創業チームが全員男性の企業が資本金の93%を手にしている、など。アメリカでは、創業者が全員女性の企業に投じられるベンチャー基金は全体の3%未満。[20] アメリカ企業の4割近くは女性が経営していることを踏まえると、なかなか衝撃的だ。[21] 少しずつ改善されてはいるが、非常に時間がかかっている。今のスピードでは、女性が資本金の10%をもらえるようになるまであと25年かかる。

でも、これはそんなに問題なのだろうか？ 結局のところ、ベンチャーキャピタルに融資される企業は全体から見ればほんの一部ではないか。

これが問題なのは、ベンチャー企業は経済全体の慣習やルールを決める力を手にできるからだ。過去数十年間にわたるIT革命では、かつてアナログな経済に属していた業界が新たなデジタルエコノミーの一部となり、ポケットに入るデバイスに丸ごと納まっていった。

人類史上で初めて、数十億人規模の顧客市場をたった1社で創り出せるようになった。いまやユーザー数8億人のソーシャルネットワークもあれば、190か国に展開しているマッチングサイトやほぼ全世界で利用されている動画プラットフォームもある。ベンチャーキャピタリストたちが捕まえたいと夢見ているのはこうした巨大怪物だ。

すべては捕鯨の論理で動く。

昨今の起業家はこれまでにないほど強くベンチャーキャピタルに依存している。資本金を受け取る彼らが、今後人類がどんな車に乗るか、どんな革新的な医療を受けられるようになるか、ますますパワフルになるロボットをどんなロジックに従わせるかを決める。女性がその土俵に上がることすらできないというのは大きな問題なのだ。

2000年前後には、新規IT企業は3年程度で帰港（つまり株式上場）できた。いまは約10年かかる。[22] グーグル社が証券取引所に辿り着くまでに受け取ったベンチャーキャピタルの総額は、スウェーデンの電動キックスクーター事業のVoi社が2019年に受け取った額よりも小さい。[23] 8500万ドルをさくっと手に入れてストックホルムの街中を電動キックスクーターだらけにするような男性がたくさんいるなかを、ほかの起業家はどう勝ち抜けばいいというのだろう。

無理に決まっている。

8500万ドルの小切手を手にした起業家は無敵だ。あらゆるルールを書き換えるチャンスを手に入れる。ストックホルムの舗道の歩行者管理から、本の買い方、選挙運動のやり方、メディアに融資する方法まで。

また、2019年にIPO（新規株式公開）に派手に失敗したいまや悪名高いスタートアップ、WeWork社を見てほしい。この災難のせいで、出資したソフトバンク社は崩壊しゆく企業に少なくとも50億ドルをつぎ込んだことになった。これは、同時期のアメリカで女性が創業した企業に投資された総額よりも1500万ドル多い。[24]

ベンチャーキャピタルの97％以上が男性の手に渡るのだから、ソフトウェアもアプリもソーシャルメディア、人工知能、ハードウェアもほとんど男性の手により創出され、資金調達され、開発されている。男性ではいけないわけじゃない。ただ、女性を締め出す仕組みは間違っている。

ベンチャーキャピタルとシリコンバレーの強い結びつきが意味するのは、たった1社の事業計画がＩＴ業界全体のルールを書き換えるかもしれないということ。このベンチャーキャピタルがもっぱら男性の手にばかり渡ることで、人類はどうなるだろう？ 若い女性がアプリ開発で経済的後ろ盾を得られないとか、アイナ・ヴィファルクが歩行器の発明で財をなせなかったとか、どれだけ収益性が高くてもネイルサロン拡張の融資を受けられないなどよりも、はるかに大きな問題が起きているのだ。

同種を集めた集団ばかりからアイデアと発明が生まれれば、都市在住の白人中流階級のことだけを考えたサービスや企業で世界が埋め尽くされたとしても驚きはない。創業者たちは偉大な起業家として称賛されるが、本当にもっと良いやり方はないのだろうか？

ここ数年で、「キャットシッター（猫の面倒を見る人）用ウーバー」、「農家向けティンダー」、「歴史ドキュメンタリー専門ネットフリックス」のような新アイデアも、iPhoneに4つ目のしかも最高品質のカメラを足すことも、人類がいまだかつて持ったことのないほどの富をひと握りの男性に集めたような経済の形も、すべて「発明」と同一視されるようになった。そしてそのひと握りの男性が労働市場、民主主義、メディアの在り方を根本から変える力を手にしてきた。そうする価値はあっただろうか？ 違うやり方はできないだろうか？[25]

ヴィファルクの車輪付き歩行器の話を聞けば、ほかの誰でもないアイナ・ヴィファルクだから発明できたのだと誰もが理解できるだろう。病気と障がいの経験が、ヴィファルクの考え方をつくった。最高のアイデアを生むには多様性が必須なのに、現状はそうなっていない。これは単なる差別の問題で片付けられない。私たちの金融システムそのものの根幹に埋め込まれた問題だ。

出資者の獲得に難航している企業の事業内容は、ほかに比べて地味だ。着実に利益を出すであろう、実用的なイノベーション。女性が創立した企業が多く、捕鯨理論にははまらない。

女性が経済から締め出されている現状は「無益」だし、そんな場合ではないのだ。もしかすると私たちは今、史上最大のイノベーション問題に集団で陥っているかもしれないのだから。1860年代以降、人間は5000億トンを超える温室効果ガスを大気中に放出してきたうえ、過去にないやり方で森林を伐採し、土地を開発しつづけた。地球全体で吸収できる二酸化炭素の量がどんどん減り、結果、地球は人間が住めない場所になりかけている。気候非常事態を解決する大きな鍵となるのが、イノベーションとテクノロジー。ありったけの良いアイデアが今、必要だ。

それなのに私たちは経済システムを変えるのではなく、女性にもっとリスクをとらせようとしている。「つぶす!」「破壊する!」「支配する!」「所有する!」力を持ったアイデアを男性投資家の前で発表しなさい、と。それが男性投資家たちが好む価値観なのだから、融資が欲しければ合わせるほかない。フェイスブック社（現Meta社）の以前のモットーは「すばやく動き、破壊せよ」。十分なスピードで十分な規模に成長すれば、利益はついてくる。結果にとらわれずに市場独占に向かって突き進み、邪魔なものはすべて壊せ。起業家は、みんなに課せられたルールをイノベーションの名のもとに無視する権利――いや、任務――を有するスーパーヒーローとして描かれる。これを理想に突き進んだ結果、今がある。でも、ほかにも道はあったはずだ。

家父長制の悲劇は、人間の活動を2種類に分けたことだ。人間であるとは女性か男性のどちらかであることを意味し、男性は女性の上位互換でなければならない。こうして、男性は社会で女性よりも優位に立つという実態ができあがるだけでなく、「女性」と見なせるものを経済の外に追い出す価値基準が自然と生まれる。

昔ながらの子育てでは、男の子が「女性的」な行動を取るのを禁止し、否定し、押し殺させる。泣くな、細かいことを気にするな、ぼーっと花を愛《め》でるな。でも当然ながら、どれも人間としての一面だ。

こうした面で、男性は否定されている。

経済でも同じことが起きている。感情、信頼、つながり、その他なんでも「ソフト」な価値、つまり「女性」という符号がついた価値は、経済的価値を生まない、もしくはハードな経済界に存在する権利さえ持たないと見なされてきた。存在するとしても、まず主流にはならない。企業の社会的責任、環境配慮、社会正義はどれも結構だが、でも市場占有や死ぬまで続く勝者総取りの競争に比べれば些《さ》細《さい》なこと。男性は女性の上位互換という経済論理をどんな代償を払っても維持しようとするあまり、人間は本当に多くを失っている。

人間を失ってさえいる。

「修繕する」も「つぶす」と同様にイノベーションではいけないのだろうか？　「支える」のは「破壊する」のように新しい発明にはなりえないのだろうか？　市場のエコシステムを「支配する」のではなく「貢献する」ではいけないのだろうか？

社会全体が何に投資するかは、そのときの人類が何を重視し、何を重視しないかを雄弁に物語る。今の私たちが大金をつぎ込んで解決しようとしている問題は何だろう？　いや、誰の問題だろう？　そして誰の問題を見ないふりしているのだろう？

捕鯨理論は男性的だ。男性に生来備わった考え方だからではない。昔から男性に紐づけられてきた価値を多く含むから。その結果、男性に紐付いたもののほうに高い価値が与えられるから。この理論に沿わないビジネスは、平等な融資のチャンスをもらえない。それどころか、私たちは「女性的」な価値を経済から排除さえしてきた。そして個人の領域に押し込めてきた。「ケア」や「修繕」、「支える」、「維持する」が許容される場所に。女性ならばむしろ要求さえされる価値として。一方で市場は、「つぶす」、「破壊する」、「支配する」ための場所だ。ここまで見てきたとおり、イノベーションとは何かの定義が、たくさんの女性起業家を排除している。そしてさらに酷い問題も生んでいる。

豊かなイノベーションが手つかずのままになっている。

1998年、当時88歳だったデンマークのイングリッド王妃が、デンマーク王室の別荘で開かれた豪勢な結婚パーティーに出席した。[26] 明るい空色のレース地のガウンによく合うミントグリーンの歩行器を携えて。

当時のヨーロッパで、これは年配女性の移動の自由を広げる歴史的瞬間となった。堂々と歩行器を押して王室のパーティーに参加するイングリッド王妃の姿が、歩行器を日常のものとして広めた。

転ぶのが怖いからといって、諦めなければならないわけじゃない。みんなと同じように歩けないからといって、出かけずにひっそりと暮らさなければいけないわけでも、空色のレースのガウンを我慢しなければならないわけでもない。

自身の発明品が世界の主流に躍り出た日の15年以上前に、アイナ・ヴィファルクはこの世を去った。ヴィファルクの歩行器は無事に世界進出を果たした。でも、何らかの理由でまわりに「馴染《なじ》めなかった」人が考え、ついぞ日の目を見なかったアイデアは、いったいいくつあるのだろう？

アイナ・ヴィファルクの話は少なくとも書いて伝えられる。でも、書かれることのなかった数々のアイデアは語り継げない。世界を創造する一端を担えるのは誰？ 担えないのは誰？

そのせいで全人類が払う代償は？

6 インフルエンサーがハッカーよりも稼いだ話

お値段29ドルのリップセットの最初の3色は、30秒で売り切れた。翌日にはイーベイに約10倍の値段で出品されることだろう。同系色のリップスティックとリップペンシルを合わせたこのセットを、市場は渇望していた。唇の輪郭よりも少しだけ外側をペンシルでなぞり、内側をリップスティックで塗り潰せば唇をふっくらと見せられる。特に革新的なテクニックでも珍しい色でもなかったが、莫大な需要を受けてあらゆるオンラインショップで売買価格が高騰した。[1]

4か月後にそのリップセットの最新版が発売されると、今度は3色が10分で売り切れた。商品を手がけていたカイリー・ジェンナーは当時18歳。それから数年後に自社株の半数を6億ドルで売却する。誇張された数字とちょっとの嘘のうえに成り立っているようなブランドだ、と陰口をたたく人も多かったが、そんなことはどうでもいい。[2] ジェンナーがコスメ事業で築いた財産は本物だから。

カイリー・ジェンナーはわずか10歳のころからテレビに出ている。カイリーの家族を追ったリアリティ番組「カーダシアン家のお騒がせセレブライフ」（原題：「Keeping Up with the Kardashians」）に自分役で出演するようになった。[3] 当時の世界190余りの国のうち160か国で放映され、世界各国でチャンネルを合わせれば、コートニー、キム、クロエ、ケンダル、カイリー、そして母親のクリス・ジェンナーの私生活を毎週覗くことができた。一家の男性陣は脇役にまわり、番組はあくまで女性陣に密着した。コートニーとキムはフラッペをすすりインスタグラムをスクロールしながら、自宅のジムでトレーニング。クロエは、テイクアウトした特大サラダボウルをソファーでつまむ。ケンダルは、スポーツウェアのパンツ姿にミンクの毛でできたスーパーロングのつけまつげという出で立ちで、プライベートジェットに颯爽と乗り込む。

姉妹は2010年代の欧米のファッションアイコンとなり、それは1960年代のイギリス人モデル、ツイッギーが一世を風靡《ふうび》したさまとよく似ていた。スウィンギング・ロンドンを背景とするツイッギーのころは、細身のシルエットとぱっちりした丸い目が女性の憧れだった。それが、つるつるの肌に猫のようなアイメイク、高いほお骨、絞ったウエスト、分厚い唇になった。ヒップも忘れてはならない。ミュージシャンは次々に女性のお尻を称賛する歌を出した。臀部《でんぶ》が文化のメインストリームに躍り出たのは、バロック期の画家ピーテル・パウル・ルーベンスが活躍した1600年代以来だ。コートニー、キム、クロエ、ケンダル、カイリーは、理想のスタイルを体現する存在として社会に受け入れられた。

女性が自分に似合う眉毛を研究して専用ブラシで念入りに整えるようになったのも、姉妹の影響がある。姉妹は毒素を顔に注入するボトックス注射の様子を配信してこの施術を大衆化したし、鏡の前で90分間チークを試しつづける姿でも注目を浴びた。そして莫大な富を築いた。

飛び抜けていたのがカイリーだ。末っ子のカイリー。

2010年代は、カイリー・ジェンナーのようにインスタグラムでドイツの人口を超える数のフォロワーを抱えていれば、たやすく起業して成功できる時代だった。いちばん激しい競争をすでに制したことになるからだ。そう、注目の獲得である。

当時、若い女性の興味を引くのはどんどん難しくなっていた。若い女性は、従来の広告戦略の手の届かないデジタルの世界に引きこもるようになっていた。それでもカイリーは彼女たちに直接リーチできたし、それはカイリー本人さえ驚くほどの経済的な力に変わった。

2018年2月にカイリーはツイッターにこう投稿した。「ねえ、スナップチャットを放置してる人、ほかにもいる？　私だけかな……だったらかなり寂しい[4]」。どうやらカイリーはもうスナップチャットに興味がないようだ、と世間は判断した。ソーシャルプラットフォームのスナップチャットといえば、市場の「売れ売れ売れ！」の連鎖反応の引き金を引いたアプリだ。投稿があったその日にスナップチャット提供企業の株価は6％下落し、市場価値から13億ドルが消えた[5]。

カイリーは2015年にリップスティックの販売を始めたが、インターネット上ではその2年前からすでに彼女の唇が話題になっていた。ボトックスを打ってる？　それとも打ってない？　同じくらいふっくらとさせたくて、唇にグラスを当てて思い切り息を吸う人たちもいた。ちょうどコスメ業界に大きな構造改革が起きようとしている時期だった。若い女性は母親の口レアルやメイベリンよりも、ソーシャルメディアやYouTubeのメイク動画で目にした新興ブランドの新製品を選ぶようになってきていた。同年代の女性がスマートフォンのカメラの前でまぶたに色を乗せたり眉毛の形を整えたりするのを手本にして。古きを脱してデジタルに漕ぎ出すこの流れを、カイリーはうまいこと利用できたのだ。

自分に向けられた注目、つまりスナップチャットの株価を下落させるほどの注目を、カイリーはプロデュースするブランド商品の販売に利用した。図らずも、唇という自分を象徴する部位に絡めて。

利益がどんどん転がり込んだ。

2018年にカイリー・ジェンナーはアメリカの『フォーブス』誌により、一代で億万長者になった世界最年少の人物に認定された。フェイスブック社（現Meta社）創業者のマーク・ザッカーバーグが持っていた称号だ。可能な限り若くして可能な限り金持ちになるまでの道筋が、ハーバード大学の学生寮でウェブサイトを開発するというザッカーバーグ式から、ロサンゼルスの自宅でテレビ番組ではおなじみの母のキッチンテーブルからリップスティックを売るというジェンナー式へと書き換えられた。インフルエンサーが資本主義のフィールドでハッカーを倒したのだ。デジタル革命は人間を次はそこに連れて行くのだと、誰が想像できていただろうか。

2010年、有名なアメリカ人投資家のピーター・ティールは、無念そうにこうぼやいた。「空飛ぶ車が欲しかったのに、手に入ったのは140文字だった」[6]。おわかりのとおり、140

文字で自己表現できるソーシャルプラットフォームサービス、ツイッターに対する皮肉だ。本当にこれがイノベーションの頂なのだろうか？　いまならティールはこう言うかもしれない。「空飛ぶ車が欲しかったのに、手に入ったのはインスタグラムのきらびやかなフィルター5層越しのカイリー・ジェンナーだった」

2010年代はインターネットの新たな可能性が示された時代だった。情報を入手できるテレビのような機能と、親しい人と交流できる電話の機能の組み合わせ。ソーシャルメディアだ。主に女性が主役の経済が生まれた。

その10年でブロガー、ママ起業家、インフルエンサーやインスタグラマーが女性のビジネス成功事例の代表格となり、一方でアップル社、グーグル社、フェイスブック社（現Meta社）、マイクロソフト社などの大手テック企業で働く女性の数は、驚くほど少ないままだった。[7]

ソーシャルメディアは、かつては個人の領域に属していた活動にも大きな変化をもたらした。料理、家族の休暇の計画、テーブルセッティング、家に花を飾ること、子どもの服を選ぶことなどが、突如ビジネスチャンスをはらむ行為になった。ソーシャルメディアプラットフォームのおかげで、ごく普通の女性が結婚や子ども、自分の消費者選択を活かしてそれまでにない方法で稼げるようになった。

何が興味深いって、昔から女性がしてきた労働をちっとも評価してこなかった社会でこの変化が起きているのだ。食事をつくる、家族の休暇計画を立てる、テーブルセッティングをする、花を活ける、子どもの服を選ぶなどは、標準的な経済理論では「経済的活動」には数えられない。[8]目に見えにくいし、「経済的妥当性」に欠けると思われている。それが突然、そのような活動をベースにビジネスを構築できるようになった。

男性である必要すらない。これまでは、昔から女性が担ってきた分野（乳製品の製造から料理まで）に男性が踏み込んだとたんに収益化されることは多かった。でも今回は違う。新しいビジネスモデルが、ニュヒェーピングからナイロビ、オーフスからモスクワまで、どこからでも突然立ち上がるようになった。

カイリー・ジェンナーじゃなく一般人の場合は、たとえばこんな具合に。ある若い中国人女性がイタリアに生化学を学びに来た。ショッピング好きな彼女はすぐに、ヨーロッパ発のブランド品は中国よりもヨーロッパではるかに安く買えることに気付く。[9]なお、中国の中流階級のあいだでブランド品需要が急激に高まっていることは知っている。ならばアルマーニのスカートやシャネルの靴をミラノで買って、中国の消費者向けに売ったらいいのでは？

２０１０年代にはこのように、ソーシャルメディアの力を借りて中国市場向けに欧米のブランド品を販売するプロのバイヤーが多数出現した。スタイリングとファッションのスキルを磨き、それを活かしてサービスを提供するのだ。私生活をショーウィンドウにして。

試着室で自分の姿を写真に撮り、石畳の道を気取って歩く自分を動画に撮る。売りたい商品に合うよう私生活を脚色する。自前のデジタルブティックの生きたマネキンとなる。

ファッションへの個人的な関心から始まったアカウントが、ヨーロッパのブランド品を仕入れるバイヤー5人と中国のカスタマーサービス専用窓口を持つビジネスに変身するのだ。

「グラマーレイバー(魅力労働)」[10]とは、2010年代に女性インフルエンサーが開拓した労働方法を指す言葉だ。今、ますます多くの業界でこれが必須となりつつある。具体的には、ソーシャルプラットフォーム版の自分を使って、フォロワーを惹《ひ》きつけるためのコンテンツづくりを行うことだ。メイク、スタイリング、トレーニング、眉タトゥーなど、実際の自分をバーチャルの自分に近づける努力と労力が求められる。見た目だけではなく戦略も必要だ。誰かの手の中の画面にあなたの生活が狙ったとおりに映し出されるように。

グラマーレイバーは、コートニー、キム、クロエ、ケンダル、カイリーが比類なき根気強さを発揮した領域でもある。独自の「ブランド」を打ち出してさまざまなプラットフォームで浸透させ、獲得してきた「注目」の力を借りて商品を売るというのが、彼女たちの戦略だ。

カーダシアン一家は有名であることで有名だとよくいわれる。でもそれは違う。コートニー、キム、クロエ、ケンダル、カイリーは何を消費するかで有名なのだ。消費の偶像。姉妹が中心となって構築したビジネスモデルが母権社会——クリス・ジェンナーを「母」とする厳密に管理された組織——で生まれたというのは、偶然ではない。

成長著しい広告業界をターゲットとした世界初の広告業界誌『プリンターズ・インク』は1929年にこう書いた。「人間研究の真の対象は男性(man)である(中略)が、市場研究の真の対象は女性である」[11]。これ以上にあからさまなメッセージはないだろう。人間とはいつだって男性を指すが、消費者とは女性なのだ、と。

近年は多くの国で女性よりも男性のほうが高い金額を衣服に費やしている。でも、女性のほうが買い物に費やす時間は長い。そして世界中の消費の大部分を握っているのは女性だ。食料品、衣服、おむつ、カフェテーブル、洗剤、コンタクトレンズ液などを買うのが女性だから。それは男性よりお金を持っているからではなく、家庭のために商品を調達するという経済的タスクが女性に任されているからだ。消費はある種の仕事という見方もできると気付かされる。

買い物は、家庭が機能するために必要なたくさんのタスクのほんのひとつだ。冷蔵庫に卵がない、魚の水槽に付いた藻を取るクリーナーが必要だ、子どもがキッチンの椅子から落ちて怪我をしないようマットを敷いたほうがいいのではないか、などに誰かが気付かなくてはならない。

今でもこうしたことを考える役目は男性よりも女性に期待されている。女性に任された精神面、感情面の労働のひとつだ。トイレットペーパーがなくなるまで誰も困りはしないのに、なくならないよう行動するのはたいてい女性。でも社会の最高消費官としての実績にはメダルも勲章も与えられない。むしろ反対だ。個人消費はいやしくてくだらないものという枠にはめられてしまう。

働きに出て、家を建て、貯金し、何かを作り、発明するのは男性だ、といつも言われてきた。その男性の金を女性が使って経済を存続させると。この話に関しては、政治的保守派と革新派の意見は昔から根底の部分で一致している。保守派は、男性が高度で知的な部分を、女性が基本的で物質的な部分を担当するという見方。一方で革新派（社会主義）は、生産とは男性が担う、全体主義的で創造性に富む有益なもの。そして消費は女性が担う、個人主義的で多くの場合に無益なものと考える傾向にある。

現代でも買い物という概念から本能的に距離を置く男性は多い。たとえば男性が毎月100ポンドをレコードに費やしていたら、それは「ショッピング」ではなく「音楽好き」と呼ばれる。自分のバイクに合うカスタムパーツを何時間も眺めていたら、彼が持っているのは「ショッピングへの情熱」ではなく「スピードへの情熱」だ。女性の国家元首が5000ポンドするハンドバッグを持っていたらショッピング中毒と叩かれかねないが、男性の政治家が1000ポンド以上するスーツを12着持っていたとしても誰も顔色ひとつ変えないだろう。

衣装部屋にブランドもののハンドバッグを並べるショッピング中毒の女性のイメージは、経済的責任の欠如の代名詞になっている。でも、高級ブランドのハンドバッグは中古のほうが高値で売れることだって多い。ディーラーを離れた瞬間から価値がみるみる下がり始めるピカピカのボルボの新車はどうなのだ？

消費者としての力は、女性が初めて獲得できた経済的な力のひとつだ。20世紀初頭、スウェーデンの女性は投票権を持たなかったが、消費者協会を設立することはできた。牛乳に液体肥料が入っていたり、ごみの入ったソーセージを売られたりした場合には、改善努力を要求するのが消費者の役割だった。[12]

同じように1700年代のイングランドでは、奴隷制度反対のスローガンが刺しゅうされたブローチやかぎたばこ入れ、ストーブの囲い、クッションなどを女性が購入するという抗議スタイルが広まりはじめた。予想がつくと思うが、この手の活動は決まって、教養あるエリートの「美徳シグナリング」で、やけに感傷的ないっときの流行だと片付けられた。結局、奴隷制度という経済システムの恩恵を受けているのはその女性たちではないか。刺しゅう入りクッションでは何も変わらない。

それでも一部のイギリス人女性は、奴隷が劣悪な条件下で栽培していた砂糖をボイコットした。消費者による同様の抗議はイギリス以外でも行われた。アフリカ系アメリカ人ジャーナリストのフランシス・ハーパーは「奴隷制が商業の玉座につかなければもっと早く終わったのではないか?」と書いたそうだ。不買運動などでどれだけ社会を変えられたかは疑問だが、消費者が持つ影響力に気づき、行使しはじめていた女性がいたことがわかる。

また、女性は昔から経済に関しては賃金の上昇よりも価格の上昇に強い関心を抱いてきた。単純に、商品の価格のほうが日常生活に与える影響が大きいからだ。女性が路上に出て抗議活動を行うのは、パンの値段が上がったタイミングが目に見えて多かった。フランス革命中の1789年も[13]、ロシアで二月革命が起きた1917年も[14]。言い換えれば、女性消費者の力は昔から侮れないのだ。にもかかわらず女性の消費は、たとえば革新や進歩とは対極にある、素行の乱れを表す行為として持ち出される。

1852年のパリに近代型の百貨店が登場したとき、[15]テレビのコメンテーターは、「フランスの女性は絶対にうまく付き合えない」と言い放った。ショーウィンドウの誘惑は婦人方にはほとんど性的とさえ言える、とも。女性は生来、虚栄心が強くて一時の感情に流されやすい生き物なのだ。美と肉欲、便利さに溺れているのだから、誘惑を前にしたら信用ならない。

アダムにりんごを勧めたのは誰だったか、みんな知っているだろう？

初代の百貨店には、少なくとも意志の弱い人（つまり女性）にとっては非常に危険ともいえる重要なイノベーションがいくつもあった。百貨店のコンセプトの大きな特徴は、何も買わなくても中に入っていい点だ。

百貨店は内も外も見世物として作られた。四角い箱の中に客をできるだけ長時間閉じこめておけるよう設計された、心躍る世界。しゃれた階段、キラキラ輝く鏡、世界中から集められた魅惑的な商品。何より、ただ中に入って見とれるだけでも問題ないのだ。百貨店の登場で、買い物は娯楽と化した。この衝撃的な発明が生活をどこに連れていくのだろうかと人々は目を見張った。

固定価格もまた、百貨店が連れてきた重要なイノベーションのひとつだ。[16]希望の値段で買うために押し問答したり交渉したりする必要がない。いくらするかが一目瞭然だ。これで売買のスピードが上がった。

規模の大きさも百貨店の特徴である。必要な物を見つけるまでにひとつずつフロアを見ていく必要がある。まるで女性を迷子にさせたいかのようだ。

エミール・ゾラは、パリで急成長中の百貨店を題材にした古典小説『ボヌール・デ・ダム百貨店（原題：『Au Bonheur des Dames（The Ladies' Delight）』、「婦人の楽しみ」の意）』（論創社、2023年）を執筆した。パリのリヴ・ゴーシュ（セーヌ川の左岸地区）に建った世界初の百貨店、ル・ボン・マルシェを数週間かけて取材した。ゾラによれば、フランス人女性が教会を離れはじめたのと同時期にこの百貨店が現れた。これは偶然ではないというのが彼の意見[17]で、ある意味でショッピングが女性の新たな信仰対象になった、と書いている。

女性は魂を磨くのをやめて、代わりに体を磨くよう焚《た》きつけられるようになった。百貨店を神殿とした、ファッション、体、美容を崇拝する新たな文化が生まれたのだ。

ただ、ゾラがいっさい深掘りしなかった事実がある。なぜ女性がその場所に惹かれるかという、教会と百貨店に共通するある具体的な特徴だ。それは、女性が比較的安全に中を動き回れる公共の場だったということ。裕福なフランス人女性がかつては楽しむことができなかった権利を、百貨店が与えてくれた。「ぶらつく」権利だ。たちまち、性的暴行やハラスメントを受けるリスクを考えずに公共の場を目的なしにうろつけるようになった。まるで街中にいるかのように、でも街中よりもはるかに安全に、ぶらぶらと散歩できた。百貨店は、恐怖心も男性の付き添いもなしに女性がちょくちょく訪ねられる公共の場だったのだ。

それでも、労働者階級の女性は店員側として引き続きぞんざいな扱いを受けた。当時の百貨店は到底、みんなにとっての自由の象徴とは言えなかった。でも、女性が安全に過ごせる公共の場所を国がつくろうとしないなかで、民間企業が先に挑んだのだった。

そして利益をたっぷりと手に入れた。

1906年、ロンドンに巨大百貨店セルフリッジを開業したアメリカ人のハリー・ゴードン・セルフリッジは、開業をフェミニスト的な行為と捉えていた。[18] 今もなおオックスフォード通りの西端に君臨するセルフリッジ百貨店では、女性の買い物の義務が娯楽になる。起業家セルフリッジは、女性消費者がひとりで邪魔されることなく食事ができるように(ロンドンのほかの場所ではまずできなかった)と、上品だが価格帯の手頃なレストランを百貨店内にたくさん呼び込んだ。本を借りられる図書館も作り、読書エリアと救急施設も用意した。百貨店の中心部には照明を控えめにした静かなエリアもあり、それは女性がふかふかの椅子に暖かく包まれて、目を閉じて休めるようにするためだった。

日用品の買い出しに戻る前に。

その裏には明らかにビジネス戦略がある。商売人として、セルフリッジは単に消費者をできるだけ長時間店内にとどまらせたかった。だとしても、少なくとも一部の女性が以前よりも自由に動き回れる場所を彼がつくったという事実は変わらない。買い物が女性解放への一歩になるという考えは、このとおり(少なくとも裕福な白人女性にとっては)なにも新しくはないのだ。

消費とは社会全体を腐敗させかねない恥ずべき行為、とエミール・ゾラが警告した一方で、ハリー・ゴードン・セルフリッジのように女性解放に役立つ可能性を見出した人もいた。言葉こそ変わったが、今も多くの場面でこの議論は盛んに行われている。カイリー・ジェンナーはロールモデル？　それとも厄介な事例？　５０００万ドルするピンクのプライベートジェットで飛び回る姿は「刺激的」？　それとも後期資本主義らしいってだけ？　私たちには決められない。昔も、今も。でも問題の重大さは今のほうが上かもしれない。もはや、パリの一画にある百貨店だけの問題ではないからだ。新たなテクノロジーの登場で、消費者理論は私たちの生活にかつてないやり方で入り込んでいる。

19世紀の百貨店の固定価格は、当時は衝撃的だった。しかし最近は、オンライン記事を読んで画像をクリックしようものなら、その画像に写る商品の購入ページへと即座に誘導される。ポケットに入れて持ち運べる技術力に、商取引が融合された。21世紀初頭の私たちはその画面を通して世界を見ている。[19]

消費者が女性だとして、そして世界がますます消費可能になっているのだとしたら、女性は力を増しているのだろうか？　それとも消費される側になるのだろうか？　これは大事な問いだ。

インフルエンサーは、私生活の一部を売り物にして収入を得る。フォロワーは、インフルエンサーがパニック障害や新しく飼いはじめた猫について語るのを聞きたいと思うと同時に、その配信動画に映るソファーを買いたいと思う。

ソーシャルプラットフォームが進化した結果、「最近買ったブラウスを見て！」と消費者選択をただ見せるだけの単純な構造ではなくなった。インフルエンサーの消費者選択を見た視聴者は、その「一部分」を即座に買うことができる。まさに商業革命といっていいだろう。

最近は身の回りの世界を「スキャン」できるスマートフォンアプリがある。[20] 写真を撮ってアプリに読み込むだけで、つい見とれてしまったガラスの水差しの販売サイトが表示されるのだ。クリック可能な1枚のショーウィンドウに現実世界をまるごと収めるのが小売業界の野望だ。街中で素敵なジャケットを着ている人を見つけたら、その人を写真に撮ればジャケットを販売する店のリンクが即座に手に入るようになるだろう。オンラインショッピングが現実世界でそのまま再現される。何もかもがハリー・ゴードン・セルフリッジの百貨店と化すだろう——すべてが単一の商業理論のもとで動くシステム。

2010年代は消費と生産の境目がぼかされた時代で、「プロシューマー（生産消費者）」というカテゴリーが徐々に聞かれるようになった。[21] 消費者でも生産者でもなく、その2つを組み合わせた存在のことだ。この領域でたくさんの女性が会社を興している。

インフルエンサーはプロシューマーだ。ビタミン剤を消費しつつ、それを飲む自分を撮影することでそのビタミン剤を宣伝する。「広告費が入ろうが入るまいが私はこのビタミン剤を飲む」とフォロワーに信じ込ませることが、インフルエンサーの第一の任務だ。コツは、自分も皆さんと同じ普通の消費者なのです、と伝えること。事実そうだし、事実そうではない。

実を言えば、インスタグラムの一般ユーザーだって程度の差こそあれプロシューマーだ。プラットフォームを使う側ではあるが、コンテンツ投稿を通してプラットフォームを作る側にもなっている。これは本当に新しいのかと言われると、やはり疑問ではある。過去にもさまざまな形で消費と生産の境界線を動かしてきたイノベーションがあるからだ。たとえばファストフード店では、消費者は食事を摂《と》りながら共同生産者にもなる。食事を自分で席まで運び、食べ終わったら自分で片付ける必要があって、これでファストフード店は低価格を維持できている。

イケアもそうだ。棚を買って自宅で一生懸命ねじを留めて組み立てるとき、消費者が家具生産者の役目も担っている。

私たちは消費と生産をまったく別ものと捉える傾向にあるが、ほとんどの場合それは間違っている。２０１０年代にその境界線はいっそう曖昧になり、女性にたくさんの機会をもたらした。

結局のところ、経済においては「女性は個人の領域に属している」、つまり「男性は外に出て仕事の報酬を手に入れ、女性は家で過ごす」というのが基本形なのだ。長期的にそうだった時代は存在しないというのに（女性もほぼいつだって正式な経済の中で働いてきたので）、私たちは世の中をそうやって見ている。[22] 男性は公共の領域に出て行き、女性は個人の領域に留まると。

ところが２０１０年代に何が起きたかというと、新しい技術によって個人領域の大部分が公共領域へと開かれた。朝食の写真を撮ってみんなに見せようとオンライン投稿するうちに、ちょっとした小銭稼ぎになるとひらめいた人がいたのだろう。少なくとも、イチゴを丁寧に細かく刻んで、ふやかしたチアシードの上に美しくちりばめるようなセンスがあれば。

結婚や子育てだって、毎日のライフスタイル報告をオンラインでうまく発信できるならフルタイムの職業になりうる。この新しい経済が前と明らかに異なるのは、フォロワーや顧客との感情的な結びつきを築く能力がすべてと言える点だ。「個人的である」ことは近年、過去にはないビジネス的な価値を帯びている。

母であることもそう。2010年代は西洋社会が「母親」の話題に取りつかれた時代だった。どの女性有名人が妊娠した、誰が不妊治療中だ、どんな子育て方法を選んだ、などが毎度大きな話題となった。子宮内の我が子の超音波画像を、ソーシャルメディアのプロフィール写真にする人もいた。概念、アイデア、課題、問題としての「母親」が公共の目の前で真新しい方法で展開されるとき、そこにはデジタルとプライベートの融合があった。

女性有名人にとって母である姿をデジタルの世界で見せることは、手の届かない別世界の女性から、消費者と共感し合える誰かへと変身する手段だった。有名人としての魅力とインターネット上で求められる親密さとを融合させる秘策だ。[23] コートニー、キム、クロエ、ケンダル、カイリーは全員で合計12人の子を持つ。彼女たちのブランドの随所で、「母であること」が中心にある。新商品に娘の名前をつける、注文が殺到する脇で娘と撮った写真を投稿するなどして、起業家精神を持った魅力的な母親像を体現している。

若い女性たちがカイリー・ジェンナーのリップスティックを買ったのは、カイリーが「ほんもの」に見えたから。ロレアルの最新広告に載るモデルとは違い、カイリーはとにかくリアルだった。ロレアルのモデルがカイリーとまったく同じ外見だったとしても、そのモデルは自分の恋愛について喋《しゃべ》っていないし、超音波診察で青いジェルを塗られたお腹を見せてもいない。カイリーが身近な存在になれたのは彼女が私生活をシェアしたからであり、その点で母親であるということは大きかった。

これはいろいろな意味で皮肉な話だ。昔から「ハード」な市場が象徴するものの真逆にあると見られてきた「母親であること」が、突然、無視できないほどの商業的な重みを持つようになったのだから。

女性の場合、親としてのアイデンティティと職業人としてのアイデンティティは本質的に対立するが、男性はそうではないと言われてきた。仕事を持って家族を養うのは良い父親像そのものというのが共通認識だ。女性だとそうはならない。2010年代の多くの女性にとって、母親としてのアイデンティティを活かして起業することが、この溝を埋める方法だった。

カイリー・ジェンナーの販売ビジネスは自宅のキッチンテーブルで始まった。動画や写真に幾度となく映り込んでいたあのテーブルだ。女性の働く場所は相変わらず個人の領域だったが、ある日突然テクノロジーの力で公共の場に引き出された。ある意味、革命だった。女性のために作られてはいない労働市場で、女性たちが稼ぎはじめたのだから。

起業は女性にとって「脱出策」とも言える。女性起業家の割合がいちばん高い大陸、アフリカでは、起業はときに差別への反発だ。女性のほうが就職が難しく、企業が要求する正式なスキルや資格を有していないことが多い。家庭や育児の責任をメインで負っているので柔軟に働ける仕事を探すが、そんなものはない。だから自分で起業するのだ。

ヨーロッパでも、女性は周りとは違う働き方を選ぶことが多い。たとえば女性の弁護士は男性の同僚よりも報酬が少ないのに飽き飽きして、もしくは1日12時間オフィスにいろと強いる企業文化に納得できずに、起業を選ぶ。

テクノロジーの発展に伴い女性起業家が増えたのは、自宅にいながらにして起業も事業運営もできるようになったからだ。実際、２０１０年代の起業ブームは新たなフェミニズムによく数えられる。この時期の女性起業家のうち最も話題に上がるのが、家族の日常生活の断片をシェアし、自分の購入品を見せることで生計を立てる女性たちだ。起業家のなかでもこのタイプは、女性のジェンダーロールの延長線上とまでは言われなくとも、やはりジェンダーロールと結びつけられやすい。支払うべき代償もある。私生活が公共のものになり、インターネット上にシェアした細かな情報はビッグテック企業の所有物となる。カイリー・ジェンナーは（女性だが）もしかするとインスタグラムいちの稼ぎ手かもしれない。でもそれはマーク・ザッカーバーグの功績になる。

近年、非常に個人的な瞬間をシェアすることがビジネス戦略と化している。ポイントは、完璧な外見と繊細な中身を組み合わせること。完璧な外見はあくまで「外側」にすぎないと見せることで、宣伝された製品を買えば自分もその人に近づけると思わせる。このようなフォロワーとの距離の近さがビジネス戦略として機能することはあるが、これには自分自身をどんどん手放すという側面もある。「インフルエンサーと親密な繋がりを築いている」とフォロワーに感じさせることで、ある種の所有意識を持たせる可能性さえある。

でももしかすると考えすぎかもしれない。親密さをビジネス戦略に使うのは、別に新しくはない。男性だってやっている。顧客との感情面の繋がりを構築する戦略は、女性が発明したわけでも専売特許を持っているわけでもない。女性がソーシャルプラットフォームを使った関係構築を売上に結びつけるのと同じように、男性もさまざまな手段で親密な関係の構築を図ってきたはずだ。

顧客との食事の席でべろべろに酔うのだって、今後のビジネスのために親密な関係を築くための戦略のひとつで、昔から男性の常套《じょうとう》手段と見なされてきた。酔っぱらったおかげで育まれる絆。ストリップクラブ（商談を進めたい男性にたぶんいちばん使われる場所）だってそう。お姉さんが胸を出すショーにクライアントを連れて行かなければならないのは、いったい何のため？　親密になるためだ。もちろんステージ上の女性とではない。あれは見るためだから。ストリップクラブに行くのは、男性同士で親交を深めるためだ。素の自分が出るような体験を共有して生まれた親密さが、今後のビジネスの基盤になる可能性はある。

ただ、わかりやすい大きな落とし穴もある。

10代女性はソーシャルプラットフォームを使えば使うほど自尊心が低下する、という調査結果がある。また、「女性らしい」スキルを使って稼ぎやすいようにプラットフォームが発展したという見方もある。美容やインテリア、子育て、お菓子づくりで、または学校から帰宅する我が子を家で迎えたいという思いで事業を立ち上げて、何が悪い？　ジョージ・クルーニーなどの男性有名人が趣味（テキーラ！）をビジネスにして5億ドル稼ごうが、基本的にはバッシングはされない。そこにはやっぱり、違いがある。

女性は子どものころから、相手に与える印象を常に考えなさいと教え込まれる。はるか昔から、男性とは違い、経済的な理由から魅力的でいる必要があった。経済的に自立する機会が男性より少なかったので、男性以上に他者の厚意に甘えなければならなかった。

今日に至っても、夫を亡くした女性の相続権を保証する法や制度がない国や地域は多く、親戚に気に入られていないせいでコミュニティから追い出されるケースが後を絶たない。ジェイン・オースティンの小説でも、女性が舞踏会でもてはやされるかと老後にひとりで食べていけるかには直接的な関係があると描かれている。すべては男性を喜ばせられるかどうか。喜ばせるのは無理でも、少なくともコミュニティから疎外されないようにしなくては。これでも、自分がどう思われているかを女性がひどく気にするのはおかしいだろうか？　何世紀も前から、男性に好かれるかどうかが女性の経済面での生死を左右してきたのに。

そう思うと、自分の印象を察知する能力の高い女性が多いのにも頷《うなず》ける。デジタルエコノミーでその力を有効活用できることもわかってきた。自分の好感度を上げる能力も、相手と心理的な結びつきを築く能力も、ソーシャルメディアを使えば利益に変わるのだ。カイリー・ジェンナーが20年早く生まれていたとしても、やはり裕福になったと思う。でもきっと今ほどではない。女性のスーパーモデルやスタータレントは以前も裕福にはなれたけれど、億万長者は無理だったのではないか。

２０１０年代に大金を稼いだインフルエンサーは、カイリーのように消費の偶像としての役目を引き受けた人たちだった。商品の迷宮に迷い込んだ人が、信頼できる誰かにベビーカーを薦めてほしいと思うのは、何もおかしいことではない。ではなぜ、母親ブロガーが商品を宣伝してお金を稼いではいけないのだろう？　男性向けの週刊誌では何十年も前から同じことをしているのに。なぜ、女性の映画スターが自分自身に注目を集め、それを活かしてオリジナルシューズを発売してはいけないのだろう？　消費者を見入らせることでお金を稼ぐのは、なぜ男性が管理するハリウッドスタジオでなければならないのだろう？

私たちは、消費に女性という符号を付けてきた。でも現代の新しい消費者理論は、これまで女性に紐付けられた物事にしてきたように、拒絶したり無視したりはできそうにない。むしろ逆だ。「消費者」は、一度女性に紐付けられたアイデンティティが万人共通のものになりつつある希有《けう》な例である。消費者の地位の向上とともに、個人消費は経済でますます重大な位置を占めるようになってきた。

１９４０年5月10日、ウィンストン・チャーチルがイギリスの首相に就任した。ヨーロッパで戦争が激化するなか、新首相として議会でかの有名な言葉を発した。「私には、血と労働と涙と汗以外に捧げるものは何もない」[24]。この60年後にアメリカの大統領、ジョージ・W・ブッシュが、2001年9月11日の同時多発テロというまた別の国家危機に際して演説をした。ブッシュはアメリカ人に意外なことをするよう呼びかけた――「買い物に行こう」と。[25] チャーチルは国民の労働倫理に訴えかけたわけだが、ブッシュは消費者としての国民に語りかけた。しかもこれは多くの面で理にかなっていた。

1940年代のイギリスの経済は、まさにチャーチルが伝えようとした自己犠牲的な労働倫理に駆り立てられていた。一方で2001年のアメリカでは、生産のかなりの部分が地球の裏側に住む労働者に委ねられるようになっていた。勤勉に働かないアメリカ人が増えたという意味ではない。でも生産作業の多くが低賃金のサービス業として行われるようになり、成長を支えるのは消費になった。信用貸しと低金利、やがて2008年の金融危機につながるあらゆる要素が、消費活動に拍車をかけた。

ここ数十年、数々の経済学者が労働市場の「女性化」を話題にあげている。[26] 賃金をもらって働く女性が増えているという意味だが、労働市場全体が「女性的」になっているという意味もある。とはいえ労働市場がピンクになったり可愛らしくなったり、月に1度ヒステリックになったりしていると言いたいわけではない。

不安定になってきているという意味だ。

働き方は徐々に柔軟になり、賃金は下がり、在宅勤務の割合も増えている。「働く」ことの従来の定義（工場に出向いて1日8時間働き、家族を養えるだけの給料をもらうこと）は、多くの経済で困難になりつつある。代わりに、賃金の低いパートタイムの仕事が増えている。かつては女性向きとされてきた仕事だ。結局のところ女性は男性並みに稼ぐ「必要がない」じゃないか、と。

また、消費主導がますます進みつつあるという点でも経済は「女性化」している。男性も女性も、経済では自らを何よりも「消費者」と認識するよう焚きつけられる。そう思うと、ジョージ・W・ブッシュが２００１年に国民に消費者の役割を果たすよう促したのも、ごく自然な流れだった。

バリー・ロードは著書『Art & Energy（アート＆エネルギー）』（未邦訳）に、この変化は１９７０年代に始まったと書いている。[27] 社会が燃料に石油を使い始めたのとだいたい同じころから、消費者としてのアイデンティティが文化面で重要度を増してきた。

石油が安価な消費者製品の爆発的増加を助長し、その消費者製品の売買が経済でますます存在感を増した。それは私たちの文化的アイデンティティにも浸透した。自分たちを生産に関わる立場として見るのをやめ、消費者と認識するようになったのだ。経済での主な役割は消費であり、よって危機に市民としてできる貢献は、買い物。消費で力を発揮できるという意味で、私たちはみんな「女性」になったのだ。

百貨店は、いってみれば私たちを消費した。

ロードが言いたかったのは、私たちの自己認識はエネルギー消費と絡み合っているということ。現代の強力すぎるほどの消費者アイデンティティは、化石燃料社会から現れたという。新しい別の経済的アイデンティティを見つけないことには、化石燃料から脱することはできないだろう。

自分たちは何よりもまず消費者だ、という認識でいる限り、気候危機の解決策を見いだせる日は来ない。世界を消費するのをやめて、保護しなければ。この点ではカイリー・ジェンナーが助けになるとは思えない。

ここまで本書では、女性という符号を付けてきた物事に対する評価を見直すべきだ、と述べてきた。キャスター付きのスーツケースから、電気自動車に乗る女性に至るまで、何でもかんでも見下してもどうにもならないどころか、むしろ人間の進歩を妨げている。金属のような硬いものだけを技術と呼ぶとか、掘り棒よりも槍が先に生まれたとかいう、頑固な主張も同じだ。また、イノベーションとは「支配し」、「つぶし」、「破壊し」なければならないという理論が、残酷で非人道的な経済をつくってきた。別のやり方を見つけるにはジェンダー観を変えなければならないだろう。なぜって、ジェンダーに対する考え方は、私たちが何を重要視し、何を重要視しないかの選択を大きく左右するからだ。個人の生活においても、経済全体においても。

でもリップスティックを売って6億ドル稼いだのが女性だったからといって、自動的にジェンダー平等化が進むわけではない。カイリー・ジェンナーのプライベートジェットの室内装飾がピンクだからといって、CO_2排出量が減るわけでもない。今までどおりの世界をピンクに塗り替えて、それを進歩と呼べるわけではないのだ。

カイリー・ジェンナーは、女性が経済で割り当てられてきた消費者役の究極形態を体現している。しかも、プライベートジェットのような、昔から男性の世俗的成功の象徴とされてきたアイテム（色こそ違うけれど）も組み入れながら。でもそれ自体は、侮辱に値する行為ではない。女性の消費はすでに十分すぎるほど長く侮辱されてきた。ただ、カイリーの消費モデルを固定の女性観からの解放と見るのも違う。

女性の解放とは、百貨店の消費者理論を全世界に拡充することではない。女性が男性と同じレベルで消費以外の経済にも参加できるようにすることだ。

これはものすごく大規模な取り組みになる。ほとんどすべてを変えてしまうほどの。

体

BODY

7 ブラック・スワンには体があった話

はじめ、宇宙には火と氷しか存在しなかった。南には燃える灼熱《しゃくねつ》の国ムスペルヘイム、北には氷の国ニヴルヘイム。2つの国は、知恵が眠るという虚無の裂け目、ギンヌンガの淵《ふち》で隔てられていた。この3つの資源（火、氷、虚無）から世界が構成されたと、北欧のバイキングは信じていた。

ある日、ムスペルヘイムから出た火花がニヴルヘイムの氷と初めてぶつかった。こうなるのも時間の問題だっただろう（時間という概念は存在しなかったらしいが）。氷と炎が触れ合ったところから滴が垂れ、2つの生き物に姿を変えた。牛と巨人だ。この氷の巨人の名はユミル。ユミルは牛の乳を飲み、眠った。ユミルの脇の汗から氷の巨人がさらに2人生まれ、その2人が足を合わせると頭の6つある恐ろしい巨人が生まれた。

このように混沌とした火と氷の出会いが、世界創造の発端となった。

巨人ユミルは牛の乳を飲み、牛は塩気のある石を舐《な》めて生き延びた。ある日、牛が大きな湿った舌で舐めた石の中からブリという神が姿を現した。ブリはのちにオーディン、ヴィリ、ヴエーという3人の孫を持つ。3兄弟はこの世の最初の神として、ギンヌンガの淵で氷の巨人たちの親類として生きる。やがてユミルを殺そうと決めたのもこの3人だ。彼らは自分たちで鍛えた剣でついに創始者ユミルを殺す。ふたつに裂いた頸動脈《けいどうみゃく》から冷たい青い血が溢れ出て、ほかの巨人たちも溺れ死んだ。

3兄弟はユミルの身体から世界を創造した。ユミルの肉体が大地になり、骨は山脈に、血は海と湖になった。頭蓋骨の上部分をギンヌンガの淵の頂に持ち上げて空を作り、ムスペルヘイムの火花を飾って星とした。ユミルの死体にわいたうじ虫を4匹捕まえて、それぞれを空の端に置いた。これが東、西、南、北の4方角になった。

豊かな大地からは1本の生命の木が生えた。巨大なトネリコの木、ユグドラシルだ。ユグドラシルの枝は空じゅうに張り巡らされ、ムスペルヘイムの火もニヴルヘイムの氷もすっぽりと包み込んだ。オーディンは枝を2本見つけて自分の斧で削り、最初の人間を作った。男のアスクと、女のエンブラだ。

ここまで読んで感じたと思うが、バイキングの想像力は乏しいとは言いがたい。だからこそ、人間の生まれ方に想像力が感じられないのが逆に興味深い。オーディンは人間を汗から作ったり舐めて誕生させたりはせず、斧で削り出した。人間は神秘ではなく、技術で生み出された作品だった。塩の石を舐める牛や巨人討伐によって世界が生まれたようだが、神が人間をつくる過程は、バイキングが船や家をつくるのとそう変わらない。

人工知能の専門家、ジョージ・ザルカダキスは、人間の起源に関する発想は、その社会を風靡した技術に妙に似る傾向があると指摘している。[1] 聖書では神が「土のちりで人を形づくった」とされている。[2] またギリシャ神話ではプロメテウスが水と土を混ぜて人間をつくった。エジプト神話では神々が粘土をこねて子どもをつくり、女性の子宮に滑り込ませた。スーダンでは、神がさまざまな色の粘土を使ったからいろいろな肌の人間がいると言われている。ザルカダキスは、似たような粘土のメタファーは農耕社会で特によく用いられたと指摘する。農作物に生死を握られている状況では、粘土でつくった器が最先端技術の結晶だったからだ。

その後メタファーは変わっていった。

古代ギリシャでは技師により複雑な水路網、水道橋、用水路などが構築された。アレクサンドリアのクテシビオスは、目盛りで時間がわかる水時計や、水の重さを使って音を鳴らす水オルガンを開発した。世界初の蒸気エンジンがつくられたのはエジプトだ。メソポタミア北部のイスマイル・アル・ジャザリは、機械仕掛けの音楽家人形が4つ乗ったボートを湖に浮かべ、王のために小曲を自動演奏した。

水や蒸気に高い技術力を加えて物を動かせるなら、人間も同じ仕組みで動くと考えるのが当然ではないだろうか？　と、人間は液体や蒸気の力で動いているという見方が徐々に広まっていった。

医学の発展に貢献したヒポクラテスは、人体は主に4種類の体液（血液、黄胆汁、黒胆汁、粘液）で構成されていると考えるようになる。水圧のメタファーはいまでも、特に感情を言い表す際に使われている。やる気「満々」、「プレッシャー」を感じる、感情の「はけ口」などだ。今でも私たちは、エンジン内の蒸気のように体内で感情が膨らむ感覚を多少なりとも持っているようだ。

17世紀、フランス人哲学者のルネ・デカルトは、サン・ジェルマン・アン・レイ城の庭園をよく散歩した。作ったのはフィレンツェの有名技師、フランチーニ兄弟で、噴水技術が十八番《おはこ》だった。噴水といっても、無益に水をぴゅっと吐き出す石のカエルや、小鳥の水浴び場になりそうなぷくぷくと泡を吐く小池ではない。水圧式の彫像だ。水を動力として動き、音楽を奏でて踊る、機械仕掛けの人形である。サン・ジェルマン・アン・レイ城の庭園は、神秘的な小道と岩屋から成る文字どおりの迷宮で、随所で機械仕掛けの動物に出くわしたり、水オルガンのポロンポロンという音が聞こえたりする。この時代の機械技術を用いた作品のなかでもとりわけ華々しい傑作で、王子や教皇の要請でヨーロッパ各地に同様の機械が置かれた。

最終的にデカルトは、人間の体は「機械の彫像」にすぎないという影響力の大きな持論に辿り着く。[3] 水圧式の彫像を見よ、とデカルトは書いた。どう動き、どう演奏するかを見よ！ まるで生きているかのようなこの様子を！ 人間がこのような機械をつくれるのなら、間違いなく神はもっと複雑なものをつくれるに違いない。人間の本質とはまさにそれ、複雑な機械なのでは？

中世からルネサンス期には、ヨーロッパじゅうの時計やオルガンの上で機械仕掛けの人形が踊るようになった。こうした技術の発展に多額の投資を行っていたカトリック教会が主な資金源で、建設時には古い仕様書の改版や翻訳にも資金援助した。機械の十字架にはりつけられた気の毒なイエス・キリストが、私たちの罪のために顔をしかめてもだえ苦しむ作品さえもあったそうだ。

大聖堂の時計は、12時になるとただぶっきらぼうにゴーンゴーンと鐘を打つのではなく、本格的な機械ショーを繰り広げた。天使たちが木製の聖母マリアのために扉を開け、お辞儀をしてからトランペットを掲げる。歯車で動く聖霊が端から端へと飛び、ガブリエルが自動で飛び出すと同時に恐ろしい獣が目を剝《む》き、舌を突き出す。最後にペトロがほかの使徒とともに列を成して登場して、12本のハンマーで時刻を知らせる。この技術ショーはいうまでもなく、当時の人々に強い感銘を与えた。バイキングがかつて、神が斧を使って人間を削り出したと信じたように、神が巨大な機械工具一式を使って人間をつなぎ合わせたのだろうと想像するようになった。私たちの筋肉、骨、内臓が、歯車やカム軸と理論上置き換えられないはずがない。

デカルトは庭園を歩きながら、同じ水源から出た水が複数の像にそれぞれ違うことをさせていることに気が付いた。竪琴《たてごと》をつまびくアポロと隣の岩屋に置かれたはばたく鳥たちの両方が、同じひとつの力で動かされている。ひと筋の液体が全世界に生命を吹き込んでいるかのようだ。人間の体も同じかもしれないとデカルトは思い描いた。神経がまるで水道管のように体じゅうに張り巡らされ、そこを流れる何かが体の仕組みすべてを動かしているのでは？　その「何か」の正体だけがわからないが。筋肉と腱はまるで「エンジンとバネ」だし、心臓はまるで機械仕掛けの時計のようにカチカチと音を立てている。

脳から体へと延びる神経は、まさに機械仕掛けの像の中の水管のようだ、とデカルトは考えた。何かが肌に触れると、そこから神経を通って脳へと反応が伝わる。のちにデカルトは、おそらく感情も同じ仕組みで動いていると思うようになった。恐れも虚栄心も、悲しみも愛情もすべて、機械仕掛けの反応の一種に違いないと。涙も勇気も、すべては時計職人が時計について理解し、説明できるのと同じように、理解も説明もできるのだと。

現代人はデカルトの考えを鼻で笑うかもしれない。どう見ても、機械仕掛けの像に引きずられすぎている。でもデカルトにとっては完璧に筋の通った推論だった。自身を機械に投影していたからで、それは人間がその後もずっと続けてきたことだ。

たとえば1900年代前半には、脳を電話交換機に見立てるのが一般的だった。[4] 電気通信がますます重要性を増していた時代らしい思考だ。神経は液体の流れる水管ではなく、生理学的な通信を行うために脳に信号を送る器官と考えられるようになった。たとえば熱い暖炉に触れると「アチチ」という信号が脳に送られ、すると「手を離せ」という命令が光の速さで返されるというわけだ。もちろん、時代が進むにつれて、真実はもっとずっと複雑だとわかってきた。人間の仕組みは水圧式の彫像とも電話交換機とも違う。それでも人間は相変わらず、そのとき構築できるいちばん複雑な機械をさらに複雑にしたものが人体なのだと想像し続けてきた。

なぜだろう？　メタファーだというのはわかる（メタファーは便利だ）が、なぜそのたとえを選んだのだろう？　なぜそんなにも、人間を技術の力で作られた製品と思いたいのだろう？　たとえばだが、人間が子どもを産むのと同じようなやり方で神が人間をこの世に生み出した、なんて発想はなぜ出ないのだろうか？　少なくとも、神が削り出した、かたどった、組み立てた、つなぎ合わせたなんてシナリオよりも論理的なのに。当然ながら、そのメタファーをとると、創造の力が男性の手から女性の子宮へと渡ることになるのだが。

なんと恐ろしい。

L・ロン・ハバードは1954年にサイエントロジーという宗教を創始した。すでに著名なSF作家だったハバードがその4年前に出版した自己啓発書『ダイアネティックス 自分の能力を最大限にする本』(ニュー・エラ・パブリケーションズ・ジャパン、1991年)をもとに起こした運動である(物議を醸した)。なぜこんな話を持ち出したのかというと、ここで使用されたメタファーが興味深いのだ。人間の脳は「コンピューター」のような働きをするとハバードは断言している。[5]

ハバードは終始、「プロセス」、「サーキット(回路)」、「メモリバンク」などコンピューター業界の用語をそのまま借りて、人間の思考について説明した。コンピューターを修理するのと同じように精神も「修理」できる。最適な状態で動作してさえいれば、脳は必要なデータをすべて集め、起こりうる問題を片っ端から解決していけるのだと。残念ながら人間のシステムにはバグが多く見つかっているが、それだって解消できる。人間はいわゆる「デバッグ」をして、自分を改善していける。

映画スターのジョン・トラボルタはサイエントロジーの公式サイトで、「私はサイエントロジー信者として、人生の問題に対処する技術を持ち合わせて」いると宣言している。[6] 昔も今も、サイエントロジー信者はその謎めいた手法を「技術」と呼ぶことが多い。人間は自分を再プログラミングする力を持ったコンピューター。サイエントロジーは超近代型の宗教ともいえるが、人間をその時代の主流の技術に見立てるという点では、バイキングの神オーディンとその斧とまったく同じところに立ち戻っている。

　脳をコンピューターにたとえがちという意味では、最近は誰もが大なり小なりサイエントロジー信者かもしれない。コンピューターのように人間も「情報を処理」したり「再起動」したりできるし、「ハードウェア」や「ソフトウェア」などの用語は人間にも転用される。一般的にコンピューター用語では、プロセッサ、スクリーン、グラフィックカード、マザーボードなどの物理的な部品を「ハードウェア」、機械にプログラミングする指示内容を「ソフトウェア」と表現する。これに似て、ここ数十年は人体をハードウェア、思考をソフトウェアになぞらえる流れができている。思考は当然ながら体を必要とするが、それはコンピュータープログラムが物理マシンを必要としたり、寄生植物が木を必要としたりするのと同じという発想だ。これが、知能（もしくは人間らしい感情）が体から切り離され独立した存在と考えられるようになった理由のひとつである。体は「自我」を持ち歩くちょっとしたロボットだというのが、私たちの乱暴な推論だ。物理学者スティーヴン・ホーキングや宇宙論研究者マックス・テグマークなど現代の偉大な思想家からは、将来は人体ではない何かに意識を「アップロード」できるようにさえなるだろう、という予測も聞かれる。[7]

　この推論の根底にあるのは、「人間はコンピューターのように機能する」という発想だ。私たちの知性や性格がソフトウェアのいち形態なら、体ではない別の機械で「実行」するのも可能なはずだ。人間の本質は、生物という監獄に閉じこめられた高度なソフトウェアに過ぎない。でも技術の力で将来は体をもっといい何かに交換できるようになるだろう。古いコンピューターの中身を高性能な最新モデルに移すように。そうすれば人間は体から、そして病や虚弱な部分、最終的には死など、人体についてまわるすべてから逃れられるようになる。間違いなく宗教の範疇に戻っているが。人間が地球上で永遠の命を手に入れるまでの不思議な物語のなかで、唯一、科学の言葉で語られるシナリオだろう。

「人間は水圧式の彫像の一種である」というルネ・デカルトの考えを今の私たちがおかしがるように、後世の人間はこの推論を笑うだろうか。それとも、この推論も脳や人間に対する理解を深めるための一歩なのだろうか。

誕生して間もないコンピューターが「電気頭脳」と呼ばれたのは、実はなかなか的を射ている。論理プロセスを実行し、生データを取り込み、新たな知識を生成する様子は、単純に言えば「考えて」いるように見えた。数学者でコンピューター開発のパイオニア的存在でもあるジョン・フォン・ノイマンは1958年に早くも、著書『電子計算機と頭脳』（ラティス、1964年）で、当時のコンピューターと人間の頭脳をありとあらゆる点で比較した。そしてこのものの見方がいくつもの科学的躍進に繋がる道を拓いた傍ら、便利なメタファーが必ず正しいとは限らないこともわかってきた。

頭脳はデジタルガジェットではない。脳細胞はオンかオフかのバイナリデータではない。脳とコンピューターの相違点は無数にあるが、何よりも脳は体を伴う。というより、脳も体だ。人体という環境内に存在する部位のひとつ。子宮内で成長を始めたまさにその瞬間から、脳は体の別の部位や周囲の環境と常に相互に反応しあう。

その事実を取り除くことはできない。

はるか昔に、私たちは人間をちりや水力に見立てるのをやめた。人間は電信だ、電話網だ、電気装置だ、という考えをやがて卒業したように、コンピューターに見立てることもいずれしなくなるのだろう。代わりに新しいメタファーが現れる。人間をコンピューターになぞらえる発想が現代を表しているのと同じように、未来の技術に自分たちをまた投影するに違いない。

人間は「コンピューターみたい」だという考え方は、すでに世の中に影響を及ぼしている。人間は肉体を持ったプログラミング可能なロボットのようなものという観念は、どのような経済を作るかに大きな影響を及ぼしてきた。どんな影響かは、２０２０年の春先、甚大なパンデミックが世界を襲ったころに戻ってみればわかる。

2月11日時点で、中国以外で確認できた新型コロナウイルス感染症の患者数は４００人だった。それが5週間後には9万人になった。１月22日にはイギリスがリスク評価を「非常に低い」から「低い」に引き上げた。13週間後、イギリスの死者は4万１０００人に達した。突然手に負えなくなるまでは、すべてが制御下にあったのに。ウイルスはどこからともなく現れたようだった。でも問題はそこではない。

教師がこうした増加現象を説明するとき、睡蓮の例を使うことが多い。ある穏やかな夏の夕べの湖に1輪の睡蓮が浮かんでいるのを思い浮かべてほしい。今日は6月1日で、湖の睡蓮の数は毎日倍に増えるとする。6月30日には湖面は睡蓮で完全に埋め尽くされることになる。では、湖面の50％が埋め尽くされるのはいつだろうか？　6月29日だ。

これを理解するのはそう難しくないだろう。睡蓮の数が次の日には倍になるなら、6月29日と30日のあいだに50％から100％になるのは当然といえば当然だ。湖の岸に立っていながらこの劇的な変化に気付かない人はいないだろうが、でも紛れもなく数が2倍になった「だけ」なのだ。6月1日から2日にかけてそうなったのと同じで。

では次の質問だ。6月30日には湖面が完全に睡蓮で埋まり、6月29日には50％が埋まったとしたら、睡蓮が湖面の1％に達したのは6月何日だろう？　答えは6月24日。先ほどの質問とは違って、ほとんどの人が直感的に「本当？」と思ったのではないだろうか。たったの6日で本当に1％が100％になる？　でもこれが指数関数的増加の真実だ。

6月24日に湖面の99％が空いていたとき、たった6日後には湖面がすべて花で覆われるなんて誰も夢にも思わなかっただろう。2020年2月、多くの人々がまさにこのようにパンデミックを見ていた。外を眺めると睡蓮が何輪か咲いているのが見えたけれど、ほんの数週間でそこらじゅうにびっしり生えるなんて思いもしなかった。自宅にこもるよう指示をされ、世界中の集中治療室で人間が生死をさまよう日が来るなんて。

経済学者と金融アナリストが、予想できなかった物事に対して「ブラック・スワン」という便利な表現を使い始めたのは、ちょうどこのころだ。

いったいどういう意味だろう？　そう、これもメタファーで、２００７年にナシーム・タレブが再定義した。[8] 自著『ブラック・スワン』（ダイヤモンド社、２００９年）の最初の章でタレブは、ヨーロッパ人は白鳥といえば白いと長く信じてきたと書いている。オーストラリアに行って初めて、黒い白鳥（黒鳥）もいることを知った。1羽の黒鳥の発見により、ヨーロッパ人の長年の常識はすっかり意味をなくした。白鳥は白いという古くからの思い込みは、もちろん何世紀にもわたる観測に基づいていたのだが、それでもたった1羽の黒鳥がその認識の誤りを証明した。すべてを覆した。

タレブは人間が予想できなかったものに「ブラック・スワン」の語を当てた。私たちが「起こりうる」と思う範疇の外にある事象で、でもいざ起きたら計り知れない影響力を持つ出来事だ。

ブラック・スワンの特徴は第一に想像さえできないこと。第二に、そのときの世界に莫大な影響を与えること。例を挙げるなら、世界貿易センタービルに突っ込んだ2機の飛行機とか、サラエボ訪問中のオーストリア大公フランツ・フェルディナントの暗殺が引き金となり勃発した世界大戦などだ。

第三に、人間はブラック・スワンが起こった後に振り返って説明しようとする。オサマ・ビン・ラディンの危険性に気付くべきだったとか、フランツ・フェルディナントがボスニアに行ったのが間違いだったのだとか。これは人間の性《さが》だとタレブは述べた。想像の及ばないことが起きると、説明せずにはいられなくなるのだ。説明できなかったとしても。

要するに、ブラック・スワンは湖面の睡蓮とはまったく違う現象を指す。睡蓮が6月30日に湖面全体を覆うことは、1晩で倍に増えるとわかっている限り、完全に予想可能だ。一方でブラック・スワンは予想できない。よって問題は、黒鳥が降りて来る前にその姿を特定できるかどうかではなく、予想不可能な出来事に耐えうる社会と生活を構築できるかどうかだ。

これがタレブの論旨である。

2020年のパンデミックはブラック・スワンだったのだろうか？　いや、違う。ブラック・スワンは予想不可能なはずだが、世界的なパンデミックが起きる可能性は何年も前から議論されていた。具体的にこの鳥が来ると予想した人が何人もいた。タレブ自身も2007年にはすでに、将来起こりうる世界的なパンデミックのリスクについて書いている。グローバル化した世界では、こうした大規模なパンデミックが「起こるかどうか」ではなく、「いつ起こるか」が問題なのだ。要するに、2020年のパンデミックはただの白い白鳥だった。

でも私たちは今もそこで止まったまま。

名だたる大病院さえも新型ウイルスに対する確実な治療法を発見できず、ニューヨークの看護師は防御装具が足りずにごみ袋で武装し、市民はありあわせの日用品でマスクを縫い、そしてスマホを数回タップすれば何でも好きなものを注文できるように見えた西洋の経済で、スーパーマーケットの棚から小麦粉が消えた。計測が始まって以来初めて、国の豊かさに関係なく世界中で経済成長が停滞した。近代経済で最大の雇用主であるサービス業界が、マルムショーピングからムンバイまでいたるところで閉鎖を余儀なくされた。

純粋に経済的観点から見ると、これは未曾有の危機だった。経済危機は普通はまず無形のものを襲い、それから有形のものへ移ることが多い。たとえば２００８年の世界的な金融危機は、金融業者でさえ構成を理解していないほどの複雑な金融商品が発端となった。黄金に見えたのは実は包装しなおされた住宅ローンだったとようやく市場が気付き、投資家たちはパニックになった。この混乱でアメリカの銀行が立て続けに倒れ、そして経済全体に波紋が広がって、一般市民が仕事や貯金、家、ときには命さえも失うという深刻な事態になった。これが経済危機だと私たちは認識するようになった。人体に被害が及ぶのは最後だった。

でも２０２０年の危機は正反対だった。人体を発生源とする世界的経済危機だったのだ。社会で弱い立場にある層から順に、ウイルスによる死者が大量に出はじめ、経済の大部分が閉鎖された。たったひとつのもの、そう、「成長」のためだけに構築してきた絶対的な経済制度に、自分たちの意思で強く急ブレーキを踏んだ。

キーッとおぞましい音を立てて、いっさいが停止した。

この出来事は、ものすごく基本的な事実を思い出させてくれた。「経済は人間の体を基盤とする」。今としては当たり前に思えるが、でも２０２０年3月には、この真実が与えた衝撃で株価は１５００ドルの大暴落を見せた。経済学者は、「ウイルスは人体に侵入し、伝染し、人を働けなくさせる『ブラック・スワン』だ」と突然、口々に訴えはじめた。注目に値する予想不可能な出来事と捉えたわけだ。でも人体から人体にウイルスがうつること、そして人間はその点においては無力であり互いに制約を与えあうという事実は、ブラック・スワンではない。こんなのは全人類共通の前提条件だ。

私たちはいったいなぜそれを忘れていたのだろう？

2010年代のデジタル革命は、スマートフォンをリモコンのようなものに変えたと言える。スマホが1台あれば、数回タップするだけで掃除代行から運転手までなんでも手配できる。クリーニング済みの服を代わりに受け取ってくれる人やメイクをしてくれる人だって呼べる。なんにせよ、正しいアプリと支払い手段さえあればいい。こうしたアプリベースの新サービスはどれも「イノベーション」と呼ばれ、うちいくつかは間違いなく独創性を極めていた。唯一の問題は、そのアプリの向こう側に人間がいることを忘れがちという点だ。

掃除スタッフがボタン1つでやって来たとしても、先週とは違うスタッフだったとしても、やっぱり人間だ。でもこのようなギグエコノミー〔インターネットを介した単発の仕事で稼ぐ労働者や、それでまわる経済のこと〕の労働者たちは、彼らを呼び出すのに使ったテクノロジーの延長であるかのように扱われる。労働者とさえ呼ばれず、各「タスク」をこなした人というだけだ。

そんな人々を雇う企業は、アプリのほかにも5つのイノベーションのおかげで成り立っている。①スマートフォン。ユーザーが画面をタップして家に届けてほしいものを注文するため。

②デジタルマップ技術。単発バイトとしてやって来る庭師に自宅の場所を伝える。③アルゴリズム。仕事を管理し、適切な人材と適切な顧客を結びつける。④莫大な額のベンチャーキャピタル。捕鯨理論に則《のっと》った創業者が市場をある程度独占するまで保つくらいの額。⑤低賃金で不安定な仕事を受けるためにスタンバイしていてくれる十分な数の人間。

たとえばライドシェアサービスアプリのウーバーは、アプリを介して（完全デジタルで）３００万人のドライバーに仕事を振り分け、どの乗客を乗せてどのルートで運ぶかを指示する。つまりウーバーで働くなら、いつ働くか、どのくらい働くか、誰を乗せるかを選べるというわけだ。ドライバーの多くはこの点を気に入っている。一方で、常に監視下に置かれる側面もある。今どこにいてどんな速度で運転し、どの顧客を選んだかをアプリで把握される。指示に従わない場合は罰則を受けたり、プラットフォームからブロックされたりすることもある。[10]

またアマゾン社の巨大倉庫のピッキングスタッフは、アルゴリズムがほぼ独力で決定したルートに沿って歩く。[11] 1時間に４００個の商品をピッキングしているか、1個あたり7秒で棚から取っているかが監視される。いつトイレに行ったか、十分な速度でルート上を歩いているかまで把握されるそうだ。

スウェーデンの社会福祉は資金が潤沢なことで有名だが、家庭介助サービスのヘルパーの労働条件はギグエコノミーのそれと似ている。シフトに入る5分前に、その日のスケジュールがスマホに送られてくることが多い。スケジュールを受け取った後も、同じデジタルシステムから一日の行動を逐一指示される。仕事は無数のタスクに細分化されていて、片手に持ったスマホがどのタスクに何分間かけるかまで細かく指定する。[12]
3階のアルムクヴィストさんには週1でシャワーの介助が必要です、とシステムが言う。1回あたり0・45時間で完了してください、と。食事は1日3回で、1回あたり0・15時間です。ほかにもトイレへの往復の介助を1日5回、アプリが知らせたタイミングで行う。業務をプログラミングしようとでもしたかのように、最小単位に分解してスケジュールが組まれている。現時点ではロボットがこれをこなせるわけでもないのに（次の章でこの話題を詳しく扱う）。とにかくそうなっている。

イギリスの訪問介護スタッフは、アプリがクライアントごとに配分した時間分しか報酬がもらえない。クライアント間を移動する時間はGPSを使って計算されるので、現実の渋滞やコートを着て自転車にまたがる時間などは基本的には加味されない。コンピューターで計算されたスケジュールには、不測の事態（寝具の交換が必要だったり、コーヒーがこぼれていたり）を考慮した余白はない。トランプに付き合ったり、子犬やゼラニウムの剪定《せんてい》についてちょっと雑談したりする時間もない。もはや仕事内容が変わり、ケアというよりは、テクノロジーから指示されるタスクの羅列。神経が参ってしまったとしても不思議ではない。だってスタッフはアルゴリズムに動かされるロボットではないのだから。でもシステムはスタッフをそう捉えている。

仕事をこのように組む裏には、スタッフを交換可能にするという意図がある。木曜の朝に誰がアルムクヴィストさんの家のドアをノックしようが関係ない。0・45時間のシャワーと0・

15時間のトイレのためだけに訪問するのだから。このシステムが2020年のパンデミックで危険の種となった。

たとえばスウェーデンでは、自宅での介助が必要な高齢者（つまりウイルスからいちばん遠ざけるべき人たち）が2週間で平均16人以上と接触していたことが明らかになった。[13] 要するに自宅に隔離した意味がなかったわけだ。0・15時間のトイレ往復介助をアプリが指示するたびに、知らない人間とウイルスが入れ代わり立ち代わり家に入ってきていたのだから。

世界規模のパンデミックのさなかでは、スタッフをロボットと見なすことはできない。荷物を運ぶ人や家の掃除をする人がスマホの1タップで来て、それがデジタルサービスの延長線上の存在のようだったとしても、そうではない。その人は人間の体を持っている。だから、新型ウイルスに直面したことでギグエコノミーの抱える問題すべてが突如むき出しになったのだ。体調が悪いときに自宅にいられることがいまや国をあげて最重要視されているが、ギグエコノミーの労働者はそうはいかない。疾病《しっぺい》手当をもらう資格を持たないし、そもそも、責任を負ってくれたり、せめて消毒液とマスクを用意してくれたりするマネージャーさえいない場合が多い。

ロックダウンですべてが停止したイタリアやフランスの都市でも、ギグワーカーだけは配達業務を遂行していた。そうするしかないと判断した人が多かった。自宅にこもって自分と他人の健康を守るのは、全収入を失うことを意味したから。

スウェーデンの訪問介護サービスのスタッフたちは、また別の体の弱い高齢者の家に防護服なしで入るようデジタルスケジュールに指示されるたびに、自分が疫病神のように感じられたと話す。人間の体を持たないかのように業務を組まれていたって、彼らは機械ではない。

訪問介護サービスは、スタッフを指定のタスク専用の交換可能な人員のように扱っていたが、今はそうできなくなった。高齢者を死から守るため。何年も前から訴訟されては、あらゆる雇用主責任から逃れようとしてきたタクシーアプリは、一時的にではあるもののやり方の改善を余儀なくされた。少なくとも、これ以上ウイルスを拡散しないために。ウイルスを発端とする経済危機は「ブラック・スワン」ではない。経済が根本的に人体に依存していることから始まる連鎖反応だ。

その事実を忘れようと試みた私たちから始まる連鎖反応でもある。

２０１０年代、私たちは人間のようなロボットを作っていると思っていた。電気頭脳のマイクロチップに搭載できるトランジスタの数が増えた結果、近い未来に社会の何もかもが自動化され、機械があらゆることで人間を上回ると思い込んだ。でもそうスムーズにはいかないことがわかった。人間のような機械はまだできていない。代わりに、人間を機械のように働かせた。

それをイノベーションと呼んだ。

スウェーデンの訪問介護サービスにしろ、オランダの美容業界のビジネスモデルにしろ、労働者の働き方がここ数年で変わったのはテクノロジーのせいだと私たちは思っている。でもそうではなかった。

配達スタッフに自由な働き方を与えるデジタル技術があるからといって、病気のときに代役を見つける責任まで負わせるべきではない。この2つには因果関係はない。ギグエコノミーの労働者の多くは、代役を見つけられないと会社に罰金を払うことになっている。[14]すると結局、体調が悪くても働かざるを得なくなってしまう。スタートアップからフランス政府管理の安定した企業まで、あらゆるところで同様の働き方を目にする。[15]論理は同じ。

まさにこれが問題なのだ。

リスクの1つは、この働き方がイノベーションの妨げになること。企業側からすれば、懸命に創意工夫をするだけの動機がない。だってそんなことをしなくても、従業員の基本労働条件をいじれば簡単に利益を出せるのだから。ロボットを発明したり使用料を払ったりしなくても、ロボット労働者が生んだ利益をほぼそのまま手中に収められる。ロボットのように働かせた分の最低賃金、もしくはそれ以下を払えばいいだけだ。

でも、誰かをロボットのように扱えばその人が本当にロボットになるわけではない。アプリを開発したら高齢者の世話をする女性をロボットのように扱う権利を得られるわけでもない。そんな論理はない。搾取とイノベーションは違う。人間の搾取には目新しさもない。

むしろ世界最古のビジネスモデルだろう。

でも同時に、ギグエコノミーのおかげで得られた学びもある。ギグエコノミーの労働者は経済面の不安を強く持つ傾向はあるものの満足度も高い、とたくさんの調査結果が示してきた。働き方の柔軟さに明確な価値を感じているのだ。[16]これは真摯《しんし》に受け止めて、労働市場の今後に活かしていく必要がある。

　ただしこうした調査の対象は、タクシー運転手や配達員などに偏りがちだ。新しい価値観の影響を受けている女性ケアワーカーの意見は、まだまだ表に出ていない。しかし、ギグエコノミーはとりわけ女性にたくさんの労働機会を提供していると国際社会で論じられている。女性が家庭と育児の責任をメインで担うケースが一般的である以上、男性と同じようにキャリアを築くのは難しい。ギグエコノミーが手を差し伸べる余地がここにあるのだろう。

　以前はフルタイムで掃除スタッフをしていた女性は、複数の場所を渡り歩いて稼ぐ機会を得られるようになり、母親業との両立がだいぶ楽になった。ギグエコノミーが多くの女性に収入を得る機会を与えたというのは、ある程度は真実なのだ。

　女性は柔軟な生活を求め、テクノロジーのおかげで会社を興さなくともそれが手に入るようになった。唯一の問題は、柔軟とはいえない食料品価格や家賃を変わらず払い続けなければならないこと。多くの女性が社会の隅に追いやられている限りは、世界中のどんなアプリも女性に真の柔軟性を与えることはできないだろう。女性は受けられる限りのギグ（単発仕事）をこなすだけ。体調がいいか悪いかに関係なく。我が子が元気かどうかに関係なく。そのクライアントのもとで働く際に身の安全を確保できるかに関係なく。

　私たちは知恵を絞って、テクノロジーを使った複雑な解決策を次々に編み出し、女性を支援しようとしている。現金という古き良き発明品のほうがよっぽど役に立つだろうに。世界の存続において欠かせない役割を担う女性に、まずはまともな賃金を渡すことから始めてはどうだろうか。

9時から5時の終身雇用の時代に戻るべきという意味ではない。あれは今とは違う社会を前提に作られたモデルだ。言いたいのは、何か新しいものを作るなら現実に即して取り組むべき、ということだ。

その現実とは、肉体である。経済とは肉体。働き、世話を必要とし、ほかの肉体を産む肉体だ。生まれ、年をとり、そして死ぬ肉体だ。人生のさまざまなステージで助けを必要とし、その助けを用意できる社会を必要とする肉体だ。根底にあるのは肉体なのだ。肉体の存在を認めることが、経済に大きな影響を及ぼす。全人類に共通する肉体的ニーズを中心に作られた社会は、今の社会、私たちがこれ以外にないと思っている社会とは、根本的に異なるだろう。

肉体について真剣に考えるとは、人間としてのニーズを大切にする経済を作るということだ。飢餓、寒さ、病気、または医療や子どもの世話の欠如などといった肉体的なことは、ある日突然、経済問題の中心に躍り出る。

肉体の存在を思い出すとは、無力さや誰かへの依存状態だって人間の生活の本質であると思い出すこと。肉体は別の肉体から産まれると思い出すこと。子宮から光の中へ出てきたときは周囲にただ身を委ねるほかなかったと思い出すこと。病にかかって再び肉体が依存状態になるかもしれないし、年を重ねれば確実にそうなる。どちらも何ひとつおかしくはない。

人間であるとはそういうことだ。

肉体が思い出させるのは、私たちにとって都合の悪いこと――人間のもろさと他者への依存だ。まさに「女性」に紐付けられてきたものだ。結局、家父長制の根幹は常にここにある。人間の要素のうち人を不安にさせるものを取り出して、女性というラベルを貼り、主流から外す。この本で見てきたように、それは自分たちを見失うことだけでなく、肉体を持つという小さな事実を受け入れない経済を築くことを意味する。2020年のパンデミックは、今の状況は持続可能ではないと痛烈に示してくれた。

女性的と見なすものと男性的と見なすもののあいだにつけてきた序列は、再びその醜い頭をもたげている。その序列のせいで人間はあらゆる「女性的」なものから逃げてきた。結果として脳をコンピューターに見立て、人間をアルゴリズムで制御されたロボット、もしくは水圧式の彫像、電話交換機など、この世に実際に人間を生み出した肉体とは何の関係も持たない何かに見立ててきた。自分の体を見下ろして、それが意味する現実を受け入れるよりも、ずっと簡単そうだから。性別に関係なく。

自分だけでなく、社会全体にとってそのほうが楽だから。

誤って別のものに見出してきた「真実」は本当は子宮の中にあるとか、満月の光のもとで踊る女神の力で取り戻さなければとか、そういう話ではない。人間の肉体の本質を、女性の体に担わせてきたことが問題なのだ。女性と肉体のつながりの強さを理由に、肉体が抱える現実を否定しつづけてきた。

その影響は甚大だ。経済面だけにはとどまらない。

人間同士を結びつけるものは、人間の体に由来することが多い。自分の健康は自分だけのものではない。これがパンデミックの不都合な真実だ。自分の健康は他人の健康と、地球と大地の健康と、祖先と未来の子どもたちの健康と、つながっている。経済の健康は言うまでもない。端的にいって、私たちはより大きな全体のうちの一部なのだ。

ルネ・デカルトはサン・ジェルマン・アン・レイ城の水圧式の彫像を指し、人間もあれの一種だと言った。アルゴリズムとコンピューターを指して私たちとそっくりだと言う今の未来学者たちはデカルトと何が違うのだろう。純粋に疑問に思う。謙虚さを取り戻してほしい。だって私たちは人体の仕組みのほんの一部しか知らない。なのに、明らかな事実——私たちには体があり、そのせいで人間はもろく、互いに依存しあっていること——をどうして否定するのだろう？

バイキングの神はあなたを斧で削り出したわけじゃない。あなたは水圧式の彫像でも電話交換機でもコンピューターでもない。あなたは足をばたつかせ、大声で泣きながら、血で染まった脈打つ子宮から出てきた。

その事実と向き合おう。

私たちが本当に目で見て知っている真実に即した経済を築こう。

8 セリーナ・ウィリアムズがチェスのガルリ・カスパロフに勝つ話

9歳のセリーナ・ウィリアムズは、ロサンゼルスの南に位置するコンプトンのテニスコートで、アメフトのボールを投げていた。姉ヴィーナスがいずれ女子テニスプレーヤーとして世界一になり、セリーナはおそらくそれ以上の選手になる、と父親が世界に宣言したのはこのころだった。そのわずか7年後にヴィーナスがいきなり全米オープンの決勝戦に進出し、世間は初めてこの父親の宣言を信じるようになった。[1]

セリーナとヴィーナスはアメフトのボールでキャッチボールをしていた。ネットを挟んで向かい合い、ネットから1メートル離れたところからスタートだ。一投するごとに2人はゆっくりと後ろに下がり、最終的にはそれぞれベースラインまで下がって、スピンするボールを行き交わせた。

コーチ役だった父親は地元の図書館からビデオテープを借りるなどして、中年になってからテニスの勉強を始めた。アメフトのボールを使ったトレーニングもビデオテープで紹介されていた。アメフトのボールを高速回転させながらテニスコートの向こう側まで投げるには、テニスのオーバーハンドサーブとほぼ同じ腕の動きが求められるのだそうだ。

テニスのサーブがとにかく難しいのは、ボールを高速でネットの向こうまで飛ばすだけでなく、サービスボックスに入れなければならないからだ。ほとんど不可能に思える。相手側に向かって力一杯飛ばされ、恐ろしい速度でコートを横切っていったボールが、どうやってサービスボックス内に落ちるというのだ。

背が高ければまだ多少は楽だろう。いちばん高い地点から思いっきり打ち下ろせばいい。でもセリーナ・ウィリアムズの身長は175センチメートルしかない。そこでアメフトのボールの出番だ。

要は、スピンが鍵である。

テニスのサーブのコツはボールを水平に打たないこと。腕をめいっぱい伸ばし、ジャンプしてラケットを思いっきり振り下ろす必要がある。この投げるような動きがボールに回転をかけ、それによって周りの空気にも回転がかかる。ボールの下の気圧が下がって空気が上に引っ張られるのでボールは下に引っ張られ、まるでちょうどいい場所で止まって落ちるかのような軌道を描く。[2]

近代物理学の父、サー・アイザック・ニュートンは、17世紀にケンブリッジ・プラトン学派トリニティカレッジの窓から外を見ていてこの回転の現象に気付いた。[3] まさに庭でテニスをしている人たちを眺めていたのだった。セリーナ・ウィリアムズの父親は、コンプトンの図書館で借りたビデオテープでこれを学んだ。アメフトのボールをテニスコートの端まで回転をかけて投げられるようになれば、同じ腕の動きをサーブに取り込める、と。大切なのは反復だ。体に刷り込まれるまで、同じことを何度も何度も繰り返す。

人間の能力には、マッスルメモリーとも呼ばれる肉体的な知能を基盤とするものが多い。多いどころか、人間は筋肉が持つ記憶に頼って生活している。なのに、人間によく似せた機械を開発しようとなると、体は重要ではないとして無視されがちだ。結果、AIからロボット、自動運転車に至るまでのあらゆる技術に問題が起きている。この章ではこれを掘り下げたい。体が軽視されるという問題をたどると、人間のジェンダー観に行き着くことが多い。人間が引いた頭脳と体の境界線（たいてい頭脳を男性、体を女性と見なす）が関係してくるからだ。この章で語る内容は、ほかの章と比べるとなかなかピンと来ないかもしれない。20世紀の電気自動車の夜明けを振り返って、当時の人々のジェンダー観を笑いものにし、当時の考え方（「真の車とは、うるさくて危険であるべき」）がいかに世間一般的な男らしさの理想と結びついていたかを認識する、というのはわかりやすかった。でも、現代でも似たような過ちを犯していることには気付きにくいものだ。

だからといって、過ちを犯していないことにはならない。

ではコンプトンのテニスコートにいたセリーナ・ウィリアムズに話を戻そう。

当時ウィリアムズ家にはフォルクスワーゲンの黄色いバンがあり、末の2姉妹のテニス練習の送り迎えに使っていた。座席を1列とっぱらって、テニスボールで満杯の古いショッピングカートを積んだ。セリーナとヴィーナスが、サーブに次ぐサーブ、ショットに次ぐショットを年がら年中、何年間も練習するために。

アメフトのボールでキャッチボールをした後、2人は並んで立ってネットの向こうに黙々とサーブを打ち込んだ。このサーブ練習を何時間も続けるなんて単調すぎて飽きそう、と思うかもしれないが、それはセリーナ・ウィリアムズの頭の中で何が起きているかを知らないからだ。1打1打が情報の宝庫で、セリーナはそれを余さず受け取り、細かな調整に使う。ストロークひとつひとつの声を聞き、感じる。自分のラケットがどこにあるかをいつだって正確に把握しているし、ボールから決して目を離さない。同じストロークを幾度も繰り返して、知識を体に叩き込むのだ。どう考えても無意識にできるわけのない動きを。

少なくとも、理論で考えたってできない。

試合で勝つには、ボールが相手のラケットを離れた瞬間におおよそどこに落ちるかを割り出さなければならない。ボールの初速度と減速率を見定め、風や回転などの要素があれば加味し、ウィンブルドンの芝やメルボルンのアクリル系ハードコートといったコートの素材も考えたうえで、ボールがとりうる軌跡を推測するという方程式だ。1000分の1秒ほどの一瞬でこの計算をこなし、結果をラケットで表現する。

しかしセリーナ・ウィリアムズがテニスコートでしている演算処理は、数を数えるだけに見える。1、2、3、4、5。この伝説のテニスプレーヤーは、ファーストサーブの前には5回、セカンドサーブの前には2回ボールをバウンドさせる。単純な繰り返しタスクに強制的に意識を集中させることで、思考を落ち着かせられるのだそうだ。

コートに立っているセリーナ・ウィリアムズは、方程式を解いてはいない。サーブは動きの連続で、繰り返せば繰り返すほど、訓練すればするほど、年々セリーナの体と一体化していく。仮にセリーナ自身があなたの隣に座り、セリーナの試合を逐一解説してくれたとしても、つまり競技の全知識を余さず伝える技を彼女が使えたとしても、あなたがセリーナと同じようにラケットを扱えるわけではない。

ハンガリーの哲学者で経済学者のマイケル・ポランニーは「私たちは言葉にできる以上のことを知っている」と書いた。「ポランニーのパラドックス」と呼ばれる現象だ。[4]車の運転についてありったけの本とマニュアルを読み、スパークプラグの断面図を目隠しして描けるほどの知識を得たとしても、実際に車を運転できるかは別の話。運転するには、基本的には、タイヤのもっと内側で何が起きているかをすべて説明できる必要はない。バックミラーを見るとき、具体的には何を見ている？　潜在意識下で何の音を聞こうとしている？　なぜ今ギアに手をやった？

人間は毎日、説明できないことをしている。マリア・シャラポワをテニスでストレートで破ることだろうが、キッチンの棚から落ちたガラスボウルをとっさに受け止めることだろうが、細かく説明はできない。落ちてくるガラスボウルの軌道を計算できたことがなくたって、受け止められる。これがポランニーのパラドックスである。単純に、人間は言葉で説明できる以上のことをしているのだ。特に異論のないわかりやすい主張だと思うが、ある仕事を機械にさせられるかどうかを考えるときに、これが大きな問題となる。

4章に出てきたアメリカのコンピューター技術のパイオニア、アイダ・ローズを覚えているだろうか。彼女はプログラミング能力を数学を教える能力に見立てたが、この2つは本質的に同じところに収束する。何かのやり方をほかの人が理解できるように説明する能力だ。

機械に何かをさせるには、第一に何をしてほしいかを説明しなければならない。つまりタスクを細かなステップに分解し、それを機械が1つずつこなせるようにプログラムの形で書いてやる必要がある。だから機械は長いあいだ、人間が機械に説明できない作業はこなせなかった。

これがポランニーのパラドックスが招いた結果である。

部屋の隅にある椅子を「見る」ために何をすべきかを言葉で説明できないなら、コンピューターに同じことをさせるのは難しい。カメではなくて椅子だとどうやって見分けただろう？説明するのは難しい。だからこそ、機械に「見る」などの動作をさせるのは非常に手間がかかるのだ。[5]

その一方で、機械にさせるのがとても簡単な作業もある。たとえば450÷5＝90の計算方法を説明するのは割と簡単だ。だから、私たちはこうした問題を解くのに機械の力を借りてきた。機械に簡単にさせられる作業もあれば、とても難しい作業もあるという事実が、技術の発展の方向性を決めてきた。ポランニーのパラドックスが意味するのは、ロボットにはセリーナ・ウィリアムズをテニスで倒すのも、セリーナの能力を真似するのも難しいということ。セリーナ・ウィリアムズは見て、感じ、推測し、調整し、感覚から得た情報をもとに本能的に動くが、それは「体に刷り込まれている」のだから説明はできない。でも、機械が上手にこなせる競技もある。

　たとえばチェスだ。

　１９８５年、ガルリ・カスパロフは22歳だった。この若きソビエト人は、当時まだ西ドイツに属していたハンブルグに招待された。その年のうちにカスパロフは史上最年少のチェス世界チャンピオンに輝く。[6]

　ストライプのシャツと緑色のサマージャケットというカジュアルな出で立ちのカスパロフは、絨毯《じゅうたん》の敷かれた部屋の真ん中に立った。周りにテーブルが並べられ、全部で32のチェスボードが置かれた。カスパロフは32台のコンピューターとチェスをするために呼ばれたのであり、結果、32台すべてに勝つ。世界のマスコミはコンピューターとの対決よりも、カスパロフがソ連の政況についてドイツの『デル・シュピーゲル』誌（ものすごい発刊部数だった）に何とコメントするかのほうに注目していたが、それでもチェスマッチは歴史に残るショーとなった。

　当時、高性能なチェスコンピューターの開発に大々的に取り組む企業が5社あった。この5社がそれぞれの最新モデルをハンブルグに送り込んだ。カスパロフは5時間かけてすべてに勝利し、特に誰も驚かなかった。まさかこの12年後にたった1台のコンピューターに負けると、カスパロフに想像できただろうか。

　でもまさにその速度で、形勢は逆転した。

　１９９７年のニューヨークで、34歳のカスパロフはＩＢＭ社のスーパーコンピューター、ディープ・ブルーに負けを喫する。この対決は世界各地の新聞の1面で扱われ、人間が地球を支配していられる時間は大きく縮まったと報道された。コンピューターがカスパロフのような人間の頭脳に勝るのなら、一般人はただ諦めるしかないように見えた。

機械の時代が来たのだ。

ディープ・ブルーは1997年には1台1000万ドルした。でも今はカスパロフを倒せるくらいハイレベルなアプリをスマートフォンにダウンロードできる。それどころか、今は1985年にカスパロフがやり遂げたことをコンピューター1台が簡単にやってのける。チェスのグランドマスター32人と同時に対戦して全員に勝つことができるのだ。人間と機械のパワーバランスがここまで大きく変わったとは。

いや、そうだろうか？

もう少しよく考えてみれば、カスパロフが1985年にハンブルグで成し遂げたのと同じことをコンピューターは達成できていないとわかる。22歳のカスパロフが絨毯の敷かれた部屋でテーブルに囲まれて立つ姿を思い浮かべてほしい。彼は32台のコンピューターとただ対戦したわけではない。ボードからボードへと移動し、自分の手で駒のひとつひとつを動かした。[7] まさにこれが現代の機械が苦戦する部分だと、カスパロフ自身も述べている。チェスの駒をつまんでチェスボードの狙った位置に倒れないように置く、という肉体的なプロセスは子どもにもできるだろうが、機械にとっては問題ありだ。それは、肉体的なプロセスだから。

これはロボット工学では広く知られた現象である。機械に高度な数学やチェスを教えるのはとても簡単なのだ。だが運動スキルを教えるとなるとずっと難しい。中国のＡＩの第一人者であり投資家の李開復《リー・カイフー》は最近こう述べた。「ＡＩは高度な思考にすぐれている。だがロボットは指をうまく動かせない」[8]。これは私たちの経済では何を意味するのだろう?

たとえば清掃を例にとってみよう。私たちは清掃を単純な仕事だと思っているし、思っていないとしても事実、現代社会で掃除に与えられる経済的価値は低い。家やオフィスを掃除する仕事に就く人の大部分が女性だ。清掃職は労働市場全体を見てもいちばん賃金の低い類いに入りがちだし、差別の対象となる有色人種が多い傾向にある。「誰にでもできる仕事」と思われているというのが、清掃職のステータスの低さの裏にある経済理論だ。

もし殺人ウイルスのせいでイギリスの経済全体が停止したら、ウォリックのニードホルン教授だって自分で自宅を掃除するだろう。いつもの家政婦がするほどちりひとつない状態にはならないかもしれないが、何とかなるはずだ。

掃除には専門的な訓練が必要ないと私たちは思っている。でもそれは私たちが機械ではなく人間だからだ。肉体に元から備わった資質のありがたみを私たちは忘れている。哀れなロボットの視点で考えてみてほしい。ポランニーのパラドックスによれば、コンピューターにとってはニードホルン教授宅の掃除のしかたよりも、教授が世界中の化石について知っている全知識を学ぶほうがずっと簡単なのだ。はるかに簡単だ。セリーナ・ウィリアムズがテニスコートで何を考えているかを逐一教えてくれたとしてもあなたがセリーナのようにプレーできないように、ロボットは説明を受けただけではニードホルン教授の自宅を掃除できない。

そもそも掃除とはかなり複雑な作業だ。

ある晩、ニードホルン教授は2階のベッドで本を読んでいる。読むうちに興奮を抑えきれなくなり、脇に置いていたティーカップをうっかり倒してしまった。熱い紅茶がベッド脇のテーブルに広がり、教授のブランケットや敷物にも流れていく。ここで、何か理由があって教授の母親がタイミングよく部屋に入ってきたら、母親は一瞬もためらうことなく3つの作業を同時進行で始めるだろう。

まずふきんを持ってきてテーブルにこぼれた紅茶を拭き、敷物にスポンジを押し当ててしみ込んだ紅茶を吸い取り、それからベッドのシーツをはがしにかかる。

敷物をこするときは、どのくらい力を入れたら綺麗になるかを本能的に感じとりながら作業する。これ以上こすると色落ちしそうだと気づいたらすぐに力を弱める。ほぼ無意識に。というより、教授にひとこと文句を言うのも含めて全作業をほとんど無意識に行う。ロボットにとってはこれは奇跡と呼んでもいいくらいだ。

マリア・シャラポワをストレートで負かすくらいの。


コミックスによく登場するロボット家政婦が今も夢のまた夢なのは、そういうわけだ。機械がここで直面するいちばんの課題は、家の中で起きる不測の事態。家を掃除するとなるとさまざまな状況が発生しうる。ロボットにただ「洗濯をして」と言ってもだめだ。そうさせたいならまずはどんな動きが必要で、多種多様なカメラとセンサーをどこに向けるかから教えなければばならない。靴下とパンツの違い、赤いふきんと白いシーツの違い、ウールと綿の違いも理解させなければ。

私たち人間は割と楽に不測の事態を切り抜けられる。地球という予測不可能な環境で20万年余り前から続いてきた生命体の末裔《まつえい》であることを思えば、そう驚きはしない。[9]

でも機械にはこの強みはない。現代の家を人間が満足できるレベルで清掃してくれるロボットよりも、自動清掃機能の付いた家を建てるほうがまだ現実味がある。そんな家を基礎部分から建てる作業は、家に合うロボットを作るというより、機械に合う家を作るほうに近い。床にさまざまなセンサーを仕込んだり、家具から適宜ほこりの量が管理装置に発信されるようにしたり。いろいろと工夫できそうだ。

予測不可能な部分に対応できないという機械の問題を軽減する手段として、私たちが昔から使ってきたのがこれだ。機械の「土俵」に、つまり機械のニーズに合わせてつくられた環境に機械を置いてやるのだ。それが「工場」である。そこではロボットは外界の複雑さに邪魔されることなく能力を発揮できる。だから今の経済でいちばん自動化が進んでいる領域が工場であるのは、ある意味当たり前だ。[10]

工場で行われる作業は、ロボットが人間から最も簡単に奪える仕事だ。この話は後の章で掘り下げる。特に、女性よりも男性のほうがロボットに仕事を奪われる可能性が高いという調査結果について。これもまた、ポランニーのパラドックスに戻る。機械は人間が工場でする作業を代行できるが、女性が家でする掃除はできない。となれば、将来、工場の作業よりも清掃業務のほうが取られる心配がないのかもしれない。男性が工場で、女性が家で働いているとしたら、状況がどう変わっていくのか見ものだ。

まあ、これについては別の章で。


肉体の話に戻ろう。ＡＩが思考能力に優れているが指を動かすのは苦手なら、技術を発展させようというときに私たちはなぜ、チェスなどよりも肉体的な課題のほうを優先しなかったのだろう？　機械が「難しい」作業（ガルリ・カスパロフを負かすなど）を習得できるなら、洗濯のような「簡単な」作業は放っておいてもできるようになるだろう、と考えたのだ。

そんなはずはないのに。

複雑な医療診断を下せるほどまでに機械は進化してきたにもかかわらず、ロボットは今でも地元のレストランのウェイター職に手間取っている。

それどころかロボットは、レストランに3歳児が2人解き放たれた場合に内装に及ぶ影響を予測するよりも、すい星の正確な軌道を計算するほうを選ぶだろう。3歳児のほうは、人間が無意識に対応している予測不可能な事態だ。

有名な話だが、ロボット研究者のハンス・モラベックは、進化自体がこの現象を説明していると書いた。ウェイターが使うスキルは一見とても単純に見えるが、それは人類が繰り返し訓練して磨き上げてきた地球で生き抜く技であり、何十億年分の進化のたまものなのだ。今の人間は、店内を縫って歩いたり、重さの異なるグラスをつかんで持ったり、床に水がこぼれていたら滑る危険性があると理解したりできる。見る、登る、自分のほうに飛んでくるボールが頭に直撃しそうだと無意識に理解する、などの行為を私たちは当たり前と思っているが、だからといって複雑じゃないわけではない。軽視されているだけだ。チェスや数学とは別ものだ。しかもチェスや数学の歴史はさほど長くない、とモラベックは述べる。

何十億年も前からしてきたわけではない数学やチェスを、人間はどちらかというと意識的に学んできた。時間割を組んでこつこつ勉強し、チェスのルールを説明してもらって。つまりその内容をコンピューターに説明することもできる。だから機械はすばらしいことに代数やチェスを習得できる。でも、だからといって経済活動すべてをこなせるようにはならなかった。できるだろうと私たちはなぜ思ってしまったのだろう？

ガルリ・カスパロフとディープ・ブルーとの対戦はわずか1時間の出来事だったが、メディアはやくから、人間の創造性とコンピューターの冷淡な計算能力との闘争、人間の存在に関わるといっても過言ではない、などと触れ回っていた。コンピューターに軍配が上がるなら、あっというまに顔のない機械の大群に支配されて人間は地位を落とすことになる。機械による支配を阻止しうる唯一の希望が、崩壊したばかりのソ連から神々しいよろいをまとってやってきたガルリ・カスパロフなのだ。これがその対戦に投影されたドラマだった。さて、どちらが勝つのか？　感情とひらめきで問題を解決する人間の能力か。それとも毎秒何百万行もの計算式を解く荒々しい力か。

負けたのはカスパロフだった。これを見て、あとは必然の結末に向かうのみだと嘆く人もいた。コンピューターがチェスでガルリ・カスパロフに勝てるなら、何でもこなせるようになるのも時間の問題だろう、と。
「チェスが強いとは、一般に知能が高いことの象徴でした。でもどうやらそれは間違った思い込みでした」と、２０１８年にカスパロフは書いている。私たちがカスパロフとディープ・ブルーとの対戦に大騒ぎしたのは、人間性は知性に宿ると考えていたからだ。そしてその知性とは、チェスで勝てる能力を意味していた。

でも機械が人間よりもずっとうまくやり遂げたのに大げさな結末で騒がれなかったケースも、数え切れないほどある。人間よりもはるかに多くの荷物を運べるフォークリフトが初めて作られたとき、誰も人間の時代に終わりが来るなどとごたごた言わなかった。コウモリは暗がりでも目がよく利く。だから50年後には人間を支配するだろう、と考えるだろうか？[11] なぜチェスで人間を負かせる機械はほかの能力もすべて身につけるはずだと思ったのだろう？

ここにジェンダーが関わってくる。

ロボット研究者のロドニー・ブルックスによると、ＡＩ研究者は昔から、知性とは「教養のある男性科学者にとって難易度が高い物事」をこなす能力だと見なしてきた。[12] だからコンピューターには数学の定理を証明したり複雑な代数に挑戦したりするタスクが与えられてきた。男性科学者が牛耳る世界では、そんなタスクに高い価値があるとされた。

でも、どうやらその世界はとても小さい。

私たちは「機械の人間」を作ろうとしたが、その「人間」の定義とは「合理的で保守的な男性」だった。コンピューターは「難易度が高い」活動のためにあり、それはつまり「男性」の作業。そんな「男性」のタスクをさばけるコンピューターなら、世界中のほかのタスクも間違いなく優秀にこなせるという結論だ。

でもこなせなかった。それに、私たちはこの障害物を長く飛び越せないでいる。

ここで気になるのはもちろん、AI分野に女性研究者がもっといたら何か違ったかどうかだ。AI技術の開拓者が白人男性教授ばかりではなかったら、清掃もチェスと同等に正当な課題として見られていただろうか？　そして技術はさらに発展していただろうか？

ありうる話だ。

今はポランニーのパラドックスに打ち勝つ方法があるが、それにはそれで限界がある。その方法とは、機械がひたすら訓練を繰り返して自身を教育する仕組みで、「機械学習」と呼ばれる。だが、機能させるには膨大な量のデータが必要で、これがまた問題を呼んでいる。今、世界にあるデータもまた、女性ではなく男性を基準とすることが多いのだ。

何にもまして、機械学習ではいちからのやり直しがしょっちゅう発生する。たとえばロボットに地面から瓶を拾う動きを自動で学習させたとして、次にコーヒーカップを拾わせるには原則としてはまたいちから学習させなければならない。当たり前だが、人間のやり方は違う。私たちは物を拾うという一般的な能力を、とても自然に別の物にも応用できる。

1歳児がおもちゃを持ってよちよちと歩き回り、落としてまた拾う様子を見てみてほしい。

おもちゃを床に落として、転んだり手探りしたりするだろうが、スコップを拾って学んだことを次にボールを拾う際に難なく応用する。ロボットがその様子を見たら、肉体知能の天才だと驚くだろう。

また、あなたが自動運転車に乗るとする。そのためには、自動車に道路標識を読むことを自動で学習させなければならない。機械が「一時停止の標識を見たら、一時停止する」という命令に従うには、まずはその標識がどんな見た目かを知る必要がある。

人間であるあなたは、赤い標識を見ればいい。でも自動車はアルゴリズムで制御され、そのアルゴリズムはたくさんのプログラムの塊を「見る」。徐々に理解してもらうには、画像を数式に分解して教えることになる。

では新品の自動運転車で田舎道をドライブするとしよう。自動運転をオンにして、日光が差し込む車内のシートでゆったりと休むことにする。突然、道端に道路標識が2つ現れ、制限速度が時速50キロから時速30キロに変わることを示す。ところが片方の標識に異変が起きていた。標識が破損したのか、テープが貼られていたのだ。ヘラジカの角で突かれたのかもしれないし、地元のティーンエイジャーが暴れたのかもしれない。人間なら、おおかたそのような事情だろうと感覚的に理解して、それ以上は特に注意を払わない。脳は深く考えることなく自動的に「時速30キロ」の標識を読み取る。でも自動運転車は考えることができないので、計算する。それはつまり、一片のテープがシステムに甚大な問題を起こすことを意味する。テープがちょっと文字にかかっていたせいで、アルゴリズムが不意に「時速30キロ」を「時速80キロ」と読み違えるかもしれない。自動車はのんきにも加速し、猛突進し、バーンと音を立てて激突し、あなたは急なカーブの外側に投げ出される。

「ポランニーのパラドックスだ！」と叫びたくなるかもしれない。まだ意識があればの話だが。そう、現実はチェスボードほど白黒はっきりはしていないのだ。これが機械にとっての問題の種になる。どんなときも人間は肉体を使って感じるのに対し、機械は一から十まで計算するからだ。だから機械には工場がいちばんお似合いなのだ。

自動運転車に関しても、私たちはほかの機械にしてきたことと同じ方式をとるだろう。自動運転車だけが使える特別な道路を専用の「土俵」として構築する。雪がまだらについた標識も、予測不可能な歩行者も、現実世界の問題すべてを避けて通るために。専用道路があれば、アルゴリズムで動く乗り物は人間が運転する乗り物の複雑さから切り離され、平和に移動できる。でもそうなったら、自動運転車と電車は何が違うのだろう？　そんな道路には別の名前が、そうたとえば「線路」のほうがお似合いなのでは？　まさに電車のような方法をとって個人用の乗り物で移動することは可能かもしれないが、今のところ自動運転車はそのような売り込まれ方をしていない。ＩＴ起業家たちは、自動運転車で今の自動車と同じように通常の道路を移動できると、社会を変えることなく、後部座席でゲームができるというおまけ付きで自動車に乗れると、請け合っている。そんな自動車は存在しないし、実現するかも怪しいものだと多くの人が思っている。

「ゾウはチェスをしない」とロドニー・ブルックスは言う。[13]　それでもゾウはものすごく賢い。

人間が作った最速のコンピューターよりも多くの点で賢いし、また別の点ではそうではないとも言える。要は、複雑なのだ。犬は飼い主が悲しんでいることを理解できるように見えるが、コンピューターにはそれは難しい。本当に賢いのはどちらだろう？　機械がガルリ・カスパロフにチェスで勝ったからといって、セリーナ・ウィリアムズをテニスで倒せるわけではない。セリーナはまた別の形の知性を表現しているのだ。肉体的な知性を。そのなかにも私たちを人間たらしめる要素がたくさんある。

　でもなぜか、私たちはそれをなかなか認めない。

　チェスは戦《いくさ》のゲームであり、四角いボードは戦場だ。6世紀のインドでチェスが発明されたとき、駒はすべて男性だった。４００年後にチェスがヨーロッパに伝わると、ようやく駒の1つがクイーンと呼ばれるようになった。当時はいちばん弱い駒だった。

　この唯一の女性が移動できる距離は、いちばん短かった。クイーンは一度に1マスのみ、それも斜め方向にしか進めなかった。15世紀に入るとそれが変わった。[14] 現実に即して、チェスボード上のクイーンの力も大きくなった。

　というのも、ヨーロッパの上流社会で突如、ロシアのエカチェリーナII世やカスティーリャ王国のイサベルI世など女性が目立ちはじめたのだ。チェスのクイーンは行きたい方向にクイーンの好きなだけ進める唯一の駒に変わった。いまやキングとは名ばかりで、ポーンに毛が生えた程度だ。それでも、チェスのプレーヤーは相変わらず主に男性で、チェスで求められる類いの知性は男性と結びつけられる。

言葉を変えると、思考する機械を作ることになった私たちはそれを男性にした。もしくは暗にそう見なすことで、人間が生き延びるために欠かせない数々の能力をないがしろにしてきた。そうした能力に「女性」とラベルをつけ、持っていて当然の能力と見なして構わないとした。機械だけではない。経済でも同じ。

テニスコートに立つセリーナ・ウィリアムズは、機械には真似できない類いの人間の知性をいちばん純粋な形で表現している。たしかに、機械でボールを強く打ち返すことは可能だろう。ロボットがテニスを上手くプレーできるようになる日だって来るかもしれない。テニスコートは結局、世界と比べればまだ予測可能な環境だから。でも問題はそこではないのだ。

問題は、私たちが世界をチェスボードのように見て、世界は合理的思想によって動かされていると決めつけたことだ。この誤った考えが軸とされてきたのには、私たちのジェンダー観が大きく絡んでいる。

作家デイヴィッド・フォスター・ウォレスは、男子テニスプレーヤーのロジャー・フェデラーについて有名なエッセイを書いた[15]。それには、フェデラーほどのエリート選手にとってスポーツは人間の美を表現する場にほかならない、とあった。男性だってたしかに肉体を持つのに、フェデラーはセリーナ・ウィリアムズに比べると「肉体に偏らない」見方をされる。結局のところフェデラーは白人男性でセリーナは黒人女性だ。２０１８年に『ヘラルド・サン』紙に掲載されたセリーナ・ウィリアムズの風刺画に対し、全米黒人ジャーナリスト協会が「不必要に黒人っぽさ」を強調した「人種差別的、性差別的な風刺漫画」と抗議した。[16] 黒人女性はこうしてしょっちゅう身体的特徴の枠内に差別とともに押し込められ、なぜか旧式で原始的と見なされる。

ウォレスは例のエッセイで、フェデラーの美について具体的にこう説明している――性別や文化的規範にいっさい縛られない美しさ。最高のコンディションでプレーしているときのフェデラーがテニスで表現するのは、ウォレスいわく、ユニバーサルな美しさなのだと。

偉大なプレーが生まれる瞬間、スポーツは、観る者に自身の体の存在を受け入れさせる。フェデラーのような偉大なプレーヤーは、この世界で体を伸ばし、感じ、見て、動くことが、純粋に体を使って問題に立ち向かうことが、どれほどすばらしいかを思い出させてくれる。赤ん坊が自分の手を上げて顔に触れられることに気付いた瞬間をイメージしてほしい。その感覚だ。大人がそれを感じるには、ロジャー・フェデラーが必要なのだ。

セリーナ・ウィリアムズもロジャー・フェデラーも、私たちには夢にすぎない動きをすることができる。でもこの夢が大切なのだとウォレスはいう。なぜか？　体とのつながりを意識することで、自分の人間らしさに触れられるからだ。

だがウォレスは、多くの男性にとってこれは居心地が悪くもある、とも書いている。肉体は己の弱さを思い出させるから。誰もが知るとおり、いつか死ぬのは肉体だ。それだけではない。いつか病気や老衰で周囲の人々に依存することになるのも、肉体があるからだ。それを突きつけられるのは不快なのだ。依存は男性のジェンダーロールにそぐわないから。

だから、ここまで見てきたとおり、肉体は数千年前から女性に紐づけられてきた。女性は出産、母乳、子宮からの出血をとおして、肉体の現実に男性よりも強く縛られていると見られてきた。女性は肉体であるべきなのだ。そうすれば男性がほかの何かになれる。今でも男性は、肉体を超越することが男らしくあることだと教えられる。一対の精巣は一対の卵巣と同じく肉体的なのに。今でも、男性らしさとは体という機械を制御する論理的思考力のようなものと見なされることが多い。反対に女性とは個の肉体に丸ごと押し込めることができる存在であると。

するとまた、家父長制が抱える悲劇に話が戻る。ジェンダーを2極に分けて定義する限り、人間とは何かを総体的に見ることは決してできないのだ。

デイヴィッド・フォスター・ウォレスはこうも書いた。多くの男性が、センターコートに立つロジャー・フェデラーを見たいと待ち望む一方で、スポーツの肉体的な美という感覚をそのまま素直には受け入れられない。だからスポーツを何らかの戦いに投影したがる。距離をとるというテクニックだ。

スポーツへの「愛」を語る男性は多い。でもその愛は、ほかの男性に受け入れてもらえるよう戦いという構文を通して表現しなければならない。男性は、順位やテクニック分析、ナショナリズムまたは同士愛などを通してスポーツを語ることで、実は無意識にスポーツに肉体的な美を求めているのを隠す。そして、競技の統計データについてすらすらと喋る、胸と胸をぶつけ合って喜ぶ、フェイスペイントをしてスタンドから応援歌を叫ぶなどといった行動に頼ることで、肉体を意識せざるをえないスポーツ観戦に、自分が思う男らしさをうまく融合させる。技術が男性イメージで構築されてきたのは、肉体の重要さを認めたくないという男らしさの理想があったから。

だから人間はガルリ・カスパロフを倒せる機械を作ったのだ。

セリーナ・ウィリアムズではなくて。

未来

FUTURE

9 エンゲルスがメアリーの言い分を聞かなかった話

これは1842年の話で、フリードリヒ・エンゲルスは22歳だった。若気の至りの急進主義からそろそろ脱してほしいと考えた父親は、今でいうドイツ西部の自宅からイングランド北部のマンチェスターへとエンゲルスを送り出した。[1] 当時のマンチェスターは繊維産業の盛んな工業都市で、若きエンゲルスは縫い糸用の紡績工場の事務所で2年間働くことになった。中間管理者としていい思いをすれば、わがままはやめて勤勉で保守的になってドイツに帰ってくるだろう。少なくともそれが父親の算段だったが、どうやら計算違いだった。マンチェスター行きは、友人カール・マルクスと現代の共産主義を築くきっかけになった。[2]

それまでのエンゲルスはいわゆる「シャンパン社会主義者」で、口では社会主義を唱えながらずっとキツネ狩りやロブスターサラダを楽しんできた。しかしマンチェスターに移るとそこは産業革命に巻き込まれた、「第一機械時代」の町。エンゲルスはそこで見る景色にロブスターサラダが喉に詰まる思いをすることになる。

新型の機械がイングランド北部にも行き渡り、産業化が猛スピードで進んだ時代だ。蒸気機関車、工場、組み合わせ煙突が煙を空へ吐き出していた。都会で新しい生活を手に入れようと、小さな田舎の家と自家生産品を手放す人々が増えた。技術が社会全体をうしろに乗っけて、荒っぽい運転で突き進んでいるかのようだった。誰も行き先をよく知らないまま。

経済学者は技術の発展が好きだ。イノベーションこそが全人類の生活水準を引き上げる、と考える傾向にある。これは、おそらく正しい。経済学者のヨーゼフ・シュンペーターは、資本主義とは「シルクの靴下を貴族のために増産するのではなく、工場で働く若い女性も買えるようにすること」であると述べた。[3] 女性従業員にも買えるようにしたいなら、間違いなく技術を発展させなければならない。

経済で生産性を高めるのはイノベーションで、それにより女性たちの賃金を上げられる可能性が出てくる。靴下を5足作っていた時間で20足作れるようになるからだ。

しかも、工場でいちばんつらくて危険な作業を機械に代わってもらえたら、女性従業員の半数は何か別の仕事ができる。社会が豊かになったら、従業員教育にも投資できる。あっという間に女性従業員の半分が繊維技術者に、もう半分がファッション誌の編集者になるかもしれない。何を選ぶにせよ、これがあるべき姿なのだ。

新しい機械を発明して、人間がやりたくない作業から解放してもらう。加えてその機械のおかげで金銭的に豊かになり、その新たな富が新しいものへの需要を生み出す――犬のトリミングサロン、輸入ものの陶磁器の花瓶、チョコチップクッキー。ここから犬の毛を乾かす仕事、ケーキを運ぶ仕事、陶磁器を売る仕事など、以前よりも豊かで賃金の高い仕事が生まれる。同時にシルクの靴下の価格は落ち（ずっと高スピードで生産できるようになるため）、わずかひと世代前は一握りの貴族が使える高級品だったシルクの靴下を工場の女性従業員が身につけられるようになる。これがおおまかなシナリオだった。当然ながら問題もたくさん付いてくる。エンゲルスがマンチェスターで痛烈に感じたとおり。

この未来の共産主義者エンゲルスは、マンチェスターの西にあるサルフォードで働いた。当時の彼はまだ、カール・マルクスに一度会っただけの揺れ動く急進主義者だった。しかしサルフォードの工場で、エンゲルスは政治意識の高い若きアイルランド人女性と恋に落ちる。彼女がエンゲルスの手を引いて第一機械時代を見せてまわるのだった。

というよりは、その時代の衝撃の犠牲を。

エンゲルスが見たのは、アイルランドからの出稼ぎ労働者が窓の割れた今にも崩れそうな家に住む様子だった。いやな臭いを放ち、みすぼらしい身なりをして、暗くじめじめした地下室で暮らす家族たち。[4] 工場内の空気があまりにほこりっぽいので血混じりの咳をする労働者もいれば、機械がぎゅうぎゅうに詰め込まれすぎているせいでときに労働者が体を巻き込まれる事故もあった。町を歩くと、体のどこかが変形した人をそこらじゅうで見かけた。膝が真逆に曲がっていたり、足首に巨大なこぶがあったり、背骨が不自然な角度に曲がっていたり。1日12時間働かされる子どもたちにも会った。作業についていけないとむちで打たれるという。川に行ってみれば、廃棄物とそこから出る黒がかった緑色のヘドロから恐ろしいほどの悪臭が漂い、組み合わせ煙突は煙という黒い雲で夏の日差しを覆い隠していた。

エンゲルスはまるで19世紀版のダンテかのように、非人道的状況の地獄ぶりのひとつひとつを見てまわった。そして見たこと全部を文章にした。自著『イギリスにおける労働者階級の状態』（岩波文庫、1990年）は、ドイツ人駐在員であり中間管理職でもある24歳の紡績専門家の視点から書かれた、ジャーナリズム要素をはらむ怒りの告発本となった。ちょうどロンドンで執筆スランプに苦しんでいたカール・マルクスは、マンチェスターのすさまじい状況描写を読んで激高し、そのエネルギーで再びページに向き合い代表作『資本論』を書き上げたという説もある。

やがてはマルクスとエンゲルスの名のもとで、歴史上最も残忍ともいえる共産主義の独裁者らの手で数百万人が殺されることになる。だとしても、若きエンゲルスは1840年代のマンチェスターで目にした悲惨な状況を無視はできなかった。第一機械時代が民衆にもたらした苦痛は、ぞっとするほど恐ろしかった。

何がいちばん酷いかって、やり方はほかにもあったはずなのだ。機械で人々の生活を壊す必要はなかった。子どもの労働、川への廃棄、12時間労働を禁止することだってできたはずだ。まともな住居を建て、医療保険を契約し、安定した雇用を生んで、火事用の非常口をつくることもできただろう。そうすれば数百万人の命を救えたのみならず、もしかするとエンゲルスの父親が失敗した、エンゲルスを革命論者にならせないという目標も叶ったかもしれない。

そうなっていれば、20世紀の流れは大きく違った可能性がある。この話から学べるのは、別の手段は常にあるということ。経済をどう構築するかを決めるのは技術ではない。人間なのだから。

私たちはいま「第二機械時代」に生きていると多くの専門家が言う。エンゲルスがその目で見た時代と少なくとも同じくらい激動の時代。[5] ロボットの普及でじきにほとんどのタスクを自動化できるようになるだろう。今すでにあるのは、人間の発言を理解し、反応し、情報を返すことのできるテクノロジーや、山のような法的書類を選別して人間が求めている情報を正確に入手できるアルゴリズム、飛行機のエンジン部品のスペアを作製できる3Dプリンター、メスを持たせたロボットアームを使ってリモート手術ができる外科医。

この新たなテクノロジーが経済全体にさざ波のように広がるまで少しだけ待てば、すべてが一変するだろう、と専門家は言う。第二機械時代に失業する可能性があるのはトラック運転手やファストフード店のレジ係だけではない。特許弁護士、経営コンサルタント、人事スペシャリストだって終わりを告げられる。今回、ロボットの手は中流社会の仕事のほうにも伸びている。[6]

これを受け入れるのは難しいかもしれない。たしかに、スマートフォンはますます高性能になっているし、自動で縦列駐車してくれる自動車がたくさん登場しているし、人間は政治危機に次ぐ政治危機に混乱させられっぱなしだ。でも、産業革命？　いままでの暮らしが終わる？　どう見ても、エンゲルスが1840年代に目にした状況といまとでは、根本的性質が異なるのでは？

これは、あなたが住んでいる場所による。

産業革命は最初に地方に局地的に訪れる傾向がある。経済学者のカール・ベネディクト・フレイはこう指摘する。[7] イングランド南部の州を舞台にしたジェイン・オースティンの小説には、花柄のティーカップを挟んで互いに結婚を申し込み合うような田舎の上流社会が描かれているが、そのわずか100マイル先のノーサンプトンシャーでは紡績業界全体が崩壊の瀬戸際にあった。また、2016年11月、ドナルド・トランプがアメリカ大統領に就任したニュースを聞いて飛び起きた人は多いだろう。いったいどんな社会的不和を私たちは見逃していたのだろうか。

ロボットは間違いなくそのひとつだ。経済学者はすぐに、2016年にドナルド・トランプに投票した州とは、ほとんどの仕事が機械に取って代わられた州でもあると指摘した。[8] 近年、高給の仕事や資本の大半が徐々に大都市に集中する一方で、ほかの地域はどうにでもなれと放置されていた。まさにそうした地域がポピュリズム政党に投票することで恨みを晴らす姿も目にしてきた。もしこれが本当に第二機械時代の幕開けなら、私たちの経済と生活は永久に変わるのだろう。

唯一の疑問は、どんなふうに?

なかなか有力な分析結果に、経済は3つの階層に分かれると仮定したものがある。1層目がエリートだ。すでにとても裕福な人たちは、意外でもなんでもないが、技術の進歩を利用していっそう富を築く。そうして残りの2層を、経済的にも社会的にも、さらには生物学的にも引き離すだろうと未来論者は予想している。テクノロジーを自分自身にも適用できるようになるかもしれない。自分の体をバイオハック（操作）できるいわばスマート人間になり、永遠の命を得たり壁の向こうを透視したりする。その結果、富裕層はその他の人間とは一線を画し、人間の生物学的な運命まで永久に書き換えることになるだろう。

少なくとも裕福な人間の運命を。

エリート層のすぐ下に位置する2層目も、そこそこ良い暮らしをすることになるだろうと未来学者は見ている。エリート層にさまざまな個人向けサービスを売って生計を立てる人たちがこの階級に当たる。ピラティスのインストラクター、カップル向けセラピスト、私立学校の教師、スタイリスト、ライフコーチなど、エリート層のために働く人々が社会の中産階級を成し、エリート層はこの階級に費やす財産を有り余るほど持つ。

それから3層目だ。ややこしくなるのはここから。今の仕事をロボットに取られる人々全員がこの階級に入る。[9] タクシーを運転していた人、新聞・雑誌を販売していた人、契約書を書いていた人、倉庫でピッキングをしていた人。彼らが労働市場で行っていた作業を機械が代わりにできる、それも人間よりずっと効率的に安くできるという身も蓋もない事実によって、経済に必要とされなくなる数え切れないほどの人たちだ。

このようにして何十億人もが永久に職を失うだろう。彼らは単に必要とされなくなる。世界のどんな成長ももう彼らに仕事を生みはしない。未来論者のユヴァル・ノア・ハラリは、この人々を「無用者階級」と呼ぶ。では、もう必要ないと言われた人々をいったいどうすればいいのだろう？　近年これは、参加費が1万ドルするような未来がテーマのテックカンファレンスで、大きな懸念事項として話題に上げられている。[10]　億万長者たちがこれに聞き入る。

経済に必要とされなくなった人たちは実際どうやって生きていくのだろう？　行儀良く家にこもってゲームをして過ごすだろうか？　それとも、恐ろしいことに、反乱を起こすだろうか？　干し草用フォーク片手にシリコンバレーを行進する？　政治手腕を持たない政治家や、テック企業も税金を納めるべきだと主張する政治家に投票するのだろうか？　「無用者階級」の人々は街中で暴動を起こし、エリート層の空飛ぶ車を破壊するだろうか？　そうなればエリートたちは、自給自足が可能で環境にやさしく、屋根には太陽光パネルが並んで玄関には武装したロボット警備員が立つ防空壕に引っ越すことを余儀なくされるのだろうか？　もちろんこの防空壕は注文すればいい。長期間そこに閉じこもるのはおもしろくないが。農家が苦しいあいだは宮殿は安全ではない、というやつだ。

だから、著名なテック系億万長者たちが最近次々に、ユニバーサル・ベーシックインカム（UBI）の考え方を受け入れはじめているのだ。[11]　UBIとは、働いているか否かに関係なく全国民が毎月一定の収入を国から保証される仕組みである。経済にとって何百万人もが「不必要」となるなら、彼らが少なくとも飢えることのないよう金銭を支給するのが最善策だろう、という発想だ。うまくいけば革命も起こらないはず。言い換えれば、エリート層は放っておいてもらうためにしぶしぶ金を払う。UBIをやるから、バイオハックした体とロボット召使いの軍隊を持つ僕らをそっとしておいてくれないか。どうか頼むよ。

第二機械時代は社会を3階層に分断するというシナリオのさまざまなバージョンが、近年、繰り返し話題に上がる。どう行動すべきかについては意見が割れるかもしれないが、第二機械時代は史上最大規模の大量永久解雇を引き起こすという筋書き自体はみな似通っている。しかし、本当にそれほど大勢が経済に「不必要」になりうるのだろうか？　これを考えるには、第二機械時代に関する議論から抜け落ちがちな、ある視点に注目する必要がある。女性の視点だ。


では、フリードリヒ・エンゲルスが1840年代のマンチェスターを見て執筆した本を開いてみよう。若きエンゲルスは、以前自分宛ての手紙に書かれていた話をそのまま載せている。こんな話だ[12]。

むかしむかし、ジョーという名の男がいた。ランカシャー地方を旅していてマンチェスターのはずれにさしかかったので、ジャックという昔の知り合いを探してみることにした。人々に尋ねてまわり、なんとか居場所を突き止めたが、何かがおかしい。ジャックは、湿っぽい地下にある、家具のほとんどないワンルームに住んでいた。ジョーが中に入ると、暖炉の前にジャックが座っていた。そこで彼のしていたことといったら！

ジャックはなんと足乗せ台に腰掛けて妻の靴下を繕っていた。ジョーは衝撃のあまり卒倒しそうになった。ジャックは屈辱を感じてとっさに靴下を背に隠そうとしたけれど、遅すぎた。

「ジャック、いったい何をしてるんだ？　嫁さんはどこだ？　なぜ、それを君がやっている？」

ジャックはその恥じるべき行為を認めるしかなくなった。鼻をすすりながら、自分が靴下の修繕などするべきではないとはもちろんわかっている、と話した。ただ、かわいそうな妻のメアリーが一日中工場で働いているから。朝5時半に家を出て夜8時まで帰らないうえ、帰ってきたらあまりに疲れ切っていて何もできないほどなのだ、と。だから3年以上職のないジャックが家事とメアリーの世話をしてやらなければならない。ランカシャーに機械がやってきてから、仕事があるのは女と子どもだけなのだ、とジャックは嘆いた。

「男向けの仕事を見つけるのはな、道端で100ポンド札を見つけるより難しいんだよ」

そう言ってジャックは悲痛の涙を流した。

「嫁の靴下を繕うような酷い姿を君や誰かに見られるなんて、あってはならねえことだ。でも嫁はもう立っているのもやっとで。じきに首になるかもしれねえと思うと不安で、そしたら俺らはどうなるか」

そして、町に機械がやってくる前の暮らしについて語りはじめた。ジャックとメアリーは小さな田舎家も家具も持っていた。当時は男性であるジャックが働きに出て、女性であるメアリーは家にいた。

「でも今じゃ世の中は正反対だ。メアリーが働きに出て、俺は家で子どもの世話をして、掃除と洗濯、料理に修繕さ」とジャックはすすり泣いた。「ジョー、お前にわかるか？　前とちがうのがどれだけ辛いかよお」

ジョーはもちろんわかるよと答え、暖炉の前に座るジャックを悲しげに眺めた。友人の悲劇に強く心を揺さぶられ、だからこの再会について手紙に書いたのであり、それが最終的にフリードリヒ・エンゲルスの手に渡ったのだった。

ジョーは機械を恨んだ。工場主と、自動化を許した政府を呪った。この話を、フリードリヒ・エンゲルスは修辞疑問の形で締めくくっている。「これ以上に正気の沙汰でない状況が、はたしてありうるだろうか？」

機械は「男性を女性化し、女性からは女性らしさを根こそぎ奪う」経済をつくった、とエンゲルスは主張した。事実、ランカシャーではジャックたちのような一家はまったく珍しくなかった。第一機械時代には、何かが新たに発明されると賃金の良い仕事が生まれていた。たいがいは男性向けの職だった。やがて、製造に以前ほど体力が求められなくなったので、工場は女性と子どもを雇いはじめた。女性と子どもの価値は男性と同等と見なされず、つまり男性の賃金の3分の1で雇うことができたから。男性が突然収入を失い、それを埋めるために妻と子2人が工場で働かなければならなくなった。そのあいだ男性は家に取り残された。

暖炉の前で泣きじゃくる無職の男性をエンゲルスがどう描写したかが興味深い。エンゲルスの著書では、人物に焦点を当てるというより、ジャックが感じた絶望が何よりも前面に押し出されていた。男性としてのプライドを奪われ、人生の方向性を見失ったのだ。エンゲルスは読者にその憤りを感じてほしかった。

そして多くの読者が憤った。

ジャックの心が痛むのはもっともだし、ばかにできる要素はひとつもない。男性らしさの侵害はゆゆしき問題だ。暴力、自殺、一家の悲劇を生むもとになる問題である。プライドの崩壊と絶望感の悪循環をつくりながら、代々受け継がれる精神的な傷をつける力を持った現象だ。男性だってジェンダーロールを果たさなければならないし、男性だってそれに苦しんでいる。

技術の進歩は、ジャックに価値を与えていたものをすべて奪った。働いて家族を養わなければ本当の男とはいえない、とジャックは生まれたときから言い聞かされてきた。それを信じていた。命ぜられたとおりにやってきた。でも、そこに機械が来て真の男性でいる機会を奪い去った。「真の」男性になれないのなら、もはや何者でもない。

少なくとも、ジャックはそう信じ込まされて生きてきた。

ジャックが機械を破壊したくなったとしても、もしくは湿っぽい地下室でメアリーの靴下を膝に載せ、苦々しげに機械を呪ったとしても、何もおかしくない。町を襲った産業革命に人生を破壊されたのだから。タイムマシンで未来からやって来た経済学者に、ジャックの仕事を奪ったまさにその発明が最終的には社会を繁栄させるのだよ、と言われたとしても慰めになんかならない。タイムマシンから飛び降りてグラフや図を証拠に見せてくれたとしても、第一機械時代の技術の進歩のおかげでジャックの孫の子がヨガインストラクターや経営コンサルタントとして生計を立てられるのだと説明されたとしても、ジャックは納得がいかないだろう。

技術革新が社会に適さない方法で進められた場合、たくさんの人々の生活が破綻に導かれる恐れがある。その技術が成長につながり、ずっと後の世代になって富をもたらすのだとしても、犠牲になる当事者たちには何の慰めにもならない。それがジャックであり、エンゲルスの激烈な怒りの理由だった。

ただ、エンゲルスが抱かなかった疑問がある。それもものすごく基本的な。ジャックの思いについてはよくわかったが、ではメアリーはどう考えていたのだろう？

わからない。

ジャックが家で靴下を繕うあいだに自分が長時間労働するという状況を、メアリーは嫌がっていただろうか？　それとも受け入れていただろうか？　メアリーには毎晩、夫に向かって微笑んでゆっくりとまばたきをして、傷ついた男らしさを再び燃えたたせてやる余裕はあったのだろうか？　それとも夫を軽蔑しただろうか？　その場合は陰で？　それとも面と向かって？それとも、家族の新しい序列もそれはそれでよしと思っていただろうか？　できればもう少し収入があれば、またはジャックがもう少し明るくなれば、それはそれでよしと？

まったくわからない。

エンゲルスはメアリーには何も尋ねなかったから。

第一機械時代、ジェンダーとジェンダーロールが根本から揺らいだ。第二機械時代でもそうなるだろう。問題なのは、新しい技術が到来したときにジェンダーロールの側面を考慮しないことだ。ロボットが労働市場に与える影響についてなら議論に次ぐ議論を重ねるが、ジェンダーの話題には基本的には見向きもしない。私たちのジェンダー観によって、労働市場の構造は根本から変わるというのに。女性がこれをして男性があれをする、というのが今の経済の構造だ。誰もそう望んではいないとしても。

女性には基本的には女性同僚が多く、ほとんどの男性は男性同僚を多く持つ。ヨーロッパでは、雇用されている女性の69％が、6割以上が女性の業界で働いている。ドイツでは、全男性の69％が、同僚の7割以上が男性の業界で働いている。アメリカでは小学校と中学校の先生、看護師、秘書の80％が女性だ。[13] スウェーデンはヨーロッパ随一のジェンダー分離の強い国で、スウェーデン人女性の16％超が、女性が9割を占める職に就いている。女性が子どもを産もうものなら、分離はさらに広がるばかりだ。柔軟性の高い（よって賃金は低い）職に就く女性がさらに増え、一方で男性はその逆を選ぶ傾向にある。

少なくとも選べる人はそうする。

当然ながら、どの職業に女性または男性が多いかは、場所などで変わる。たとえばナミビアとタンザニアでは、ノルウェーと比べて女性の電気技師の割合が非常に高い。[14] でも一般的な話をすれば女性はサービス業に、男性は製造業に多い傾向がある。[15] それもあって2020年のパンデミックでは女性にいち早くウイルスがまん延した。レストラン、ヘアサロン、マッサージのクリニックなどは閉店を余儀なくされ、たくさんの女性が職を失った。1970年代以降の不況は、深刻な影響が女性よりも男性に及びがちだったために「マンセッション（男性不況）」と呼ばれてきた。でも今回の不況は違う。なぜって、女性が多く属する経済から始まったからだ。

労働市場はきれいにジェンダーで分かれている。労働市場をひっくり返すような第二機械時代が今訪れていると仮定するなら、その影響にもジェンダーが絡むはずだ。どのように絡むかが問題である。

近代の流れをまとめるならこのようになるだろう。約300年前に人間は突然、力で(釘を打つ、何かを持ち上げる、引っ張る、動かす、引きずるなどの作業で)人体に勝る機械をつくり始めた。これが第一機械時代。結果、人間の物理的な力は労働市場では前ほど重要ではなくなった。だからジャックはある日からメアリーの靴下を繕うしかなくなった。腕っぷしの強い男性が、女性や子どもでさえも操作できる機械に取って代わられたからだ。

ジャックの当時の経済状況はご存じのとおりだ。18世紀に数々の発明がなされたにもかかわらず、給料には長いあいだ変化がなかった。新たな繁栄が訪れて何年か経っても、一般人の生活水準向上にはつながらなかった。むしろ逆だ。工場主たちは「大勢の賃金労働者の貧困のうえに富を築いた」とエンゲルスが革命的な力作に書いたが、これが純粋な事実だった。[16] イングランドの飛躍的な成長の裏で、国民は貧困にあえいでいた。

1800年代の最初の40年間、これが続いた。この期間はのちに、エンゲルスに敬意を表して「エンゲルスの停止」と呼ばれるようになる。

やがてその停止状態に終わりが訪れた。哀れなジャックはおそらく無職でみじめなまま、じめじめした地下室で死を迎えただろうが、ジャックの孫は職を得た。ずっと賃金の高い、ずっと良い仕事を。ジャック世代の悲痛な時代に投入された新技術は、危機に追いやった職業の数と同じくらい新しい職業を生んだ。ジャックの孫は家事をしたり靴下を繕ったりする必要はなかった。むしろ、キャリアを築いて快適な郊外に大きな一軒家を買うことができ、ジャックが夢にも見なかったような生活を送った。やがて経済成長がさまざまな面に好影響を与えだすと、男らしさの危機だけでなく、たくさんの問題が解決に向かいはじめた。

貧困状態を抜け出す家庭が徐々に増え、機械がもたらした新たな豊かさを享受する国が増えていった。社会はその豊かさを公的医療や教育に投資し、それがまた成長を促進した。そして現実離れした世界が少しずつ実現しはじめた。ジャックの子孫は手ではなくエクセルを使って働くのだ！「ナレッジ・エコノミー」と呼ばれる時代が幕を開けた。人間が労働市場に差し出すのは筋肉ではない。頭脳だ。「我持ち上げる、故に我に職あり」から「我思う、故に我に職あり」に。この分担に人間は満足していた。重い物を持ち上げるのは機械の仕事、考えるのは人間の仕事。ところがそこに第二機械時代がやって来た。

またすべてがひっくり返る気配がする。こうして物語は続く。

人工知能について言うなら、おそらくすぐに人間に優《まさ》る思考能力を持つようになるだろう。だから私たちは焦っている。経済で人間が価値を持つのは頭脳があるからだとしたら、そして電気頭脳がじきに人間の頭脳をしのぐとしたら、人間に残る価値はなんだろう？　人体と機械を合体させて、頭の中でグーグル検索できるようなバイオハック済みサイボーグになれとでも？

その人が経済的にどの程度成功するかはＩＱテストや学校の成績では測れないと、昔からわかっている。[17] 何か別の要素が関わっていることは間違いない。[18] それが何であろうと、機械はそれも真似できるのだろうか？

実はこの「別の要素」のうち非常に多くが、機械にとっては真似るのが難しい。たとえば感情知能、人間関係を構築したり他人の意図を読んだりする能力、相手とのあいだで起きていることを理解し、それに対処する能力。他人の最高の能力を引き出す力や、グループ内で実は何が起きているかを理解する力も。どれも私たちが「ソフトスキル」と見下したような呼び方をしている能力ばかりだ。男性の未来論者には、機械が人間のＩＱを超えたら人類の時代はそこで終わる、と自信たっぷりに断言する人が多い。でも、「ナレッジ・エコノミー」はいつだって、その未来論者たちがさして注意を向けてこなかったたくさんの「別の要素」を基盤にしてきた。「リレーションシップ・エコノミー」や「ケア・エコノミー」のような。

経済をまわしているのは、人間の肉体的な強さと合理的思考力だけではない。ケア労働、信頼の構築、他者のニーズの理解、多様な状況や人に感情面で寄り添うことも、見えにくくとも経済の一部だ。ほぼすべての職業において重要なスキルとも言える。それなのに私たちは「ソフト」なスキルを軽視する傾向にある。なぜなら女性的と見なせるからだ。

同じことが労働市場にもいえる。人工知能がついに人間をしのぐ合理的思考力を手に入れたときに人間に残されるのは、これまで私たちが怠惰に「女性的」とラベル付けしてきた資質だろう。そのラベルのせいで経済的に見下してきた資質。
実際にロボットはどの程度の職を奪うのかという話になると、経済学者の意見は割れる。47%という調査結果もあれば[19]、9%という意見もある。[20]ばらつきは大きい。[21]
とはいえ、機械が前進しづらい領域はどこか、これ以上の進出が厳しそうな業界はどこかに関しては、学者たちの意見はある程度一致している。[22]
経済学者は主に3つの領域を挙げている。1つ目は、第8章でも触れたが、人間がほぼ無意識にできる肉体的な動作にロボットは苦戦する。つまり、ポランニーのパラドックスは労働市場に影響を及ぼす。ガルリ・カスパロフの知能は、セリーナ・ウィリアムズの知能よりも自動化しやすい。
2つ目は、人間が持つ創造性が機械には欠けている。今後の数十年でどんなテクノロジーが使えるようになるかは誰にもわからないが、現時点では創造的思考が多少なりとも必要な作業においては人間がロボットに勝る。毎日どんな作業をしているかを簡単な言葉では説明できないなら、その仕事は自動化の危険ゾーンにはたぶん入っていない。
機械が苦戦すると思われる3つ目の領域は、感情知能を要する作業だ。人間の感情は、労働市場で非常に重宝されるスキルの源である。よって他人の世話をしたり、説得したり、やりとりしたりする人は比較的安全な位置にいると思っていい。看護師、幼稚園の先生、精神科医、ソーシャルワーカーなどはすぐには機械に取って代わられないだろうと、数々の経済研究が示《し》唆《さ》している。[23]

ただしこれは、ケアなど主に女性が働く業界にロボットやＡＩが入り込む隙はないという意味ではない。たとえば、最新テクノロジーは高齢者にこれまでにない形の自由を与える可能性が大きい。企業が宣言しているとおりに自動運転車が実現したら、高齢者は市民菜園、孫の家、木曜夜のビンゴの集いなど、短時間であちこちに移動できるようになるだろう。視力も反射能力も昔とは違ったとしても。

高齢者ケアへのロボット導入だってディストピア的な悪夢（チカチカ点滅する機械２台を前に孤独な老人たちがゾンビのように座っている）になるわけではない。正しく使えば、テクノロジーはたくさんの高齢者に自立と尊厳を与えられるはずだ。知らない人よりもロボットに排泄介助されるほうを好む人だってそれなりにいるだろう。毎回ロボット医師に診察されるのは嫌だろうが、パンデミックのような場面ではかなり有効に使えるはずだ。ただ、新聞販売業者や鉄道駅並みに完全自動化された病院は、想像するのが難しいという話だ。質の高い保育なども人間でないとできないだろう。

この理由から、ロボットに仕事をとられる可能性は女性メインの業界よりも男性メインの業界で大きいと、近年、数多くの経済研究が示している。[24] 実際にいくつもの分析結果を見ても、業界を女性が占めているほどロボットに役割を奪われるリスクは小さくなる。

さあここでジャックとメアリーの話に戻ろう。

歴史をとおして、女性は男性以上に、経済的に生存できるかを人間関係に握られてきた。経済的に自立する機会を男性と同じようには得られないため、多くの女性が社会的な繫がりを構築し、育み、維持する能力に頼って生きる。最新の機械が最も苦戦するらしい領域で結果的に女性が多く働いているのは、そういうわけだ。

いまが本当に第二機械時代だとして、ある日機械が突然社会を襲い、銀行業や建築業など何でも構わないが男性の仕事を奪うと仮定しよう。すると私たちがかつて「女性的」と呼んだ仕事の多くが、激しい取り合いになるだろう。医療、高齢者ケア、保育は変わらず必要だから。そうなると経済の「無用者階級」に入るのは職を失った男性たちになるのだろうか？　仕事を維持し、機械よりも競争優位に立てるスキルである感情とケア領域を専門としながら、新たな経済時代をさまざまな方法で形づくっていくのは女性になるのだろうか？

職を失ったジャックは湿っぽい地下室に座ってジョーダン・ピーターソン〔共感や人間関係の研究者〕のYouTubeを見るのだろうか？　メアリーがブレネー・ブラウン〔心理学者ユーチューバー〕の「リーダーシップスキルとしての傷つく力」について学ぶあいだに？　第二機械時代へようこそ！

これが男性未来論者が見過ごしてきた、現代の技術革新の行く末かもしれない。未来の経済問題の本質はもしかすると、女の子がプログラミングを学べと言われないことや、男の子が他人の世話をしろと言われないことではなくなるかもしれない。

興味深いのは、ロボットが苦戦するであろう仕事の多くが、労働市場での価値があまり高くないとされている点だ。ケアの仕事がどの程度支払われているかを思い出してほしい。最も不安定な部類に入り、労働市場全体のなかでもあからさまに最低賃金に近い仕事だ。

人間を相手に働く人は、数字やエンジンを相手に働く人よりも稼ぎが少ない。この経済の基本原理がこれから変わるのかどうかが疑問だ。数字が絡む仕事のほとんどを機械が担うようになり、車のエンジンは3Dプリンターなどで作れるようになったら、人間を相手に働く人の地位は高くなるのだろうか？

フェミニストはもう何年も前から、ケアの仕事の価値をもっと高く見るべきだと主張してきた。ひとつは、助産師が銀行員の4分の1の賃金で働くのに合理的な理由はないから。もうひとつは、ケア業界に広く共通する賃金の低さが、女性の収入が男性の収入を下回る大きな一因だからだ。OECD加盟国では、医療ケアと社会福祉の分野で働く4人中3人が女性である。女性2000万人に対し男性が630万人という比率だ。しかもその業界内でも、女性のほうが低賃金の仕事に就いている傾向がある。

スカンジナビア半島の国々は、ほかのどの国よりも意欲的な男女平等施策を掲げてきた。スウェーデンはGNP（国民総生産）のうち、アメリカが軍事費に充てるのとほぼ同じ割合を養育手当と保育費にまわしている。それでもスウェーデンの男女間賃金格差は、広範な男女平等施策を導入していないヨーロッパの国々と大して変わらないし、そもそも30年以上前からほとんど横ばいだ。

つまり、家庭生活とキャリアを組み合わせる手助けをするという意欲的な政策措置だけでは、女性が社会のあらゆるレベルで前進できるようにはならないようだ。もっと別の何かが、女性を経済面で阻害している。保育園不足だとか、おむつ替えをしたがる父親がいない、などではない何かが。

それは、一般に価値が高いと見なされるスキルと、経済で軽視して良いと思われているスキルが存在することだ。

この問題から抜け出す策は2通りある。男性中心の業界にもっともっと女性が参入するべき。たとえばケア業界という女性専用の貧民街をうろつくのをやめ、人事スペシャリストではなくエンジニアになる勉強をするべき、というのがひとつ。さまざまな専門職の価値を決める方法を根本から変えるべき、というのがもうひとつだ。

1つ目のほうはとてもシンプルだ。若い女性にプログラミング、建築、計算、金融を教えよう。唯一の問題は、プログラマーや秘書を見るとわかるように、女性が増えると往々にして業界の地位が下がることだ。[25] 高給の仕事を男性が総取りしてきたことではなく、男性が業界を占めるから高給になるという点が問題なのだ。

よって2つ目の戦略に頼ることになる。男性、女性、そして経済的な価値についての観念から完全に脱することを目指す。こっちのほうが複雑だ。このうえなく。なにしろ、どんな製品を発明するかから経済をどう構築するかまで、ジェンダー観がどれだけのものを妨げうるかは見てきたとおりだ。でも、実はここでロボットの手を借りることができるかもしれない。第二機械時代の副次的効果として達成できる可能性があるのだ。

ロボットはケア、感情、人との関係が不得意なので、これらはまさに人間が専門に担える分野になる。つまり機械は、自動車を飛ばしたり、伝線しないシルクの靴下をつくったりするだけでなく、数千年の家父長制の序列をひっくり返すかもしれない。第二機械時代がもたらすものはそれなのだろうか？　未来が文字通り女性のものになり、ハイテクで人間関係を基盤とする母権制社会が始まるのだろうか？　感情面の能力の開発を拒む人は経済的に取り残される世界？　職を失ったがブレネー・ブラウンの講義を聴きたくはない男性は、ユニバーサル・ベーシックインカムをもらい、暗い地下室から女性政治家に嫌がらせメールを送って日々をやり過ごすしかないのだろうか？

いや、少し先走りすぎた。

経済研究を見直してみると、第二機械時代で必ずしも男性のほうが大打撃を受けるというわけでもなさそうだ。たしかにケアや社会福祉、教育業界には女性が多いし、これらの業界の自動化はおそらくほかよりも難しいだろう。でもプロセス主導の仕事にも男性より女性が多い。たとえばスーパーのレジ係や企業の受付などで、ほとんどの経済評論家がこうした仕事は自動化可能とみている。つまり、多くの女性が職を失うということだ。よって第二機械時代、少なくとも初期段階では、男性よりも女性の失業者が多く出ると予測した研究結果がいくつもある。[26]

それでも、もしそうなったとしても、失業した女性たちはほかの選択肢を選ぶだろう。スーパーのレジ係をクビになった女性と、たとえばトラック運転手をクビになった男性とでは、前者のほうがケア業界に移るハードルはずっと低い。ジェンダーロールがここで突如、経済の主要課題となる。第一機械時代でそうだったように。要は、男性のジェンダーロールと産業革命がフルスピードでぶつかるとき、技術の進歩を妨げて大規模な社会的緊張状態を引き起こす危険性がある。人類にとっては初めてではない。ジャックに聞いてみたらいい。

政府がある日、解雇されたトラック運転手20万人に病院スタッフになるための再訓練を施すという、政治課題を抱えたとしよう。輸送業界のほぼすべての仕事が機械に奪われ、一方でケア業界は引き続き人間の労働力を求めている。この場合に適切な政策は何だろう？

政府が頭を絞っているあいだに、新しく人民主義の政党が立ち上がる。党首は、何としてでもトラック運転手の仕事を守り、男性国民のプライドに傷がつかぬようにすると約束した。エンゲルスが１８４０年代にジャックを通して描いた苦痛が思い起こされる。機械に仕事を取られたので、経済的に生き残るには「女性」となるほかない。これは男性にとって最低の仕打ちだと幼い頃から教わってきたのに、という絶望である。たくさんの男性がこう感じているなら、それは決して平和、平穏、社会的安定を実現する手段とはいえない。

でもここまで大げさに想像しなくてもいいのかもしれない。ほとんどの仕事はおそらく完全自動化はされないだろう。「仕事」とは均質なものではなく、基本的にはいろいろなタスクの集まり。それぞれに役割を持った人たちが平日9時から5時までのあいだに実施する雑多なタスクである。たとえば弁護士。いま弁護士と呼ばれる人たちが担う仕事がこれからもずっと変わらない保証はない。

あなたの職業で、過去数十年のあいだにコンピュータープログラムが代わりにやるようになったタスクを思い浮かべてみてほしい。20年前のオフィスで、20年後も変わらずしているとは夢にも思わなかったタスクもあるだろう。ATMの登場とともに、銀行の現金出納係は札束を数えるのをやめたが、職業自体は残っている。ただ変化しただけ。そう思うと論点は、技術が仕事を完全に奪うかどうかではなく、技術が仕事の内容をどのように変えるか、であるべきだろう。

放射線科の医師を例にとってみよう。人工知能（AI）がすでに人間を凌駕《りょうが》する領域である。[27] AIは、たとえばレントゲンを見て正しい診断を下すことが非常に得意だとわかっている。でも、そのせいで放射線科医師の仕事は犠牲になっているだろうか？　いいえ。給与が急激に下がっただろうか？　いいえ。[28]

レントゲンなどの医療画像を読み解くのは、放射線科医師の仕事のほんの一部にすぎない。彼らは高度な手術を執刀するし、たぶんもっと重要な業務として、どんな放射線科医師も勤務時間の大部分を他者とのコミュニケーションに費やす。専門家として結果をほかの医師に説明するというのも彼らの重大な役割で、ますます専門性の高まる技術と組織内のほかの人たちの架け橋として機能している。第二機械時代がついにやって来たとしても、私たちを待ち受けている運命は、このようにちっとも過酷ではないかもしれない。ロボットにできそうな単調な作業から解放され、他人と関わる作業に否が応でも特化できるだろう。人間らしさと専門知識を併せ持つ人は労働市場でますます引っ張りだこになり、「ソフト」スキルを重要視する職種は増えつづけるだろう。

これがあまり大げさではないほうの未来予想図だ。でもこれもジェンダーの側面なしには語れない。このシナリオで必須条件となる感情スキルと社会スキルは、多くの男性が教え込まれてきたジェンダーロールとは一致しない。結果、男性ジェンダーロールを叩き込まれて育った男性たちは、労働市場で新しい役割を見つけるのに苦労する可能性がある。新しい技術で社会を変えるには仕事のしかたもそれに合わせて変えなければならないが、ここで男性のジェンダーロールの現状が障害となる恐れがある。ケア労働者として再訓練されるのを拒み、代わりにジョーダン・ピーターソンの動画の前ですねているだけのジャックが生まれる。

あるいは、もしかすると真逆のことが起きるかもしれない。ジェンダーロールの移り変わりやすさも人間は目にしてきたではないか。「コンピューター」の職は、黒人女性がメインの低賃金の任務から、白人男性の頭脳をもってのみ理解できる社会的地位の高い領域へと移り変わった。第二機械時代ではいわゆる「ソフトスキル」にも同じような変化が起きる可能性はある。

歴史は都合よく書き換えられる。私たちの孫は「感情知能」、「直観力」、「誰かの世話をする素質」も、少なくともイエス・キリストが弟子たちの足を洗った聖木曜日からずっと人間に備わっている能力だ、などと教わるのだろう。もしかすると将来、高収入で男性だらけのケア業界を目指そう、と女の子に勧めるのんきな絵本が出てくるかもしれない。ありえないと大笑いしているかもしれないが、「人体をバイオハックして思考をクラウドにアップロードできるようになる」のと同程度にありうるシナリオと言われて、否定できるだろうか？

言いたいのは、第二機械時代を理解しようと思ったらジェンダーのことを考えなければならないということだ。労働市場はジェンダーありきで構成されているという認識なしには、テクノロジーが労働市場に与える影響を議論できない。

メアリーの言い分を聞き忘れてはならない。


つまり、私たちは政治的選択を迫られている。今のところ、第二機械時代に関する議論のほとんどが「進化しつづける技術に人間をどう適応させるか」にとらわれている。技術のほうを適応させるのではなく。

ロボットが奪うのは全仕事の47%か、それとも9%だろうか？　私たちはこの問いへの答えを出そうとここ数年、躍起になってきた。ロボットを社会にではなく、社会をロボットに適応させるのが人間の任務だとしたら、たしかにその数字は知りたいところだ。準備する時間ができるから。でもそんな考え方では、技術が今後向かう先を制御ではなく予測しようとする議論にしかならない。

8月のバンクホリデーの天気を予想するのと少し似ている。

お分かりだと思うが、機械は本当に「やって来る」のではない。誰かが投資し、発明し、構築し、販売する必要がある。ロボットがやって来るとしたら、それは人間が作ったから。そしてそこにはいつだって政治的な要素も含まれている。

1589年にウィリアム・リーという人物がエリザベスI世に靴下編み機を初披露したとき、女王は特許申請を認可しなかった。[29] イギリスじゅうの靴下工場の労働者から職を奪うリスクを冒したくなかったし、市場独占状態を作りたくもなかったからだ。なぜここでそんな的外れな話をするのかと思うかもしれない。かつては、エリザベスI世のように国が技術を妨害することで技術発展の方向性を決めていたが、今は違うではないか。現代人はもっと賢い。国が力ずくの戦術で新しい技術を阻止できてはならないし、するべきでもないとわかっているじゃないか。過去300年間でこれほどの技術が躍進したのは、エリザベスI世のように政治的な目的で技術をどうこうしようとしてこなかったからだ、と。

でもそれは正しいとはいえない。

実はイギリスで第一機械時代が始まったのは、国家の政治的判断の影響が大きい。というのも、機械のために軍事介入する策をとったのだ。失業者にハンマーで新しい機械を襲撃されないよう、1万4000人もの武装した兵士がイングランドの田舎に配置された。野蛮な行いをした者の多くが絞首刑にされるかオーストラリアに追放されたので、つまり国は技術革命を邪魔した人間を取り除くという問題解決法をとったわけだ[30]。

言い換えれば、第一機械時代が自由意志で勝手にやって来たというのはまったくの間違いだ。あからさまな政治的介入があったのである。場所によっては、スペインでナポレオンと戦ったとき以上の数のイギリス軍兵士が、暴力的な民衆から機械を守っていた[31]。ヨーロッパの小戦争などという規模ではなかった。

ロボットが労働市場に何らかの影響を与えるとしたら、それは人間が許したからだ。私たちが何をどう規制し、融資するかだけではなく、経済のあれやこれやにどの程度の価値を置くかが関わっている。

iPhoneはロボットがつくったのではない。今も大部分はインドと中国の女性の手で組み立てられている。ロボットは相変わらず繊細な作業が苦手という、ポランニーのパラドックスだけが原因ではない。グローバル経済を見渡しても女性の手作業は本当に安いからだ。

企業が女性の労働力をこれからも安く使えるとしたら、いったい誰がそれに代わるロボットを発明したいと思うだろう？　言葉を変えれば、女性や有色人種に低賃金できつい労働をさせることをお気楽に容認するせいで、技術の発展が妨げられている可能性がある。

時給8ドルの清掃の仕事をする女性がいる世の中で、誰が自動清掃の家をわざわざ発明しようと思うだろう？　いまは女性が無償で担っているから可視化されていない問題を、誰がわざわざ技術で解決しようと思うだろう？　私たちが社会の何を重視し、何を重視しないかの判断によって、これから実現するテクノロジーの種類が変わる。何も不思議ではない。ただそれを認識しなければ。そうすれば、私たちには常に選択肢があることにも、未来を予想する最善の方法は未来をつくることだとも、気付けるはずだ。

失業者で群れて通りをぶらついたり、エリート層の空飛ぶ車を盗んだり破壊したりするような、何十億人もの「無用者階級」ができる必要もない。まあ、そのような世界に行き着く可能性はあるけれど、それはテクノロジーの生んだ結末ではない。私たちが都度してきた選択の結末だ。

未来論者のビジョンのなかでも極端なものが実現し、何もかもを自動化できたとしても、ケアが必要な人体、他者とのやり取りと交流を必要とする人、励ましや承認、ハグを求める子どもたちがいる限り、この経済で人間がするべきことは存在する。そうなると浮かぶ疑問は「その人間の仕事の報酬をどこから出すのか」で、これには十分に答えを出せる。単なる政治的選択の話だからだ。新しい技術から手に入れた富は、わずかなエリート層がさらに裕福になって体をバイオハックするために使うことも、今の社会よりもはるかに人間らしい社会を構築するために使うこともできる。今までとはまったく異なる価値観や、本当に大切なものについての革新的な分析結果に基づいて、社会を構築することも。

第一機械時代が結果的には人々を骨の折れる単純労働から解放したように、第二機械時代も私たちを解放するかもしれない。創造力や人間関係を育むほうにもっと注力できるように。言い換えれば技術とは、人間が生活のなかで心から重要視していることに従事する機会をもたらすものであるべきだ。第二機械時代の革命的な要素は、技術自体だけにあるのではない。技術が持つ、私たちを人間らしさと対峙させる力にあるのだ。

ロボットに仕事を全部奪われるというシナリオを受け入れるのは、ものすごく簡単だ。興味をかき立てられるし、今のままでいることを肯定してくれるシナリオだから。でも、ほかの選択肢を見えにくくし、社会と人間が適応しなければならない避けようのない唯一の結末として未来を描いている点では、危険ともいえる。このシナリオに惹きつけられてしまうのは、機械を過大評価しているというよりむしろ、人間を過小評価しているからではないだろうか。もっと厳密にいえば、人間の能力の一部に「女性」を紐付け、存在自体も経済的にも軽視してきた点に問題がある。

感情や人間関係、共感する力、人間同士の触れ合いが経済にとってどれほど重要かを、私たちは受け入れてこなかった。そうした要素こそが人間らしくいるための鍵であることを、まるでお飾りのチェリーのように、添え物として扱ってきた。もしかすると何をするにも大前提となる基本的な社会インフラかもしれないのに。というより、まさにそうなのだ。ロボットはそれを私たちに実感させるだろうし、最新テクノロジーの導入により、私たちは機械らしくではなくもっと人間らしくなれる可能性がある。

フリードリヒ・エンゲルスはジャックを物語の主人公に据えた。でも本当はずっとメアリーの話だったのだ。

10 地球を火あぶりにしたくはない、という話

1589年にスコットランド王のジェームズVI世と結婚したとき、デンマークのアン王女は15歳だった。ジェームズは肖像画からアン王女を見初《みそ》め、2人は一度も会わないまま代理を立てて結婚式を挙げ、夫婦となった。

北海が2人を隔てていたが、[1] 9月になるとついに王女が夫に会い、即位するために、デンマークの西岸からスコットランドの東岸へと渡ることになった。

王女を海の向こうに安全に送り届ける役目を仰せつかったのは、デンマーク海軍大将のペーダー・ムンク。秋になり、12隻の荘厳な船がデンマークを出発したが、それは悲惨な航海となった。船は2度もスコットランドの岸が肉眼で見える距離まで近づいたが、2回とも強風にあおられてノルウェーまで押し戻された。

少なくとも、そう伝わっている。

海軍大将は不安になった。通常は秋に嵐は来ないはずだが。生まれて初めての経験だった。そして不穏な胸騒ぎがしたとおり、3度目も嵐につかまった。強風が帆につかみかかり、船隊を波間に放り投げた。大砲は土台から引き剝《は》がされ、デッキの上を転がって王女の目の前でデ

ンマークの海兵8人をなぎ倒した。ここで海軍大将は引き返す決断を下し、王女をノルウェーに届けたのだった。

若き花嫁が北海をなかなか渡れないという知らせを聞いた国王ジェームズは取り乱した。自ら出向いて彼女を救出するという異例の決断をしたほどだ。苦労の末、なんとか花嫁の待つノルウェーに渡ることができたが、またもや天候が荒れ、夫婦はスコットランドに再び出帆できるまでに半年近くも待つはめになった。

待つあいだにジェームズ国王は、デンマークの船員から魔術に関する奇妙な噂話を耳にした。当時コペンハーゲンの裁判所はこの話題で持ちきりだった。国王は、スコットランドに帰れないのは何らかの魔術のせいだと徐々に思い込むようになった。誰か邪悪な魔術に長《た》けた者がアン王女の即位を望んでいないのだろうと。国王は恐怖に駆られた。

海軍大将のペーダー・ムンクは、真相の追及が進むデンマークの首都に戻った。王女が北海を渡れずにいる責任の所在をはっきりとさせなければならなかった。なにしろ王女は命を落としかけたのだから。最初に責任を追及されたのはデンマークの財務官で、容赦のない秋の嵐で船が大惨事になりかけるまで経費を切り詰めた罪、船隊に適切な装備を用意するのを怠った罪に問われた。でも彼はその罪名を受け入れなかった。違う、すべては魔女のせいだと言い張り、民衆はそれを信じた。デンマーク国家はすぐに、船に魔術をかけた罪で12人の女性を処刑した。うち3人はヘルシンゲルのクロンボー城で火あぶりの刑に処され、黒い煙がエーレスンド海峡の上空に立ち昇った。

ジェームズ国王はそれまで黒魔術を特に恐れてはいなかったが、3度の嵐に遭い一変した。何がなんでも、嵐を起こした魔女に報復しようと躍起になった。家臣はアグネス・サンプソンという名の産婆を見つけてくると、拷問にかけて自白を引き出した。合計70人が今回の嵐とその他の不可解な気候現象を起こした罪で起訴され、これがスコットランド初の大規模な魔女裁判となる。アグネス・サンプソンは1591年2月に火あぶりの刑に処され、今日に至るまで彼女の亡霊は、裸で血を流しながらエディンバラにあるイギリス王族の邸宅、ホリールード宮殿の廊下をさまよっていると言われている。

冬が来てもジェームズ国王はあの嵐を根に持っていた。なんと魔女狩りの手引き書を執筆してしまうほどに。[2] 文字どおり、魔女の見つけ方、見分け方、捕らえ方を伝授する本だ。天候を女性のせいにする行為は、大昔から続く営みである。教皇たちは古くから魔女のせいで農作物が不作になると主張し、[3] 当時のヨーロッパ人の多くが、魔女は雨を操れる、雷鳴も稲妻も好きに呼び寄せられると信じていた。

魔女にはひょうを降らせることも田畑を干上がらせることもできた。悪天候が続いたら、北海を渡る使命を遂行できなかったムンク海軍大将のように、誰か魔女の気に障ることをしたかと疑うのが定番だった。責めるべきは気候だったのだろうか。それとも、矢面に立たされ不当な目に遭った女性だったのだろうか。

その時代の気候は異様だった。ヨーロッパはのちに「小氷期」と呼ばれることになる時代に突入するところだった。1590年以降、冬が極端に過酷になった。1590年といえば、ジェームズ国王と王女がついにスコットランドに帰国できた年だ。それ以来、年々、降雪量と寒さが増した。季節はずれの霜がおり、ひょうが降り注ぎ、町は冠水した。ネズミが大量発生し、奇妙なうじ虫が穀物を食い荒らした。経済への打撃は甚大だった。農業中心の社会では、天候はどうしても経済の見通しに影響を与える。経済は気温とともにひどく落ち込んだ。

作物が育たないうえ、異常気象のせいでタラなどの魚が北の海から南下して来なくなるため、食料は慢性的に不足していた。ヨーロッパ北部の多くの地域で、前と同じようには魚が獲れなくなった。[4]自然がこのような形で急に人間に襲いかかるとき、責任を背負うことになるのは魔女だった。

経済学者のエミリー・オスターは、ヨーロッパの大規模な魔女狩りはこの異常気象に関係があるとみている。[5]魔術を使った嫌疑で主に女性が100万人近くも起訴され、大勢が処刑された。殺されたのはたいてい貧しい女性か夫を亡くした人で、もちろんこれにも理由がある。独り身で食べていくのは難しかったからだ。施しに頼るしかなく、社会はその層を敵と見なすことにした。

厳しい生活が続き、人間は無力だった。母なる自然の気まぐれに振り回されていた。施しを乞う貧しい女性は、シーッと追い払われて、小声で悪態をついたことだろう。そこで嵐が来たり牛が死んだりしても、それは彼女たちの魔術のせいと捉えられた。つまり、飢えた女性をむげに追い払ったとしても、キリスト教に不信心をしたと不安になる必要はなかった。だって彼女たちは悪魔と結託しているのだから。[6]

近代の魔女狩りの研究でも、同様のパターンが見つかっている。2000年前後のタンザニアの村では降雨量が多すぎたり少なすぎたりしたら、魔術を使った罪に問われて複数の女性が殺された。[7] 当時のタンザニアの平均収入は1600年代前半の西ヨーロッパの収入と変わらなかったそうだ。[8] また、インドでは魔女の迫害は相続争いとも結びついている。死去した男性の家族が彼の妻を好いていない場合、妻が相続した土地所有権を放棄させるための手段として、魔女だと言いがかりをつけることがある。[9] このように魔女狩りは、誰も関わりたくない面倒な状況にある女性を排除する効果的な方法だったとも言える。[10]

ドイツの聖職者ハインリヒ・クラーマーは1486年に執筆した有名な著書『魔女に与える鉄槌』に、「どんな邪悪さも女性の邪悪さと比べれば取るに足らない」と書いた。[11] そしてこう続けた。「女性とは（中略）避けようのない懲罰、逃れがたい悪にほかならない（中略）美しい色で塗られた、天然の悪！」。ほかにも、女性は身も魂も男性よりも弱くつくられ、男性よりも明らかに情欲的でありながら「死よりも冷酷」であると主張した。[12] 魔術は女性の飽くなき欲望から生じると思い込んでいたようだ。ヴァギナが満ち足りることなどない。あの形を見てみろ！　あの深く有害な欲望こそが、女性を悪魔と繋ぎ、堕落に導く元凶に違いない。

決して女性に優しくはなかった時代の話とはいえ、ちょっと無理があると感じたならもっともだ。当時も、ヴァチカンからスペイン異端審問までさまざまな機関がクラーマーの意見を退けた。[13] それでも、本の影響力は強かった。当時の最新技術である印刷機の力を借りて大陸中に広まり、すでにあった文化的背景も利用して、読んだ男性を根本から改革した。

太古の昔から、女性は男性の奇形版と見なされてきた。男性の精神と頭脳は、暖かくてからりとした太陽と結びつけられた。一方で女性は、冷たさ、濡れて湿ったものの表象だった。月経中の女性はとりわけ危険と捉えられていた。人間の性質のなかでも最も堕落した側面をつかさどるのが女性だったので、悪魔が女性と交わりたがるのにも驚きはなかった。

歴史を振り返ると、魔女の容貌は、わし鼻の醜い老婆から男性を豚に変えるために誘い出す魅惑的な絶世の美女までとさまざまだ。悪名高いセイラム魔女裁判にかけられた1人目は、ティトゥバという名の奴隷の女性で、有色人種でありおそらく中央アメリカの先住民だった。

いつの時代も魔女への恐れとは、女性のさまざまな力への恐れだった。女性同士が集まって結託することに対する恐れでもあった。女性が別の女性に会いに行くのは、魔女のサバト（集会）に参加して悪魔と踊るために違いない。だって、女で集まってほかに何をするというのだ？

ヨーロッパの大規模な魔女裁判は、悪魔の性質にも影響を及ぼした。以前は悪魔というとさまざまな見た目の小鬼を指した。明らかに凶悪で腹立たしいが、聖水をかけて追い払う対象ではなかった。悪魔は、人間が邪悪な行いをたくらむときに召使いとして召喚され、大事な局面で力を発揮する存在だった。

ところが16世紀後半から17世紀初頭にかけての魔女裁判を経て、これが一変した。狩られる対象が女性になったので、男性は悪魔が自分のもとに魔女をよこしたと考えるようになった。これまでとは逆方向だ。悪魔が自分のしるしを魔女に焼き付け、乱暴な性行為を交わすと、彼女は悪魔の召使いになり、悪魔は彼女の亭主で主人、恐ろしい結託関係の首謀者となる。女性が悪魔に仕えるという設定がとても重要だったのは、強力な黒魔術を使った罪で訴えられた女性も男性的な力に支配されたのだという解釈を貫くためだった。要は、悪魔が担う役割が大きくなった。魔女には男性の主人が必要だったから。[14]

ヨーロッパの魔女裁判でターゲットとされたのはたいてい、産婆や、薬草から薬をつくったり動物や人の病を癒やしたりして生計を立てていた女性だった。当時は男性医師は金持ちを相手に、現代人からしたら気味の悪い薬を出す「医療」を施していた。一方で魔女は、医者にかかる金銭的余裕のない貧しい人を相手にした。

長いあいだ、数多くの社会で魔女は受け入れられていた。魔女という評判がたてば商売の売りにもなった。リスクもあったが。周りから危険人物と見なされると、食べ物を乞うときに恵んでもらえる確率は上がった。誰も自分たちの牛を呪われたくはないからだ。

人々にとって、魔女は昔からある職業のひとつだった。お金を払って症状を軽減してもらい、病人を癒やしてもらう。ヨーロッパの魔女裁判で腑《ふ》に落ちないのは、昔から存在した魔法を使った慣習や療法が、突然、社会全体を脅かす悪魔の陰謀へと変えられたこと。いったいなぜそのタイミングで魔女は突然敵視されるようになったのだろう？

やはり説明として考えられるのが、気候変動と小氷期だ。魔女は天候を操れるとされており、突然天候が危険なほどに荒れはじめたせいで、魔女は社会を脅かす存在となってしまった。しかし天候説を否定する人もいる。たとえば経済学者のコーネリウス・クリスチャンは、スコットランドで魔女狩りが過激化したある期間は豊作の時期と重なる、と指摘する。[15]

ほかにも、魔女狩りは宗教間の関係硬化を原因とする不運な副作用のようなもの、と主張する学者もいる。[16] カトリックとプロテスタントが改宗者を得ようと争っている地域では、多くの魔女が処刑された。もしかすると、各宗教の指導者が自身の適性を示そうとして魔術に対する厳しい姿勢を見せたがったのかもしれない。現代の政党が競うようにして犯罪や移民に対して厳しい態度をとるのとよく似ている。

仮説はたくさんある。魔女裁判はカトリック教信仰のせいという主張もあれば、プロテスタント信仰のせいとも言われる。宗教全般が原因と主張する人もいる。幻覚作用のある菌類が特定の穀物に寄生する麦角菌《ばっかくきん》汚染が定期的に発生していた関係だとする説もあれば、もっと一般的な薬物と関係があるという説もある。魔女の大量処刑は、私たちにもよくわからない何かが異様な形でほとばしり出た結果だとよく表現される。誰も説明できない何かが。政治とは無関係とするために。魔女裁判は（男性もいたにせよ、まず何よりも）女性に対する暴力だったし、今でもそう言われている。

女性と自然は結びついているという観念[17]を踏まえれば、ヨーロッパの小氷期の嵐と不作は魔女のせいという説はじゅうぶん論理的だ。女性が悪天候の責任を問われてしまうのは、男性よりも自然に近い存在と見なされているから。アメリカでは1979年までハリケーンや熱帯低気圧には必ず女性の名前が付けられていた。アメリカのフェミニストが「気象学を少しくらい男女平等にしませんか？」と抗議してこれを変えた。しかし問題はもっとずっと根深いのだ。

自然とは女性的なもの。暗くてつかみどころがなく、恐ろしくて不吉で予想のつかない湿っぽいもの。子宮から生命を生み出す力を持つ存在。人間は何百年も前からそう思い込んできた。「母なる自然」は間違いなく女性だ。昔から男性に課せられた任務は、自然を支配して利益を刈り取り、自然よりも上位に立って完全に支配下に置くことだった。でもその過程で何か問題が起きたら（嵐のせいで目的地とは違う場所に押し流されたり、穀物を虫に食い荒らされたり）、それは自然という「女性」がただ堕落したせいだと見なされた。だから男性が再び支配下に置かねばならない。必要とあれば力ずくで。まさにこれこそ、スコットランドのジェームズ国王が、不運な秋の嵐に遭った後にしようとしたことだ。

女性を火あぶりにすることで、自然そして命の支配権を男性の手に取り戻そうとした。

古くから、女性のほうが肉体的な世界と強く結びついていると見られてきた。出産でき、生理があり、授乳できるということは、男性よりも動物的に違いないと。黒人や褐色人種は白人よりも「自然」に近く、黒人や褐色人種の女性は白人女性よりも「自然」に近い、という考えと似ている。

非白人男性は自然の一部、というのが私たちが教わってきたことだ。十分に洗練されていない、白人男性と同等の知的で合理的な視野を身につけていないという意味だ。長年にわたりこの考え方が、社会で誰かを最悪の形で軽視することを正当化してきた。白人男性は「自然は基本的にお前の好きなようにできる」と言われて育つ。要は、もしもあなたが自然にたとえられたら、基本的には喜んではいけない。君は（自然に近いから）身の程をわきまえたほうがいい、という意味だろうから。

女性や有色人種が自然になぞらえられることが何を意味してきたかはわかったが、では自然はどう捉えられてきたのだろうか？

人間にとって、母なる自然は女性だ。家父長制の文化のもと、私たちは自然を、包容力があり神秘的で美しく、同時に恐ろしくて理解の及ばない存在と感じている。彼女の怒りには畏敬の念が湧くが、硬質で男らしい技術とは遠く離れた存在で、人間はその技術で彼女を支配しようとする。自然を崇拝し、愛することもあるが、敬ったり心から興味を持って知ろうとしたりしているかどうかは疑問だ。

「利用できる資源」より上の存在として見ているだろうか。

西欧諸国では、人間に支配されるために自然が存在する、という考えが生まれた。アダムが仲間を求めてあばら骨を犠牲にしたおかげで女性が存在する、という説とよく似ている。自然も女性もいわば男性に仕えるために存在するのだ。現代のさまざまな問題の核心に、この観念がある。おそらく今いちばん深刻な問題である気候危機にも。

現代で気候危機をとりわけ力強く否定する政党や政治家と、女性をかつての地位に押し戻したい人の顔ぶれはほとんど同じだ。彼らにとってこの2つは繋がっている。自然の支配は男性のジェンダーロールの範疇であり、女性も自然も、グレタ・トゥーンベリも決して男性に指図はできない。

アメリカでは、気候変動は現実であり原因は人間にあると信じる人の男女比は同じくらいだが、女性のほうが深刻に問題視している。気候変動は個人の生活に影響を及ぼし、植物、動物、次世代にとっての脅威となると考えている割合が高い。また、二酸化炭素を汚染物質として規制し、より厳しい排出量制限を設ける施策を支持する確率も男性より高い。

スウェーデンのチャルマース工科大学の研究者たちは、気候変動否定論の研究を専門とする世界初の学術研究センターを立ち上げた。男性性は外せない研究テーマのひとつだ。気候変動の深刻さを否定する男性の割合は女性よりも高いうえ、気候変動よりもそれを阻止しようとする運動に対して脅威を感じている傾向にある。

ナショナリズム、反フェミニズム、人種差別、そして地球温暖化阻止活動に対する過敏な拒否反応には、一致する要素が多く見られる。一見、論理的ではないようでいて、魔女の話と自然を女性と見なす概念を知ると見方が変わる。

気候変動はイノベーションが生んだ最大の課題というだけではない。ジェンダーにまつわる多くの観念と絡み合う問題でもある。真の男性は自然を支配する。自然のために歩み寄るのではなく。後者はまさに、気候危機でいま人間に求められている行為なのに。

私たちはガソリンを大量消費するライフスタイルを「男らしい」と評して、その男性的な論理をありとあらゆる価値観に適用してきた。そんな男性支配の生活様式が持続可能ではないとわかると同時に、それを捨てられないこともわかった。なぜって、何よりも大切だから。命よりもだ。

気候変動を否定する男性の多くは、地球温暖化阻止活動の中心で活躍する女性を毛嫌いしてもいる。それは気まぐれではないし、スウェーデン人のおさげ髪の少女に対する個人的な嫌悪感がもとでもない。彼らは活動を、化石燃料中心の近代的な産業社会を脅威にさらすものとして見ているのだ。保守的な白人男性という特権保持者が牛耳る社会。化石燃料の使用が続けば男性社会も続くと思っている。[18] だからこれほど大きな勢力になる。いまや各地の社会で強い権力を持つようになった。

アメリカの採炭業界は、アメリカ経済全体から見ればほんの一部である。でも、ドナルド・トランプ前大統領の経済政策で炭鉱労働者たちが果たした強力で象徴的な役割を、私たちは目のあたりにした。化石燃料の文化的重要性がやたら強調されるようになったのはやはり不思議ではある。でもこの本で扱ってきたテーマを見ればわかるが、男らしさはあまり一貫性のない品々で成り立っている。キャスターなしスーツケースに、自動車の手動エンジンに。

だが、ジェンダー観は変化することもあるというのもわかってきた。環境にやさしいライフスタイルを男性に受け入れてもらうのに苦労している現状を、いつか振り返って笑う日が来るかもしれない。たった40年前には、男性がキャスター付きスーツケースを引くなんてありえない、と首を横に振っていたのだから。

そもそも、再生可能エネルギーを使う家に住んだり、血の滴るステーキを毎日食べるのをやめたりしたら男性は男性でいられない、なんてあるはずがない。でも、ジェンダーに関する考え方ひとつがこの世界でどれだけ大きな力を持つかをあなどってはいけないのだろう。一部の男性にとっては、男性のジェンダーロールは何としてでもすがるべき最後のかけらなのかもしれない。

経済政策は、慎重に進めなければ、気候変動に加わる政治の力を危険な方向に加速させかねない。スコットランドの石油精製所で高給の職に就いていた男性から仕事を奪い、不安定な電話セールスの仕事を与えておいて、グレタ・トゥーンベリの悪口を言ったと『ガーディアン』紙で笑いものにするなんてことがあってはならない。これは悲劇とはいえ回避可能な悲劇で、政策で介入するべき部分だ。地球環境のために今の仕事を捨てなければならない男性たちに、最低でも同程度の収入を得られる安定した仕事を、政策の力で確実に創出するべきなのだ。

これはおおいに現実的だ。たとえば、エネルギー業界の「グリーン・ジョブ」(少し軽率なネーミングだ)のなかには、高等教育なしでも就けるなかなか高収入の仕事が多くある。[19] 環境意識の高い都会のリベラルな女性と、廃れた工業地帯から来た白人男性とを競争させないですむ経済改革は可能なのだ。地球の未来を賭けた激しい争いはさせなくていい。

そんな場合じゃないのだから。

人間の自然に対する理解は、どうしても、女らしさや男らしさに対する考えと密に関係する。この影響を受けるのはなにも、炭鉱の閉山と輸送税に抗議する保守派の人民主義者の男性だけではない。私たち全員だ。人間と自然との関係についてどう考えるかが、女性と男性についての考え方に反映される。たいていは無意識に。

「母なる自然」という表現の響きは確かに美しい。でも、家父長制の社会で「母」とはいったい何だろうか。母とは、文句をいっさい言わずにすべてを捧げるよう期待されている人であり、自我を必要とせずに完全に他者のために生きる人である。愛しのママは私たちのおしめを替えてどんな汚れも消し去ってくれる。私たちが毎朝目を覚ましたらキッチンも床もすでにぴかぴかで、拾い集めるのにどれほどの時間がかかるかなど考えずに私たちはおもちゃを散らかす。私たちが考える母親とは、突き詰めれば、私たちの面倒を見てくれ、私たちが何をしようと愛情を注いでくれる女性のこと。それは地球が今いちばんたとえられたくない存在に違いない。

自然は人間のためだけに存在するという考えは、可愛がられている赤ん坊が「ママはぼくのためだけに存在する」と思うのとそう変わらない。小さな赤ん坊にとって、母親に自分の権利などはないし、母親の望みは子どもの望みであるに決まっている。今の社会では、女性は要求も不満も持たずに無償でケア労働を行うことが、経済の基本前提とされている。だから女性である自然も、当然同じケアの義務を負う。人間が何をしようとも、常に味方をし、世話をするべきなのだ。それをしないならただの悪い母親だ。魔女を燃やせ！　火あぶりだ！

宇宙から撮った地球の写真を見ると、宇宙という無限の暗闇にぽつりと浮かぶ、その完璧なる球体の美しさに圧倒される。このときばかりは珍しく、地球の世話をしたい気持ちに駆られる。地球への愛情を実感するには、地球を物扱いする必要があるのだ。美しく繊細でいてほしいと思うし、そうあってくれるときだけ、守りたいという気持ちが湧く。そうまでいかなくても、これ以上汚染して息の根を止めたくはないと感じる。地球を所有したい、称賛したい、地球に面倒を見てもらいたい。でも深く理解したくはないし、その複雑さを受け止めたくはない。制御できる程度に、欲しいものをもらえる程度に、ちょっとだけ知っておくくらいが理想的だ。

ひとことで言えば、まったく健全とはいえない関係だ。

魔女は魔術のせいで迫害されたのではない。呪文や大鍋、魔法の薬自体が周りを不快にしたわけではない。おわかりのとおり、魔術のなかにも差別がある。誇りある錬金術師の話を聞いてみたらいい。

何世紀にもわたり、錬金術師は悪臭を放つ調合薬や怪しげな品を使って金を精製し、永遠の若さの手がかりを掴もうとした。でも魔女とは違い、社会的地位はおおむね高かった。つまり、泡立つ大鍋に向かって謎めいた言葉をつぶやく人物が、魔女かそれとも錬金術師かが分かれ目だったわけだ。そして錬金術師はたいてい男性、魔女はたいてい女性だった。

歴史に名を残す天才的な学者のなかにも、錬金術師がいた。近代物理学の父と呼ばれるアイザック・ニュートンも、近代化学の創始者ロバート・ボイルもそうだ。

アイザック・ニュートンは最初の近代科学者と呼ばれることが多い。ニュートンが重力を発見したから、神秘主義や神の気まぐれではなく学校で教わる冷静で合理的な理屈をとおして、世界を見られるようになった。でも、それがニュートンのすべてではない。

1936年、イギリスの偉大な経済学者ジョン・メイナード・ケインズは、アイザック・ニュートンが書き残した手書きメモを大量に入手した。まだ誰も研究していない手つかずの資料だ[20]。ケインズの精査によって、近代物理学の父の知られざる側面が明らかになった。

ニュートンの研究記録には魔術を使った製法や神秘的なシンボル、預言がぎっしりと書き込まれていたのだ。生涯をかけて、錬金術について100万語におよぶ研究記録を残していた。ニュートンは「理性の時代の最初の人ではなく、最後の魔術師だ」とケインズはまとめた[21]。「目には見えない魂」という錬金術の考え方が、重力のような不可思議で目に見えない力に気付き、計算するに至るヒントになった可能性さえある。ニュートンの秘密が暴かれてからも、私たちは変わらず、ロケットを宇宙に送るためにニュートンの数学的な原理を使った。近代物理学の父は（パートタイムの）魔法使いだったが、もしも魔女だったならたぶん火あぶりにされていたはず。火あぶりにされた男性科学者もいるにはいたが、女性の魔女の数とは比べものにならない。

とはいったものの、このたとえ話には説得力がない。アイザック・ニュートンが女性だったたなら、著名なケンブリッジ大学で学ぶことはまず無理だったろうからだ。ここから、魔法使いと魔女の根本的な違いが見えてくる。

おとぎ話に出てくる魔法使いは、立派な城や高い塔に住む教養と威厳のある男性だ。つまり、物質的な富も良好な人間関係も確保していた。一方で魔女は、魔術の能力を持つにもかかわらず、森のはずれの瓦《かわら》屋根のいまにも壊れそうな田舎小屋に住む。このおとぎ話は疑いようもなく現実を反映している。女性である魔女は、分厚い本や学問、教育などの男性の世界には手が届かない。林で見つけられるハーブや母親から受け継いだ知識を使って、死んだ祖先や自然、動物から魔力を引き出さなければならなかった。それくらいしか使えるものがなかったのだ。

現代では錬金術師の名誉はある程度回復している。[22] 歴史学者たちが錬金術師を初期の化学者のようなものと見なすからだろう。化学者と思うと、ニュートンの研究ノートの内容にも合点がいく。

錬金術師は魔法の薬をぐつぐつ煮立てるばかりではなく、金属の解析や塩の精製、染料や顔料づくりも行っていたと、現代の擁護者は主張する。ガラス、肥料、香水、化粧品も作っていたし、酸を抽出、製造してもいたそうだ。大胆な実験を繰り返した錬金術師は、電気ショックでチリチリになった髪をして、目の前に置いたバーナーにさまざまな液体を置いては爆発させる風変わりな発明家男性イメージの原型になっている。

でも女性には似たような原型はない。

あるだろうか?

「よくもそんなことができますね!」と、いまや有名な2019年のニューヨーク国連本部でのスピーチで、グレタ・トゥーンベリは声を荒らげた。[23] スウェーデンの環境活動家として、気候変動に対し十分な対策をとってこなかった（そしてとらない）各国リーダーに宛てた言葉だ。

トゥーンベリへの答えは実はとてもシンプルだ。各国のリーダーは基本的にはあえてリスクをとっている。未来のテクノロジーを使えば気候変動問題をある程度は解決できるだろうと踏んでいるからだ。気候危機に対して何をするか、何をしないかには、技術に対する見方が直接関わってくる。

アメリカの科学ジャーナリスト、チャールズ・C・マンは、近年の環境論争を「予言者」派と「魔術師」派の闘いと表現している。[24]

片方は、地球滅亡を憂える予言者派だ。このまま地球の限界を無視していたら、つまり規模縮小し、節約し、保護し、消費をやめなければ、すぐに生物が住めない場所になると主張する。もう一方は魔術師派だ。イノベーションとテクノロジーを環境問題の解決策と見ている。いやいや、規模縮小なんてしていられない。この危機から抜け出す方法を発明しないと！　人間を救うのはテクノロジーなのだから、すねていても仕方がない、というのが魔術師派の考えだ。今こそ働き、発明するべきだ。人間は常にそうしてきたのだから。

人間の発明力自体が問題の種だと予言者派は言う。地球、動物界、植物界、そして人間自身を犠牲にしながら、私たちはひたすらイノベーションを続けてきた。でもこれからは自然と調和したもっとシンプルな生活を送るべきだ。魔術師派は何もわかっちゃいない、と予言者派はぼやく。

だが魔術師派から見れば、予言者派の言う規模を縮小して生活スタイルを変えるというのは知的誠実さに欠ける。世界の貧困層を見捨てる行為だし、事実上の人種差別である。予言者派は裕福な西洋の白人にほかならず、世界に向けて悲観的なお説教を垂れているだけ。「私たちが享受してきた富と繁栄はほかの皆さんには無理なのです。冷蔵庫も車も皆さんにはないのですよ、残念ながら！　成長と富を夢に見る人たちよ、恥を知りなさい」。これは恥ずべき不要な理論だと、魔術師派は感じている。人間は問題を乗り越えるためにいつだって発明し、イノベーションを起こしてきた。人類史のほとんどを、人間を死に至らしめようとする自然界にどううまく対処するかに割いてきたではないか。気候危機はそれと何が違うというのだ？

一方で予言者派は、魔術師派が愚直に人間とテクノロジーを信仰するさまを鼻で笑っている。なぜって、人間をイノベーションに向かって鼓舞するのは、ライフスタイルを変えたくないだけではないか。論理が腐敗しきっているし、単に巨大で悪どい資本主義企業に隠れ蓑《みの》を与えるだけ。地球を気遣うことなく、人間が消費を続け、口いっぱいに食べ物をほおばりつづけることに依存している資本主義企業に。無責任な資本主義者たちは、魔術師派の耳心地のいい言葉でテクノロジーを語って、その裏に強欲と近視眼的なものの見方を隠してただただ満足しているに過ぎない。この状況で何かを発明しても、人間と自然が衝突する日を延々と先送りするだけだ。そう予言者派は豪語し、議論は続く。

このとおり、ひっきりなしに新しいテクノロジーを生み出そうと試みる魔術師派と、それでは人間を死に追いやることになると警告する予言者派がいるわけだが、チャールズ・C・マンは、結局は価値観の問題に集約されると指摘する。魔術師派は成長とイノベーションこそが人間の最大の強みと信じ、予言者派は安定と保護を重要視している。魔術師派は、大気圏に太陽光を反射する鏡を飛ばすとか、巨大な原子力発電所を建設するなどといった、壮大で大規模な解決策に惹かれる。そういった意味ではイギリスのボリス・ジョンソン元首相は気候変動に関しては典型的な魔術師派だ。イーロン・マスクも然り。

予言者派はというと、地域に根ざした分散型の解決策に惹かれ、自家栽培や自家発電に積極的だ。両派の闘争は、マンによれば、善悪の闘いではなく、人生観の相違なのだ[25]。他者とのつながりよりも個人の自由のほうが重要か。保護よりも実験が重要か。規模縮小するべきか、それとももっと発明するべきなのか。

この論争があることには誰もが気付いている。数十年間も巻き込まれてきたからだ。加えて両派とも、母なる自然に対する非常に極端な見方で必要以上にことを複雑にしてきた。魔術師派は自然のことを、ただ横たわって人間の搾取を受け入れる尽きることのない資源と捉えているように見受けられる。人間の機械に使う原材料という以外に自然に価値はない。そして万が一、魔術師派の実験の過程で母なる自然をうっかり殺してしまっても、新しい惑星を見つけて移り住めばいいと多かれ少なかれ思っている。今付き合っている彼女を疲弊させてしまったらすぐにもっと若いのと取り替えればいい、なんていうのは言うまでもなく、レディーとの付き合い方ではない。

一方で予言者派は、母なる自然が息絶えそうだという（予言者派から見た）事実に酔いしれているようにすら見える。苦しそうにあえぐ彼女の傍《そば》に悲劇の騎士よろしく腰を下ろし、生気の抜けた美しさを賛美する歌を歌う。具合が悪いという事実のせいでいっそう彼女が美しく見えるのだ。実を言えば予言者派は、彼女が死にそうなことに気付くまで、一度たりとも真剣に向き合ったことはなかった。彼らは、J・R・R・トールキンの『指輪物語』に登場する、正気を失ったセオデン王のようになりかねない。差し迫った問題（オークの軍隊が城壁の外に押し寄せる）を前に、望みは尽きたという考えに引きこもる方法を選んだセオデン王に。

気候危機を解決するのは、魔術師派と予言者派の両方の役目だと、きっとほとんどの人が気付いている。生活様式の発明と改変がどちらも必要だ。さまざまな面で2つはつながり合っている。人間の行動がもっと持続可能な方向に変わって初めて、環境にやさしい製品の需要が伸びるだろうし、その領域の発明があとに続くのだろう。普通はそういうものだ。また、みんなで協力しあって気候危機に真剣に取り組むと決断して初めて、環境にやさしい方向にイノベーションを推進する資金を国家規模で確保できるのだろう。2つは絡み合っているのだ。「経済成長には速度だけでなく方向もある」と、経済学者のマリアナ・マッツカートは書いている。魔術師派も予言者派もたいがい彼女を無視してきたが。

チャールズ・C・マンは、魔術師派と予言者派についての自著でこう述べている。「興味深いのは、この議論がこれだけ長く続いているのに、折衷案をとろうと言う人があまりいないように見えることです」。時計の針は進み、氷が溶けたとしても、人間はそれぞれの立場からどんどん抜け出せなくなり、二者択一状態に陥る傾向にある。魔術師派と予言者派の闘いが膠着《こうちゃく》しつづけているのは、彼らの世界の見方を裏付けるテクノロジー観に理由がある。この本で取り上げてきたとおり、今の社会で主流のテクノロジー観には深刻な問題が隠れているのだ。

私たちはテクノロジーを、歴史を突き動かす誰にも止められない力と認識してきた。AIの今後を描いたシナリオは、人間と社会の両方をAIに適用させるしかないと示すものばかりだ。人間は次から次へとツールを発明するが、第2バージョンは必ず大きさ、性能、効率の面で第1バージョンを超える。イノベーションに次ぐイノベーションは、テクノロジーの「世代」が止まることなく次の世代へと繋がる精巧で見事な連鎖だ。未来へ続く道は揺るぎなく、さまざまな天才男性たちの頭から発明が次々に飛び出してきては、それ以外の人間を蚊帳《かや》の外に押し出す。

私たちがテクノロジーについて語る口ぶりからは、発明が歴史の能動的参加者で、人間が受動的参加者であるような印象すら受ける。

「自動車が近代の郊外都市を作った」

「洗濯機が女性を解放した」

「AIは世界中のトラック運転手を失業させる」

社会のため、そこで生きる人間のために最新技術や発明品が登場していると、ついイメージしてしまう。でもこの本で見てきたとおり、それは違う。ジェンダーなどの要素を加味すると、技術はいつだって、私たちが世界や経済、人間に対して持つ先入観の範囲内で形作られてきたことがよくわかる。

技術や発明は気候危機から人間を救ってはくれない、と予言者派が息巻くのもわかる。でも正直なところ、彼らにもわからないのだ。

これではノーベル賞を受賞した物理学者、アルバート・マイケルソンのようになる危険性がある。マイケルソンは1894年のスピーチで「物理科学の重要かつ原理的な法則と事実はもう発見され尽くした」と言い放った。[26] でもそれからわずか数年後に量子力学とアインシュタインの特殊相対性理論が登場し、世界を変えた。

私たちは何を知らないかを知らない。

あらゆるイノベーションに共通することだ。

これまでどれだけの人間を締め出したか、発明やイノベーションに行き着かなかったアイデアがどれだけあったかを思うと、私たちが「知らないこと」の可能性は計り知れない。

今の社会はイノベーションと起業家精神をかつてないほど称賛する。だが一方で、金融システムが驚きの効率のよさで女性を排除してきたことはわかっている。ベンチャーキャピタルの97％が男性に渡されるだなんて、モデルに根本的な欠陥があるのだ。リスク、イノベーション、起業に対する私たちのものの見方に。

いったいどれだけの人がさまざまな理由で無視されてきたかに気付くと、同時に、どれほどの人間の可能性が眠ったまま抑えつけられているかにはっとする。自分の経験が「人間」のものとして数えられてこなかった人たちが声を上げる、その歴史的瞬間に私たちは立ち会っている。これまで聞いてこなかった声に耳を傾ければ、新しいアイデアが無数に出てくるはずだ。非常に論理的ではないか。

技術史がどう現代に伝わっているかを見れば、技術の領域全体から女性を追い出すだけでなく、「技術」の定義が常に女性の功績を排除しながら変遷してきたことがわかる。男性が靴下を編むと尊敬に値する技術的な職とされるが、女性が編むと針仕事になる。女性が牛乳をかき回してバターを作ると使用人の単純作業とされるが、男性がすると技術的な作業になる。女性がコンピューターをプログラミングすると誰にでもできる作業と見なされる。でも男性がした瞬間に、それは高度な専門知識が必要な作業となる。その偉大な専門性さえあれば、付属品である体を洗わなくたっていいし、基本的なソーシャルスキルなど気にしなくていい。

はるか昔から、ジェンダーを理由にさまざまな形でイノベーションが阻害されてきた。スーツケースが転がり始めたのは、男らしさに対する見方を変えてから。電気自動車がガソリン車に後れをとった一因は、女性向けと受け取られたから。また、柔らかい素材は女性と紐付けられたせいで重要視されなかった。今の経済と捕鯨理論は女性を締め出し続けている。そして女性の男性より貧しい経済状況と、家庭と育児の責任を終始負い続ける環境は、男性と同じように世界を切り拓いていく一員になれないことを意味する。こうしたどれもが、人間がどんな機械を作り、どんなアイデアを生み出し、世界をどんなふうに変えられると信じるかを、決めてしまう。言うなれば、今この瞬間まで私たちは片手を後ろに縛られたまま発明を続けてきたのだ。

その縄を切ったら、何を成し遂げられるだろう？

「技術を使った解決策」がある日突然降って湧くことはありえない。魔術師派の皆さんは、地球上の不要な二酸化炭素を1週間で消費してしまう人工光合成技術を持った魔女がやって来ないかなあ、なんて思っているかもしれないが、ありえない。技術はそんなふうに急に現れたりは普通しないものだ。車輪でさえ、そうだったではないか。車輪が持つ可能性が実際に役立てられるまでに、幅広い創意工夫と数千年の時が必要だった。マカダム流の道の舗装も、道路の修理と維持の責任を共有できる社会づくりも。

今の私たちには、数千年の余裕はない。

考えるべきなのは、技術が気候変動から人間を救えるか救えないかではない。どんな類いの技術をどのような仮説の上に構築すれば、目の前の危機に最善の形で対処できるかだ。

気候危機を解決したいなら、何を着るか、何を食べるかなどあらゆる活動を違った目で見る必要がある。ブンブンうなる巨大な機械を開発したり、昔ながらの設計図からできた昔ながらの技術に注入する新しいエネルギーを探したりすることばかりがイノベーションではない。現地の農家に維持できるかを考えもせずに、砂漠に作物を植えることはできない。

魔術師派と予言者派の気候論争にはまだ問題がある。発明か生活様式の改変かの2択ではいけないのだ。生活様式の改変とはイノベーションであることが多いし、イノベーションにはまず生活様式の改変が必要だったり、生活様式の改変から生まれるイノベーションがあったりもする。私たちは間違った対立構造を生んでしまっている。

後から振り返ってみれば、1970年代に入るまでスーツケースに車輪を付けなかった私たちはなんて愚かだったんだろうと思う。でもその時代に戻って女性と男性を当時の観念で見たら、ごく当たり前の考え方なのだ。つまりスーツケースを転がすために変える必要があったのはジェンダー観だったのだろうか？　それとも、女性の1人移動をもっと推進するためにキャスター付きスーツケースが必要だったのだろうか？

たぶん、両方だ。

ブレイクスルー（技術革新）とはたいてい、そういうものだ。大切なのは別の世界を想像する力と、まだ存在しない世界のための製品を作る力。環境イノベーションにとってもきっとこれが鍵となる。今とは違う生き方を可能にし、手が届くようにし、広く普及させるには、それに役立つ製品を生み出すには、まずその新しい生き方を想像できないことには始まらない。

ここまで見てきたとおり、人間の自然への向き合い方には、私たちのいちばん奥底に根付くジェンダー観（男性が女性を従えるための存在であるように、技術は自然を従えるために生まれた）に重なる部分がある。だから、技術は自然界よりも優位に置かれる。「男性」とラベル付けしたものを「女性」よりも優位に置いてきたのと同じように。こうした観念が、地球を単なるエネルギーの巨大容器に転落させた。次の技術革命は、これまでと同じ価値観で進めるわけにはいかない。

そろそろ、魔術師と予言者には脇にさがってもらおう。代わりに、「魔女」の話をしよう。

そもそも魔女と魔法使いの違いは何だろうか？
魔法使いは男性で魔女は女性だと言う人がいるかもしれない。でもそれは違う。魔女には男性もいた。そして火あぶりの刑に処された。では違いは何かというと、自然との関係性だ。魔法使いは塔の上でずっしりと重たい本をめくる。本から得た知識を、城壁の向こうの世界に適用する。一方で魔女は森に住み、汚れた素手で魔法のハーブを採る。また、魔女（良い魔女も悪い魔女も）は儀式を営む。森のはずれで裸で踊り、おぼろな月明かりの下でいけにえを捧げ、経血や薬草や何かしらで儀式のようなものを行う。つまり、魔女にはたいてい精神世界の側面が伴う。

魔法使いには同じような要素はない。

J・K・ローリングの『ハリー・ポッター』シリーズに登場するハーマイオニー・グレンジャーは「魔女」と呼ばれているが、実際には女性版の魔法使いだ。それに当たる言葉が存在しないだけ。当然、存在するべきなのだけれど。

魔法使いと魔女の違いは、自然に対する態度だ。魔女は、自分に魔法の力を与えてくれる薬草を収集し、理解することに関心が高い。それは力を得るためだけではなく、植物との繋がり自体に意味を見出しているからだ。しかし魔法使いはそこまで植物に構っていられない。魔法使いの関心の対象は、外の世界に及ぶ力となる魔法。その魔法が自分自身や人体、宇宙とどんな繋がりを持つかはあまり重要ではない。魔法使いが持つ思想は、現代社会を支配するテクノロジー中心のものの見方に近い。だから、私たちには魔女も必要だ。女性だからではなく、魔女は「まだ人類が進んでいない道」の代表者だから。

私たちは自然界の存在であるのと同じくらい、技術的な存在でもある。これから数年のいちばんの課題は、2つを融合させることだろう。人間が使う技術という力は自然由来で、自然を活用し、変化させる力でもあるのだから、いつだって必ず持続可能な方法をとらなくては。そこで参考にできる唯一のモデルが魔女なのかもしれない。そんな魔女に女性イメージがついているのも、偶然ではない。

魔術師派と予言者派のいちばんの問題は、自分たちを自然から切り離して見ているところだ。男らしさは結局そう定義されてきた。あなたは母ではないから。自然はあなたとは切り離された存在。自然を傷つけるとは自分たちを傷つけることなのに、自然を「女性」と見ている限り、そうしつづけるのだろう。「女性」を、技術という男性らしい力で服従させるべき対象と見ている限り。

人類史をとおして人間は、自分たちを技術の一種として見るナラティブを必死にこしらえてきた。水圧式の彫像からコンピューターまで、あらゆるものに人間をなぞらえて。これは、人間は自然の一部なのだという事実から距離を置くための方法だった。女性的で男性の下位にある自然の一部なんかではない、と。だから今、女性をナラティブに取り戻さなければいけないのだ。

そうすればきっと、すべてが変わる。

人間の進化について私たちがイメージするのは、あの毛むくじゃらのサルが徐々に上体を起こして立ち上がる図だろう。サルはやがてひげを生やした男性になり、手に持っている先をとがらせたこん棒はやがて槍に、そして男性はその槍を周囲に向けるようになる。技術はこのように進歩したと私たちは考えているし、今もその物語が経済を形づくっている。

「槍を握った毛むくじゃらのサル」のイメージは、現代で主流とされている「狂暴な発明の父」のナラティブに繋がった。周囲のすべてを犠牲にした闘争、競争、そしてアイデアの拡張を通じて新しい物をこの世にもたらす、発明の父だ。彼は、すばやく行動しろ、壊せ、それ以外に道はない、と言う。経済にイノベーションをもたらすために支払うべき対価だと。

それがもし本当なら、この惑星で生き延びるには、そう、予言者派が山頂から叫ぶ「やめろ！」の言葉に従うほかないだろう。成長をやめろ、実験をやめろ、発明をやめろ！　お願いだから、やめてくれ。

でも、技術史にもしも女性の道具を含めたなら、すべての意味が変わり始める。人類初の道具が狩猟道具ではなく、たとえば掘り棒だったなら、人間の発明は必ずしも「破壊、支配、搾取せよ」ではなかっただろう。女性を、または女性を象徴すると決めたものを軽視するのをやめたら、人間に関するナラティブ全体も経済も世界も、姿を変えるはずだ。ものの見方ががらりと変わる。新しい道が拓ける。

そこにたたずむのが、発明の母だ。

母は言う。さあ、うちに帰る時間よ。

謝辞

はじめに翻訳者のアレックス・フレミングに、私の言葉を英語にする難題を引き受けてくれたことにお礼を申し上げたい。そもそも翻訳自体が大変な作業なのに、私のように英語もスウェーデン語と同じくらい流暢に話し、両言語で自分の意見を持つ著者の言葉を訳すとなるとどれほどの心労があっただろうと、想像することしかできない。

ワイリー・エージェンシー社の担当エージェント、トレイシー・ボアンの優秀な仕事ぶりには感動した。見ていて楽しかった。私をトレイシーに紹介してくれたキャロライン・クレアド＝ペレスにも心から感謝している。

ウィリアム・コリンズ社のアラベラ・パイクは初期段階からこのプロジェクトに期待を寄せてくれ、グレース・ペンジェリーはこの本をすばらしい出来に押し上げてくれた。お二人にお礼を伝えたい。

この本を作るにあたって、ストックホルムのMondial社のエマ・ウルヴァース、シモン・ブラウエルス、オッレ・グルンディンの尽力にも本当に感謝している。トールビョルン・ニルソンは非公式の編集者として（いつもどおり）縁の下の力持ちとして活躍してくれ、本プロジェクトに多大なる貢献を果たしてくれた。

ベステルオースでアイナ・ヴィファルクに関する研究資料を提供してくれた、シェシュティン・レナーとマルガレータ・マヒルにも謝意を伝えたい。スコーネ地域資料館のアレクサンダー・ラスとアンニケ・ピーダーセン、スウェーデン労働運動の資料庫と図書室でお世話になったサラ・ラーゲルグレーン、どうもありがとう。クランクの仕組みを理解する必要があったときに根気よく自動車のエンジンのことを教えてくれたファン・サリナス、英語版書籍の題名を探す手助けをしてくれたセシリー・モトリーにも感謝している。マッツ・パーションにも。

ジョー・シャーキーは旅行とキャスター付きスーツケースに関する私の質問に快く答えてくれた。パンデミックの大混乱のなか、私が産婆に関する資料をイギリスに取り寄せられずにいたところ、私の父であるヴァルデマル・キーロスが英雄的な活躍で助けてくれた。エリーセ・キラスの法律面の支援には助けられたし、私の母、マリア・キラスにも特大の感謝を伝えたい。

Dagens Nyheter 社の同僚のみんな、特にピーア・スカジャマーク、ビョルン・ワイマン、ピーター・ウォロダルスキにも感謝している。

最後に。私のすべてである家族に、心からありがとうと伝えたい。

原註

1

1　バーナード・サドウがキャスター付きスーツケースを思いつくまでの流れは、Sherkey, 2010, https://www.nytimes.com/2010/10/05/business/05road.html を参考にした。
　２０１０年にジョー・シャーキーが聞き役を務めたバーナード・サドウのインタビューについては、本書の著者が２０２０年8月11日にシャーキーにインタビューを行い、詳細な話を聞いた。マット・リドレー著『人類とイノベーション』でも同様のストーリーが紹介されており、これもシャーキーの２０１０年のインタビューをもとにしている。ロバート・シラーは著書『新しい金融秩序』でサドウの発明に言及するにあたり、サドウに電話でインタビューを行うよう当時の助手に依頼した。このインタビューの記録は現存しないようだが、『新しい金融秩序』で述べられている出来事の内容は基本的にはシャーキーが執筆した２０１０年の『ニューヨークタイムズ』紙の記事と同じであるため、信頼性は高いと思われる。２０２０年8月11日のインタビューで本書の著者がシャーキーから聞いた話では、２０１０年の『ニューヨークタイムズ』紙の記事についてサドウは記事公開後に内容の一部を否定したそうだ。具体的にどの部分が否定されたかをシャーキーはあまりよく覚えていなかったが、サドウの描き方や発明の前後の描写には関係がないという。シャーキーの記憶によれば、ロバート・プラスの発明に関する内容のようである。

2　Nelson, 2016, https://www.vox.com/2016/3/29/11326472/hijacking-airplanes-egyptair

3　ジョー・シャーキーが２０１０年8月11日に行ったバーナード・サドウへのインタビューからは、サドウが空港内のどこで車輪のアイデアを思いついたかが具体的にはわからない。著者が２０２０年8月11日に行ったインタビューでシャーキーは、『ニューヨークタイムズ』紙を離れてかなり経つので原稿がもう存在しないと話した。シャーキーの記憶では、サドウは通関手続きのところでひらめいたと言っていたそうだ。

4　バーナード・サドウがキャスター付きスーツケースを製作した話には、別バージョンも（製作を誰かに依頼した説さえも）ある。私はジョー・シャーキーの説を選んだ。２０１０年のサドウへの直接インタビューをもとにした説だ。ほかのバージョンの多くは発明者本人との直接の会話にもとづいていなかったため、信頼性に欠けると私は判断した。

5 Vogel, 2016, p.1 にこの指摘がある。

6 この説の概要については、Bulliet, 2016, pp. 50-59 を参照した。

7 Gasser, 2003. アーカイブ記事はこちら：https://web.archive.org/web/20160826021129/http://www.ukom.gov.si/en/media_room/background_information/culture/worlds_oldest_wheel_found_in_slovenia/

8 米国特許商標庁、特許番号 US3653474A より引用。

9 この章で言及するが、バーナード・サドウ以前にもキャスター付きスーツケースの事例はあった。似通ったアイデアが同時期にそれぞれ独立していくつも現れるのは、ごく一般的な現象のようだ。多くの発明で同じようなことが起きている。「発明者」の功績を手にできるかは、ときに運次第だ。しかし特許資料を見ると、キャスター付きスーツケースの発明者はバーナード・サドウである、というのがある程度の共通見解となっている。バーナード・サドウ以前のキャスター付きスーツケースの米国特許には、Arthur Browning（1969）、Grace and Malcolm McIntyre（1949）、Clarence Norlin（1947）、Barnett Book（1945）、Saviour Mastrontomio（1925）などがある。

10 ノーベル経済学賞は、アルフレッド・ノーベルの遺志に基づいた「真の」ノーベル賞ではない。今でいう経済学がノーベルの時代には存在しなかったからだ。よってこの賞の正式名は、「アルフレッド・ノーベル記念スウェーデン国立銀行経済学賞」である。

11 『新しい金融秩序』原著 p.101.

12 『新しい金融秩序』の執筆中に、シラーの助手が行ったインタビューより。

13 「行く先行く先で拒否されました。スターンズ、メイシーズ、A&Sなど、あらゆる大手百貨店で」とサドウは語った。「荷物を引きずりまわすなんて、頭がおかしいって」

14 『多様性の科学』原著 pp.131-132.

15 May, 1951, p.13.

16 『ナラティブ経済学』原著 pp.37-38.

17 『反脆弱性』原著 pp.187-92.

18 平均17年かかっている。しかしタレブはもっと極端な例を指している。

19 Gladwell, 2011 などを参照。

20 ゼロックス社のコンピューターマウスは、アメリカ人の技術者で発明家、ダグラス・エンゲルバートから得たアイデアだった。

21 車輪がすぐに世界を変えるには至らなかったことについては、Bulliet, 2016, pp.20-24 に詳しく書かれている。

22 ナシーム・ニコラス・タレブが『反脆弱性』でこの点を指摘し、リチャード・W・ブリエが自著『The Camel and the Wheel（ラクダと車輪）』（未邦訳）で掘り下げた。

23 バーナード・サドウはこれを彼の発明の背景情報として、１９７２年の特許出願書で強調した。飛行機移動を中心に考えている点に、サドウがアメリカ人であることが表れているように思える。ヨーロッパでは、かばんとその持ち運び方にまつわる議論は、どちらかというと鉄道を中心に展開されていた。

24 *Tatler*, 'Looking at Luggage', 1961, pp. 34-5.

25 'Portable Porter Has Arrived'（ポータブル・ポーターがやってきた）, *Coventry Evening Telegraph*, 24 June 1948.

26 １９４０年代にはアメリカでも、同じ「ポータブル・ポーター」という名の製品が登場した。発売元はマサチューセッツ州インディアン・オーチャードのマッカーサー・プロダクツ社だった。

27 *The Times*, 1956, p. 15.

28 *Trinity Mirror*, 19 November 1967.

29 Wilson, 1978.

30 シルヴァン・ゴールドマンの記述による。

31 Bulliet, pp. 131-2.

32 こびとがランスロットに乗るように促した荷車は、殺人犯や窃盗犯を入れる荷車と同じ類いのものだった。とにかくランスロットの身分をおとしめることが目的だ。

33 ２０２０年8月11日、当時『ニューヨークタイムズ』紙の旅行記者だったジョー・シャーキーに対して著者が行ったインタビューより。このことが女性の出張にどれほどの影響を与えたか、どれほど唐突な変化に見えたかをシャーキーは語っている。

34 これを思いついたのは、ヘルガ・ヘレン・フォージとハンス・トマス・トムセンだ。メールでこの情報を知らせてくれたロジャー・エクルンドに感謝している。

35 このスーツケースはRollaboardという名で世に広まり、ロバート・プラスが立ち上げたTravelpro社は、業界を牽引する企業に成長した。すべてはプラスの発明のおかげだ。

2

1 ベルタ・ベンツの逸話は何度も書籍で語られている。たとえば、Leisner, 2014 や Elis, 2010 など。後者はストーリーを生き生きと描くためにフィクションの要素を多く入れている。ベルタのエピソードが現代に正確に伝わっていないのは、こうしたフィクション要素も一因に違いない。また、Nixon, 1936などの古いリソースでは、ベルタの旅は違った描かれ方をしていることを記しておきたい。プフォルツハイム行きに関するNixonの記述を見ると、主に運転したのはベルタ本人ではなく息子たちであると仮定されているように見受けられる。思うに、当時の価値観が反映されているのだろう。夫の会社への積極的な関与についてわかっている事実を踏まえれば、ベルタが単なる受け身の乗客として旅したというのはどう見ても考えられない。しかし私は、本書ではバランスをとるよう努め、ベルタと2人の若き息子たちの共同作業として描いたつもりだ。

2　1886年11月2日、カール・ベンツが申請した特許第37435号「Fahrzeug mit Gasmotorenbetrieb（ガソリンを動力とする自動車）」が特許局より発効された。

3　これが、電源内蔵型の原動機付き車両として製作された世界初の自動車だ。これ以前の試みは、多かれ少なかれ、馬が引く馬車を電動化するという発想に基づいていた。ベンツは前輪駆動を採用して操縦しやすい車を作った。

4　Elis, 2010で、カール・ベンツは「発明する」のは好きだが「発明された物を使う」のは好きではなかったと書かれている。

5　Matthews, 1960.

6　Scharff, 1992, pp. 22-3.

7　これについて詳しくは、Mom, 2004, pp. 276-84、またはScharff, 1992, pp. 35-50などを参照。

8　Scharff, 1998, p. 79.

9　1899年にベルギー人のカミーユ・ジェナッツィがベルギーの電気自動車、ラ・ジャメ・コンタント号をこのスピードで運転した。

10　ポープ・ウェイバリーというブランドの広告。Scharff, 1992, p. 35.

11　アンダーソン電気自動車会社の広告。Scharff, 1992, p. 38.

12　モンゴメリ・ローリンズの言葉。Scharff, 1992, p. 42.

13　アメリカの『ウィメンズ・ホーム・コンパニオン』誌の自動車コラムニスト、カール・H・クラウディによる。Scharff, 1992, p. 41.

14　Scharff, 1992, p. 53.

15　「プッシュ・プル・ティラー」と呼ばれた。

16　デトロイト・エレクトリック社の広告には、「デトロイト・エレクトリックの自動車には、上品なご婦人方のための強みがあります。車内にいながらにして、化粧をいっさい崩さず、髪型もきれいなまま保っていられます」とあった。Scharff, 1992, p. 38.

17　E・P・チャルファンは１９１６年にこれを書いた。Mom, 2004, p. 279.

18　「それは『淑女の車』じゃないか。丘を登れないし、それほど速く走れないらしいぞ」と、フェイカー陸軍元帥が言ったそうだ。Mom, 2004, p. 280.

19　「軟弱なもの、または世間でそう思われているものは、アメリカの男性からは支持されない。男性は自分が肉体的に『精力旺盛』で『剛健』かどうかはさておき、少なくともそうありたいと願っている。自動車だろうが色だろうが女性を喜ばせるというだけで、男性が興味を抱いていた物はたちまち受け付けられない物へと変わる。電気自動車に対してもそうなるのは、どう考えても非論理的だ。女性の車であるのと同じくらい、男性の車でもあるのだから」。『Electric Vehicles』誌の１９１６年の社説「The Kind of Car a Man Wants（男性が求める車とは）」より。Mom, 2004, p. 281.

20　このエピソードには不確かな点がたくさんある。Boyd, 1957, p. 68 で詳しく語られているが、これはバイロン・カーターの死後数十年経って書かれた。カーターは享年44であるにもかかわらず、もっと年配の男性として描かれている。とはいえ、クランク関連の事故で亡くなった点は共通認識と言えそうだ。

21　Boyd, 1957, p. 54.

22　アメリカ人技師のチャールズ・デュリエによる。Scharff, 1992.

23　Casey, 2008, p. 101.

24　Scharff, 1992, p. 63 に引用の広告より。

25　「ガソリン車の設計に毎年画期的な変更が加えられるようになったが、女性向けに寄せる流れが大きな要因であると認めざるをえない」。「柔らかくよく沈む布張りのシート、外観の美しいライン、簡素化された操作、エンジンスタートやタイヤの空気入れなどが自動に近くなったことはどれも、より軟弱な性に配慮した証である」。「ガソリン車は年々、電動化している」。『Electric Vehicles』誌の社説の抜粋。Mom, 2004, p. 282.

26　Mom, 2004, p. 293.

27　ハイス・マムが「文化的要因」と表現した、ほぼ例外なくジェンダーとジェンダー観に繋がっている要因を、著者はこう解釈した。

28　Madrigal, 2011.

29 １００年以上経ったころに同じ発想が再び生まれる。イスラエルの起業家シャイ・アガシが「電気自動車のバッテリーが問題であるなら、すばやく簡単にバッテリー交換できるインフラストラクチャを構築するべきだ」と主張したのだ。ロボットを使用してバッテリーをおよそ５分で充電済みのものに交換するという試みが始まった。10億ドル近くをつぎ込むプロジェクトとなったが、ほぼ何もかもが想定どおりにはいかず、失敗に終わった。

3

1 Monchaux, 2011, pp. 118-24.

2 Dean, 1987, pp. 7-23.

3 Monchaux, 2011, pp. 123-4.

4 宇宙服作りがいかに難題かについては、St Clair, 2018, pp. 223-46 を参照。

5 Monchaux, 2011, pp. 198-9.

6 Aldrin, 2009, p. 44.

7 Monchaux, 2011, pp. 209-24.

8 Churchill, 2005, p. 645.

9 Beevor, 1998, p. 28.

10 Schwartz, 1998, https://www.brookings.edu/the-costs-of-the-manhattan-project/

11 第二次世界大戦の１９４２〜１９４５年のあいだにアメリカが使用した爆弾、地雷、手榴弾の総額は３１５億ドル。上に記載の Schwartz の記事を参照した。戦車の総額は６４０億ドル。すべて１９９６年のドルの価値に換算されている。

12 アメリカの生産性は落ちていた。Field, 2018, https://www.scu.edu/business/economics/research/working-papers/field-wwii/ を参照。第二次世界大戦がイノベーションに与えた負の影響に関しては、Alexopoulos, 2011, pp. 1144-79 を参照。

13 技術が戦争で役割を持たないと言いたいわけでは決してなく、軍事用に発明された技術が未来を決定づけるほどの要素となることは稀だという意味だ。その技術を活用する国家の能力が何より重要となる。たとえば、Boot, 2006 で著者は、三十年戦争中のブライテンフェルトの戦いとリュッツェンの戦いでスウェーデン軍が勝利した際に火薬が果たした役割を、わかりやすい例として挙げている。２つの戦いが起こったのは１６００年代だが、当然ながら火薬はそのずっと昔から存在していた。鍵を握るのは発明自体というより使用方法なのだとわかる。

14 「戦争中に科学が急激に進歩するという説は間違っている。活性化される分野もなかにはあるかもしれないが、全体的には学問の進歩は鈍化する」。これは1948年9月の英国科学振興協会に向けた会長演説からの引用である。『戦争国家イギリス』原著 p. 215。

15 Stanley, 1993, pp. 9-10.

16 Randall Haas, James Watwon, Tammy Buonasera, John Southon, Jennifer C Chen, Sarah Noe, Kevin Smith, Carlos Viviano Llave, Jelmer Eerkens, Glendon Parker 著, ‘Female hunters of the early Americas（古代の南北アメリカに存在した女性狩猟者）’ ,*Science Advances*, 04 Nov 2020, https://advances.sciencemag.org/content/6/45/eabd0310

17 Nyberg,2009,https://www.divaportal.org/smash/get/diva2:999200/FULLTEXT01.pdf

18 そのガールフレンドは名をエミリー・デュ・シャトレといい、将来の収入に対する経済保証という近代型の金融派生商品のようなものを発明した。シャトレはこれで大金を稼ぎ、ついにはその利益でヴォルテールを自由の身にした。

19 St Clair, 2018, pp. 29-34.

20 Öberg, 1996, pp. 285-9.

21 Sommestad, 1992.

22 Pook, 2019 で言及された実例に基づく。https://www.stylist.co.uk/life/womens-textiles-crafts-female-skills-sexism-not-seen-as-art-anni-albers-tate/233457

23 例は、Merritt, 1991, pp. 235-306 を参照。

24 Funderburg, 2000, https://www.inventionandtech.com/content/making-teflon-stick-1

25 de Monchaux, *Spacesuit*, pp. 211-12.

4

1 ジョージ・スティビッツの講義の記述は、Campbell-Kelly and Williams, 1985 に記載の講義の書き起こしに基づく。

2 「……これから自動コンピューターがもたらす価値と、そうした機械を構築する理由について、私の見解を語るよう言われました」。Campbell-Kelly and Williams, 1985, p. 4.

3 Campbell-Kelly and Williams, 1985, p. 11.

4 Campbell-Kelly and Williams, 1985, p. 13.

5 スコットランド国立図書館のデジタルギャラリー「Scottish Science Hall of Fame」の「ジェームズ・ワット」の欄を参照。https://digital.nls.uk/scientists/index.

html

6 *Allehanda.se*, 27 October 2005.

7 Grier, 2005.

8 Comrie, 1944, pp. 90-95.

9 ガスパール・ド・プロニーがアダム・スミスの『国富論』で作業の分割について読んだのをきっかけに、タスクの細分化ができると気付いたとされている。Grier, 2005, p. 36.

10 Kwass, 2006, pp. 631-59.

11 Grattan-Guinness, 1990, pp. 177-85.

12 Grier, 2005, pp. 112-13.

13 「コンピューターの職では女性が大きな割合を占めていたが、ほかにもアフリカ系アメリカ人、ユダヤ人、アイルランド人、障がい者、貧しい人などが加わった」。Grier, 2005, pp. 276 からの引用。

14 Grier, 2005, p. 214.

15 Grier, 2005, p. 276.

16 Lewin, 2001, p. 76.

17 Smith, 1998, p. 7.

18 Smith, 1998, pp. 25-6.

19 Tarlé, 1937, p. 66 を参照。

20 Abbate, 2012, p. 21.

21 アメリカのＥＮＩＡＣが世界初の電子計算機だという頑固な思い違いが今もある。２年先にイギリスで開発されたコロッサスが、長く機密扱いとされてきたのが原因だ。Copeland, 2006, p. 101 を参照。

22 「……ですから機械も生徒と似たようなものです……だから厚かましくも言いますが、私は世界一のコーダーだと自負しています」。Copeland, 2006, p. 70 を参照。

23 Hicks, 2017, p. 21.

24 Hicks, 2017, pp. 93-4.

25 Bradley, 1995, pp. 17-33.

26 Hicks, 2018, pp. 48-57.

27 ２０２０年４月７日に著者が実施したインタビューより。

28 アラン・チューリング研究の専門家であるジャック・コープランド教授は、チューリングの死因が本当に自殺かを疑っている。警察は食べかけのりんごからの毒物検出を確かめなかった。コープランド教授は、事故死だった可能性もありうると見ている。

29 Hoke, 1979, pp. 76-88 などを参照。

30 Zimmeck, 1995, pp. 52-66 などを参照。

31 そのメモはこちらで読むことができる。https://gizmodo.com/exclusive-heres-the-full-10-page-anti-

diversity-screed-1797564320

5

1 アイナ・ヴィファルクの病気の描写は、１９４９年にルンドでポリオの治療を行った際の医療記録に基づく。この記録の入手に力を貸してくれた、スコーネ地域資料館のシニア資料管理者、アンニケ・ピーダーセンに感謝している。

2 Axelsson, 2004, p. 68.

3 惜しみなく手助けをしてくれたシェシュティン・レナーとマルガレータ・マヒルに謝意を示したい。Medicinhistoriska Sällskapet Westmannia出版の『Aina Wifalk och rollatorn（Aina Wifalk and the Rollator）』執筆時に使用した資料を紹介してくれた。

4 グンナル・エクマンの最初の歩行器の設計図は、マルガレータ・マヒルとシェシュティン・レナーの協力があって入手できた。

5 Willis, 2015.

6 このエピソードについては諸説ある。著者は、マルガレータ・マヒルとシェシュティン・レナーがアイナ・ヴィファルクの生涯についての研究で明らかにした情報を信頼している。詳細は２０２０年1月14日にベステルオースで行った2人へのインタビューに基づく。

7 Adler, 1973, p. 162を参照。２０１０年にキャリー・ウォレスがこの出来事について小説『The Blind Contessa's New Machine』（未邦訳、Pamela Dorman Books）を出した。

8 *Googlers*, 2018, https://www.blog.google/inside-google/googlers/vint-cerf-accessibility-cello-and-noisy-hearing-aids/

9 McGrane, 2002.

10 Levsen, 2014, pp. 69-78.

11 Jansson, 1981.

12 UNSGSA, 2018, Annual Report to the Secretary-General（事務総長向け年次報告書）, p. 12, https://www.unsgsa.org/files/1715/3790/0214/_AR_2018_web.pdf。データ出典：Global Banking Alliance for Women 2017, Women's World Banking（女性のための世界銀行）/Cambridge Associates, 2017.

13 ただし、子どもを持たない女性の収入が子どもを持たない男性の収入よりも高い国ならいくつかある。

14 Heller, 2020、およびBaird, 2017, pp. 11-14.

15 『ベンチャーキャピタル全史』参照。

16 ただしロス・ベアードらが指摘するように、現代の私たちは鯨ではなく「ユニコーン」（10億ドルを超える価値を生み出す力を持つ企業）を狩っている。

17 英国ビジネス銀行による２０１９年のレポート「UK Venture Capital and Female Founders（イギリスのベンチャーキャピタルと女性創業者）」、https://www.british-business-bank.co.uk/wp-content/uploads/2019/02/British-Business-Bank-UK-Venture-Capital-and-Female-Founders-Report.pdf

18 Jeffery, 2020.

19 Skonieczna and Castellano,2020,https://ec.europa.eu/info/sites/info/files/economy-finance/dp129_en.pdf, p.5 などを参照。

20 Clark, 2019, https://techcrunch.com/2019/12/09/us-vc-investment-in-female-founders-hits-all-time-high/?guccounter=1

21 全米女性経営者団体、女性経営者に関する統計データに基づく。https://www.nawbo.org/resources/women-business-owner-statistics

22 Sherman, 2019.

23 グーグル社が受け取ったのは３６００万ドル。Voi 社は２０１９年だけで８５００万ドル。出典：Sherman, 2019 および O'Hear, 2011.

24 Hinchliffe, 2020, https://fortune.com/2020/03/02/female-founders-funding-2019/

25 「Zebras Fix What Unicorns Break」というセッションのなかで、ジェニファー・ブランデルとマーラ・ゼペダによりこれが議論された。https://medium.com/zebras-unite/zebrasfix-c467e55f9d96

26 １９９８年にユトランドのグラステン・パレスで開かれた、ザイン＝ヴィトゲンシュタイン＝ベルレブルク家のアレクサンドラ王女の結婚式。

6

1 Robehmed, 2018, https://www.forbes.com/sites/forbesdigitalcovers/2018/07/11/how-20-year-old-kylie-jenner-built-a-900-million-fortune-in-less-than-3-years/#696d992daa62

2 『フォーブス』誌は２０２０年にカイリー・ジェンナーの「億万長者」の肩書きを撤回した。Peterson-Whithorn and Berg, 2020, https://www.forbes.com/sites/chasewithorn/2020/05/29/inside-kylie-jennerss-web-of-lies-and-why-shes-no-longer-a-billionaire/#46ab247d25f7

3　母親のクリス・ジェンナーは以前、アメフト選手O・J・シンプソンの弁護士として認知度を高めたロバート・カーダシアンと婚姻関係にあった。二人のあいだに生まれたのが、コートニー、キム、クロエ、ロブの4人だ。クリス・ジェンナーは後にオリンピック出場の陸上選手ブルース・ジェンナーと結婚。ブルースは2017年にトランスジェンダーであることを公表し、今はケイトリン・ジェンナーに改名している。2人の娘、ケンダルとカイリーが2人のあいだに生まれている。

4　@KylieJenner、2018年2月21日のツイート。

5　Badkar, 2018.

6　Packer, 2011 に引用されている。

7　このなかで唯一、アップル社の女性従業員の割合は20%にとどまり、その大半が白人だ。

8　著者の前作『アダム・スミスの夕食を作ったのは誰か?』(河出書房新社、2021年)を参照。

9　Zhang, 2017, pp. 184-204.

10　Wissinger, 2015 で定義された言葉。

11　Duffy, 2017, p. 19 に引用されている。

12　Kaijser and Björk, 2014.

13　女性たちによるヴェルサイユ行進(10月事件とも呼ばれる)を指している。1789年10月5日、主に女性6000人以上がパリからヴェルサイユ宮殿へと行進した。国王が折れ、飢えた民衆に王家の食料庫を開いた。国王一家は民衆によって首都パリへと連れ戻され、チュイルリー宮殿で軟禁状態とされた。

14　1917年3月8日、女性たちがパンを求めてペトログラードの通りでデモを行った。これがロシアの二月革命のきっかけとなったほか、この出来事にちなんで国際女性デーが祝われるようになった。

15　ル・ボン・マルシェ百貨店は1838年に創業され、1852年にアリスティッド・ブシコーにより刷新された。世界初の百貨店のひとつと認められており、今もなお営業を続けている。

16　固定価格システムはパリのいくつかの店舗にすでに導入されていた。Tamilia, 2007, p. 229 を参照。

17　「ムーレの創造した百貨店は新しい宗教をもたらし、信仰心が衰え次第に人の来なくなった教会の代りを百貨店がつとめ、それ以後空虚な人々の心に入り込んだ。女性は暇な時間をムーレのところにやって来て過ごすようになった。かつてはチャペルの奥で震えおののき不安な時間を過ごしたというのに。それは精神の情熱の必然的な消費であり、夫と新しい神との闘いであり、美という天上の神を崇め、身体を絶えず再生させる信仰であった」。Zola, 2001, p. 415より抜粋（論創社、２０２３年）。

18 「女性が自分の力で外に出かけたいと思うようになったころにちょうど開業したのです。女性は百貨店に出向き、夢見てきたことのいくつかを現実にしました」。Willson, 2014, p. 109に引用されている。

19 Hund and McGuigan, 2019, pp. 18-35.

20 たとえばSlyceだ。

21 Ritzer and Jurgenson, 2010, pp. 13-36.

22 ところがヴィクトリア時代のイギリスでは、労働者階級の理想的な主婦に仲間入りしようと思えば、外で働く必要があった。農業でもシャツの縫製でも何でもいいから、一日10〜15時間程度。通常の家事に加えてこれだけ働いていた。

23 Cleaf, 2015, pp. 247-64などを参照。

24 ウィンストン・チャーチルはこの言葉を同日に下院でも繰り返している。

25 当時のジョージ・W・ブッシュ大統領のスピーチ「Islam is Peace」より。２００１年9月17日、イスラミック・センター・オブ・ワシントンDCにて。https://georgewbush-whitehouse.archives.gov/news/releases/2001/09/20010917-11.html

26 Standing, 1999, pp. 583-602

27 Lord, 2014.

7

1 『ＡＩは「心」を持てるのか』原著pp. 28-47。

2 聖書（創２：７）

3 Riskin, 2017, pp. 44-61.

4 Cobb, 2020, pp. 145-56.

5 『ダイアネティックス 自分の能力を最大限にする本』原著p. 41。

6 「……これを使って他人の手助けもしてきました」。'Celebrity Scientologists and Stars Who Have Left the Church', *US Weekly*, 18 June 2020, https://www.usmagazine.com/celebrity-news/pictures/celebrity-scientologists-2012107/23623-2/に引用されている。

7 マックス・テグマークは、２０１９年11月22日開催のワールド・サイエンス・フェスティバルのセミナー「To Be or Not to Be Bionic: On Immortality and Superhumanism」でこの話題について語った。スティーヴン・ホーキングの意見については、Neal, 2013, https://www.vice.com/en_us/article/ezzj8z/scientists-are-convinced-mind-transfer-is-the-key-to-immortalityを参照。

8　『ブラック・スワン』原著 pp. xxi-xxii.

9　著者による2020年4月5日のインタビューでこのように語った。

10　『Uberland ウーバーランド』などを参照。

11　Scheiber, 2019.

12　Plesner, 2020, pp. 23-4.

13　Nilsson, 2020.

14　Temperton, 2018.

15　宅配サービスのDPD社はフランスの国営企業だ。註14の Temperton の記事で、代役を見つけられずに出勤して死亡したDPDの労働者の事例が紹介されている。

16　Berger, 2019, pp. 429-77.

8

1　Williams, 2009, pp. 38-41.

2　Stockton, 2015, https://www.wired.com/2015/09/mind-bending-physics-tennis-balls-spin/

3　『ニュートンの海』原著 pp. 81-2。

4　ポランニーのパラドックスは、Autor, 2014 で経済面からこのように論じられている。

5　Cummings, 2020, http://hal.pratt.duke.edu/sites/hal.pratt.duke.edu/files/u39/2020-min.pdf

6　ハンブルグでのガルリ・カスパロフの対戦は、『DEEP THINKING ディープ・シンキング』原著 pp. 1-5 に基づく。

7　『DEEP THINKING ディープ・シンキング』原著 p. 2.

8　「データから予測を出す作業では、アルゴリズムは人間に圧勝できる。だが、ロボットはホテルのメイドがやる清掃作業はできない。本質的に、AIは高度な思考にすぐれている。だがロボットは指をうまく動かせない」『AI世界秩序』原著 p. 166 からの引用。

9　この有名な指摘はロボット工学研究者のハンス・モラベックが発見した「モラベックのパラドックス」として知られる。人間が複雑と感じ、習得するのに何年もかかるもの、たとえば数学やチェスを、ロボットは簡単に習得できるという指摘だ。一方で人間が簡単と感じるものにロボットは苦戦する。歩く、ドアを開ける、自転車に乗る、「けんけんぱ」をするなどだ。これらはすべて肉体の知性、つまり人類が外界との触れ合いを通して肉体で学んできたものである。「しかし積み上がってきた証拠から、コンピューターにとって成人と同等のレベルで知能テストを解いたりチェッカーをしたりするのは比較的簡単であること、一方で知覚や移動能力となると1歳児並みの動作さえ難しいか不可能であることが明らかになってきた」。『電脳生物たち』原著 p. 15。ただしそうした分野でも、完璧にとは言わずとも機械が徐々に優勢になるだろうとハンス・モラベックは確信していることを付け加えておきたい。1988年に指摘したパラドックスはやがては克服されるだろうという見解だ。

10 Frey and Osborne, 2017, pp. 254-80.

11 Bootle, 2019 でこれが指摘されている。

12 「AI黎明期に選ばれたプロジェクトから判断するに、知性は教養のある男性科学者にとって難易度が高い物事で測るのが最適だと考えられている」。Brooks, 2003, p. 36.

13 Brooks, 1990, pp. 3-15.

14 Yalom, 2005.

15 Wallace, 2016.

16 CNN, 2018, https://www.kjrh.com/news/national/serena-williams-cartoon-racist

9

1 フリードリヒ・エンゲルスは1842年10月にベルリンで兵役を終えたばかりだった。

2 Hunt, 2009, pp. 63-4.

3 『資本主義、社会主義、民主主義』原著 p. 76。

4 『イギリスにおける労働者階級の状態』より。

5 『ザ・セカンド・マシン・エイジ』などを参照。

6 『ロボットの脅威』などを参照。

7 『テクノロジーの世界経済史』原著 p. 11。

8 Frey, 2018, pp. 418-42.

9 『ホモ・デウス』原著 pp. 369-81.

10 TEDカンファレンスのチケットは1万ドルだが、5000ドルで入手する方法もある。

11 たとえばマーク・ザッカーバーグやイーロン・マスクなんかが最も有名だ。

12 この物語は『イギリスにおける労働者階級の状態』原著 pp. 154-7 に基づく。

13 *The Economist*, 2019.

14 Das and Kotikula, 2019.

15 世界のほとんどの地域で（南アジアを除く）サービス業の大半を女性が占め、世界のどの地域でも製造業の大半を男性が占めている。

16 Allen, 2009, pp. 418-35.

17 Zagorsky, 2007, pp. 489-501.

18 Richardson and Norgate, 2015, pp. 153-69 などを参照。

19 Frey and Osborne, 2013.

20 Arntz, Gregory and Zierahn, 2016.

21 いずれもアメリカの労働市場に関する数値である。

22 Frey and Osborne, 2013 で機械が前進しにくい領域について言及されている。構造化されていない環境で肉体的なタスクを行う能力、認知知性（創造力と複雑な推理を行う能力）、社会知性の3つだ。Nedelkoska and Quintini, 2018 でも同様の領域が示されている。

23 Webb, 2019 は、こうした理由から女性が大半を占める業界では自動化のリスクは比較的小さいだろうと示している。

24 Webb, 2019 は、自動化されるリスクを次の3カテゴリーに分類している。ロボットによって自動化される仕事、新しいソフトウェアに取って代わられる仕事、ＡＩに取って代わられる仕事。いずれのカテゴリーでもリスクと可能性は女性が大半を占める業界で大幅に小さくなる。

25 Levanon and England, 2009, pp. 865-91.

26 Hegewisch, Childers and Hartmann, 2019, https://www.researchgate.net/profile/Ariane_Hegewisch/publication/333517425_Women_Automation_and_the_Future_of_Work/links/5cf15aca4585153c3daa1709/Women-Automation-and-the-Future-of-Work.pdf

27 Reardon, 2019, https://www.nature.com/articles/d41586-019-03847-z などを参照。

28 アメリカの医療業界の給料データは、ヨーロッパとは違う形で「市場に左右」されていると著者は考えている。Walter, 2019 を参照。

29 経済学者はこの話をするのが好きだ。世界開発報告２０１９「仕事の本質の変化」原著 p. 18 などを参照。

30 こうした国の介入に関しては、『テクノロジーの世界経済史』で指摘されている。

31 Hobsbawm, 1952, pp. 57-70.

10

1 『雨の自然誌』原著 pp. 46-8 などを参照。

2 『デモノロジー（悪魔学）』という題の本で１５９７年に出版された。

3 インノケンティウスⅧ世が１４８４年に発行した『Summis desiderantes affectibus』にそう書かれている。

4 『歴史を変えた気候大変動』などを参照。

5 Oster, 2004, pp. 215-28.

6　Swain, 2002, pp. 73-88.

7　Miguel, 2005, http://emiguel.econ.berkeley.edu/assets/assets/miguel_research/44/_Paper_Poverty_and_Witch_Killing.pdf

8　Follett, 2017でこの指摘がされている。

9　Chaudhuri, 2012.

10　たとえば遠慮なくものを言う未亡人や、未婚の母などだ。１９９０年代にガーナの一部で同様の現象が見られた。社会が誰かを病気や事故の原因に仕立て上げる必要があったため、複数の女性が魔女だと告発された。村の外に住んでいた遠慮なくものを言う女性を選び、魔女と決めつけた。Whitaker, 2012.

11　ヤーコプ・シュプレンガーと共に執筆した。

12　Stephens, 2002, pp. 36-7.

13　１５３８年にスペイン異端審問は、その本の全情報を鵜呑みにしてはならないと警告した。

14　『キャリバンと魔女』原著 pp. 186-7.

15　Christian, 2017.

16　Leeson and Russ, 2018, pp. 2066-2105.

17　このテーマを研究する最も有名なフェミニストはおそらく、『自然の死』を執筆したキャロリン・マーチャントだろう。

18　この考えは「化石燃料産業の男性権威主義」という言葉に要約される。Daggett, 2018, pp. 25-44などを参照。

19　Muro, Tomer, Shivaram and Kane, 2019.

20　Kuehn, 2013.

21　ジョン・メイナード・ケインズの言葉は、Davenport-Hines, 2015, p. 138に引用されている。

22　Conniff, 2014, https://www.smithsonianmag.com/history/alchemy-may-not-been-pseudoscience-we-thought-it-was-180949430/

23　２０１９年9月25日、ニューヨーク国連本部でのグレタ・トゥーンベリのスピーチより。

24　『魔術師と予言者』を参照。

25　『魔術師と予言者』原著 p. 8.

26　１８９４年、シカゴ大学Ryerson物理学研究所におけるアルバート・マイケルソンのスピーチより。

Abroad Became a People's Pursuit), Trafik-Nostalgiska Förlaget, Stockholm, 2015
Willson, Jackie, *Being Gorgeous: Feminism, Sexuality and the Pleasures of the Visual*, I B Tauris, London, 2014
Wilson, Terry P, *The Cart that Changed the World*, University of Oklahoma Press, Norman, 1978
Wissinger, Elizabeth A, *This Year's Model: Fashion, Media, and the Making of Glamour*, NYU Press, New York, 2015
World Bank Group, 'The Changing Nature of Work', World Development Report 2019〔「仕事の本質の変化」世界開発報告 2019、一灯舎〕
Yalom, Marilyn, *The Birth of the Chess Queen: A History*, Harper Perennial, New York, 2005
Zagorsky, Jay L, 'Do You Have to be Smart to be Rich? The Impact of IQ on Wealth, Income and Financial Distress', *Intelligence*, vol. 35, no. 5, 2007
Zarkadakis, George, *In Our Own Image: Will Artificial Intelligence Save or Destroy Us?*, Rider, London, 2015〔『AIは「心」を持てるのか』ジョージ・ザルカダキス著、長尾高弘訳、日経BP、2015〕
Zhang, L, 'Fashioning the Feminine Self in "Prosumer Capitalism": Women's Work and the Transnational Reselling of Western Luxury Online', *Journal of Consumer Culture*, vol. 17, no. 2, 2017
Zimmeck, Meta, 'The Mysteries of the Typewriter: Technology and Gender in the British Civil Service, 1870-1914', *Women Workers and the Technological Change in Europe in the Nineteenth and Twentieth Centuries*, ed. Gertjan Groot and Marlou Schrover, Taylor & Francis, London, 1995
Zola, Émile, *Au Bonheur des Dames* (*The Ladies' Delight*), trans. Robin Buss, Penguin Classics, London, 2001〔『ボヌール・デ・ダム百貨店』エミール・ゾラ著、伊藤桂子訳、論創社、2023〕

St Clair, Kassia, *The Golden Thread: How Fabric Changed History*, John Murray Press, London, 2018

Stephens, Walter, *Demon Lovers: Witchcraft, Sex, and the Crisis of Beliefs*, University of Chicago Press, Chicago, 2002

Stockton, Nick, 'The Mind-Bending Physics of a Tennis Ball's Spin', *Wired*, 9 December 2015

Sussman, Charlotte, *Consuming Anxieties: Consumer Protest, Gender & British Slavery, 1713-1833*, Stanford University Press, Stanford, 2000

Swain, John, 'Witchcraft, Economy and Society in the Forest of Pendle', *The Lancashire Witches: Histories and Stories*, ed. Robert Poole, Manchester University Press, Manchester, 2002

Syed, Matthew, *Rebel Ideas: The Power of Diverse Thinking*, John Murray Press, London, 2019〔『多様性の科学　画一的で凋落する組織、複数の視点で問題を解決する組織』マシュー・サイド著、トランネット翻訳協力、ディスカヴァー・トゥエンティワン、2021〕

Taleb, Nassim Nicholas, *The Black Swan: The Impact of the Highly Improbable* (Allen Lane, London, 2007)〔『ブラック・スワン』ナシーム・ニコラス・タレブ著、望月衛訳、ダイヤモンド社、2009〕

—, *Antifragile: Things that Gain from Disorder*, Penguin Books, London, 2012〔『反脆弱性』ナシーム・ニコラス・タレブ著、望月衛、千葉敏生訳、ダイヤモンド社、2017〕

Tamilia, Robert, 'World's Fairs and the Department Store 1800s to 1930s', *Marketing History at the Center*, vol. 13, 2007

Tarlé, Eugene, *Bonaparte*, Knight Publications, New York, 1937

Tatler, 'Looking at Luggage', 25 January 1961

Temperton, James, 'The Gig Economy is Being Fuelled by Exploitation, Not Innovation', *Wired Opinion*, 8 February 2018

The Times, 'The Look of Luggage', 17 May 1956

UNSGSA, 2018, *Annual Report to the Secretary-General*, www.unsgsa.org

Van Cleaf, Kara, '"Of Woman Born" to Mommy Blogged: The Journey from the Personal as Political to the Personal as Commodity', *Women's Studies Quarterly*, vol. 43, no. 3/4, 2015

Vogel, Steven, *Why the Wheel is Round: Muscles, Technology and How We Make Things Move*, University of Chicago Press, Chicago, 2016

Wallace, David Foster, 'Roger Federer as Religious Experience', *String Theory: David Foster Wallace on Tennis*, Library of America, New York, 2016〔『フェデラーの一瞬』デイヴィッド・フォスター・ウォレス著、阿部重夫訳、河出書房新社、2020〕

Walter, Michael, 'Radiologists Earn $419K per Year, up 4% from 2018', *Radiology Business*, 11 April 2019

Webb, Michael, 'The Impact of Artificial Intelligence on the Labor Market', paper, Stanford University, 6 November 2019

Whitaker, Kati, 'Ghana Witch Camps: Widows' Lives in Exile', *BBC News*, 1 September 2012

Williams, Serena (with Daniel Paisner), *My Life: Queen of the Court*, Simon & Schuster, New York, 2009

Willis, Göran, *Charter till solen: När utlandssemestern blev ett folknöje* (*Charter to the Sun: When Holidaying*

Ritzer, George and Jurgenson, Nathan, 'Production, Consumption, Prosumption: The Nature of Capitalism in the Age of the Digital "Prosumer"', *Journal of Consumer Culture*, vol. 10, no. 1, 2010

Robehmed, Natalie, 'How 20-Year-Old Kylie Jenner Built a $900 Million Fortune in Less than 3 Years', *Forbes*, 11 July 2018

Rosenblat, Alex, *Uberland: How Algorithms Are Rewriting the Rules of Work*, University of California Press, Oakland, 2018〔『Uberland ウーバーランド』アレックス・ローゼンブラット著、飯嶋貴子訳、青土社、2019〕

Scharff, Virginia, *Taking the Wheel: Women and the Coming of the Motor Age*, University of New Mexico Press, New York, 1992

—, 'Femininity and the Electric Car', *Sex/Machine: Readings in Culture, Gender, and Technology*, ed. Patrick D Hopkins, Indiana University Press, Bloomington/Indianapolis, 1998

Scheiber, Noam, 'Inside an Amazon Warehouse, Robots' Ways Rub Off on Humans', *New York Times*, 3 July 2019

Schumpeter, Joseph A, *Capitalism, Socialism and Democracy*, Harper Torchbooks, New York, 1976〔『資本主義、社会主義、民主主義』Ⅰ・Ⅱ、ヨーゼフ・シュンペーター著、大野一訳、日経 BP、2016〕

Schwartz, Stephen, 'The U.S. Nuclear Weapons Cost Study Project', Brookings Institute, 1 August 1998, https://www.brookings.edu/the-costs-of-the-manhattan-project/

Sharkey, Joe, 'Reinventing the Suitcase by Adding the Wheel', *New York Times*, 4 October 2010

Sherman, Leonard, '"Blitzscaling" Is Choking Innovation – and Wasting Money', *Wired*, 7 November 2019〔日本語記事：「ブリッツスケーリング」がイノヴェイションの芽を枯らしている：スタートアップを育てるためのVCマネー再考、https://wired.jp/membership/2019/10/16/blitzscaling-is-choking-innovation/〕

Shiller, Robert, *The New Financial Order*, Princeton University Press, New Jersey, 2003〔『新しい金融秩序』ロバート・J・シラー著、田村勝省訳、日本経済新聞社、2004〕

—, *Narrative Economics: How Stories Go Viral and Drive Major Economic Events*, Princeton University Press, Princeton/Oxford, 2019〔『ナラティブ経済学』ロバート・J・シラー著、山形浩生訳、東洋経済新報社、2021〕

Skonieczna, Agnieszka and Castellano, Letizia, 'Gender Smart Financing: Investing In & With Women: Opportunities for Europe', European Commission Discussion Paper 129, July 2020

Smith, Michael, *Station X: The Codebreakers of Bletchley Park*, Channel 4 Books, London, 1998

Sommestad, Lena, *Från mejerska till mejerist: En studie av mejeriyrkets maskuliniseringsprocess* (*From Dairymaid to Dairyman: A Study of the Masculinisation of the Dairy Profession*), Arkiv Förlag, Stockholm, 1992

Standing, Guy, 'Global Feminization Through Flexible Labor: A Theme Revisited', *World Development*, vol. 27, no. 3, Elsevier, 1999

Stanley, Autumn, *Mothers and Daughters of Invention: Notes for a Revised History of Technology*, Scarecrow Press, London, 1993

Neal, Meghan, 'Scientists Are Convinced Mind Transfer is the Key to Immortality', *Tech By Vice*, 26 September 2013

Nedelkoska, Ljubica and Quintini, Glenda, 'Automation, Skills Use and Training', *OECD Social, Employment and Migration Working Papers*, no. 202, 2018, OECD Publishing, Paris

Nelson, Libby, 'The US Once Had More than 130 Hijackings in 4 Years. Here's Why They Finally Stopped', *Vox*, 29 March 2016

Nicholas, Tom, *VC: An American History*, Harvard University Press, New York, 2019〔『ベンチャーキャピタル全史』トム・ニコラス著、鈴木立哉訳、新潮社、2022〕

Nilsson, Johan, '500 svenskar döda efter att ha smittats inom hemtjänsten' ('500 Swedes Dead after Home Care Infections'), *TT*, 6 May 2020

Nixon, St John C, *The Invention of the Automobile: Karl Benz and Gottlieb Daimler* (1936), new digital edition by Edizioni Savine, 2016

Nyberg, Ann-Christin, *Making Ideas Matter: Gender, Technology and Women's Invention, dissertation*, Luleå Tekniska Universitet, 2009

Öberg, Lisa, *Barnmorskan och läkaren* (*The Midwife and the Doctor*), Ordfront, Stockholm, 1996

O'Hear, Steve, 'Voi Raises Another $85M for its European E-scooter Service', *TechCrunch*, 19 November 2011

Olsson Jeffery, Miriam, 'Nya siffror: Så lite riskkapital går till kvinnor – medan miljarderna rullar till män' ('New Figures: Here's How Little Venture Capital Goes to Women – While the Billions Roll in for Men'), *DI Digital*, 9 July 2020

Oster, Emily F, 'Witchcraft, Weather and Economic Growth in Renaissance Europe', *Journal of Economic Perspectives*, vol. 18, no. 1, 2004

Packer, George, 'No Death, No Taxes: The Libertarian Futurism of a Silicon Valley Billionaire', *The New Yorker*, 21 November 2011

Peterson- Whithorn, Chase and Berg, Madeline, 'Inside Kylie Jenner's Web of Lies – and Why She is no Longer a Billionaire', *Forbes*, 1 June 2020

Plesner, Åsa, *Budget ur balans: En granskning av äldreomsor-gens ekonomi and arbetsmiljö* (*Budget Out of Balance: a Review of the Economics and Work Environment of Elderly Care*), Arena Idé, Stockholm, 2020

Pook, Lizzy, 'Why the Art World is Finally Waking Up to the Power of Female Craft Skills', *Stylist*, 2019, www.stylist.co.uk

Reardon, Sara, 'Rise of Robot Radiologists', *Nature*, 18 December 2019

Richardson, Ken and Norgate, Sarah H, 'Does IQ Really Predict Job Performance?', *Applied Developmental Science*, vol. 19, no. 3, 2015

Ridley, Matt, *How Innovation Works*, 4th Estate Books, London, 2020〔『人類とイノベーション』マット・リドレー著、大田直子訳、NewsPicks パブリッシング、2021〕

Riskin, Jessica, *The Restless Clock: A History of the Centuries- Long Argument Over What Makes Living Things Tick*, University of Chicago Press, Chicago and London, 2017

Kwass, Michael, 'Big Hair: A Wig History of Consumption in Eighteenth Century France', *The American Historical Review*, vol. 111, no. 3, 2006

Lee, Kai- Fu, *AI Superpowers: China, Silicon Valley and the New World Order*, Houghton Mifflin Harcourt, Boston, 2018〔『AI 世界秩序　米中が支配する「雇用なき未来」』李開復著、上野元美訳、日経 BP 日本経済新聞出版本部、2020〕

Leeson, Peter T and Russ, Jacob W, 'Witch Trials', *The Economic Journal*, vol. 128, no. 613, 2018

Leisner, Barbara, *Bertha Benz: Eine starke Frau am Steuer des ersten Automobils* (*Bertha Benz: A Strong Woman at the Wheel of the First Car*), Katz Casimir Verlag, Gernsbach, 2014

Levsen, Nils, *Lead Markets in Age- Based Innovations: Demographic Change and Internationally Successful Innovations*, Springer Gabler, Hamburg, 2014

Lewin, Ronald, *Ultra Goes to War: The Secret Story*, Penguin Classic Military History, London, 2001, first published by Hutchinson & Co., London, 1987

Lord, Barry, *Art & Energy: How Culture Changes*, American Alliance of Museums Press, Washington, DC, 2014

Madrigal, Alexis C, 'The Electric Taxi Company You Could Have Called In 1900', *The Atlantic*, 15 March 2011

Mann, Charles C, *The Wizard and the Prophet: Science and the Future of Our Planet*, Picador, New York, 2018〔『魔術師と予言者』チャールズ・C・マン著、布施由紀子訳、紀伊國屋書店、2022〕

Marçal, Katrine, *Who Cooked Adam Smith's Dinner?*, trans. Saskia Vogel, Portobello Books, London, 2015

Matthews, Kenneth Jr, 'The Embattled Driver in Ancient Rome', *Expedition Magazine*, vol. 2, no. 3, 1960

McGrane, Sally, 'No Stress, No Press: When Fingers Fly', *New York Times*, 24 January 2002

Merchant, Carolyn, *The Death of Nature: Women, Ecology, and the Scientific Revolution*, HarperCollins, New York, 1983〔『自然の死　科学革命と女・エコロジー』キャロリン・マーチャント著、団まりな、垂水雄二、樋口祐子訳、工作舎、1985〕

Merritt, Deborah J, 'Hypatia in the Patent Office: Women Inventors and the Law, 1865-1900', *The American Journal of Legal History*, vol. 35, no. 3, July 1991

Miguel, Edward, 'Poverty and Witch Killings', *Review of Economic Studies*, vol. 72, no. 4, 1153-1172, 2005

Mom, Gijs, *The Electric Vehicle: Technology and Expectations in the Automobile Age*, Johns Hopkins University Press, Baltimore, 2004

de Monchaux, Nicholas, *Spacesuit: Fashioning Apollo*, MIT Press, Cambridge, Massachusetts, 2011

Moravec, Hans, *Mind Children: The Future of Robot and Human Intelligence*, Harvard University Press, London, 1998〔『電脳生物たち　超AIによる文明の乗っ取り』H・モラベック著、野崎昭弘訳、岩波書店、1991〕

Muro, Mark, Tomer, Adie, Shivaram, Ranjitha and Kane, Joseph, 'Advancing Inclusion Through Clean Energy Jobs', *Metropolitan Policy Program*, Brookings, April 2019

Gleick, James, *Isaac Newton*, HarperCollins, London, 2004〔『ニュートンの海　万物の真理を求めて』ジェイムズ・グリック著、大貫昌子訳、日本放送出版協会、2005〕

Googlers, 'Vint Cerf on Accessibility, the Cello and Noisy Hearing Aids', 4 October 2018, www.blog.google/inside-google/googlers

Grattan-Guinness, I, 'Work for the Hairdressers: The Production of de Prony's Logarithmic and Trigonometric Tables', *Annals of the History of Computing*, vol. 12, no. 3, summer 1990

Grier, David Allen, *When Computers Were Human*, Princeton University Press, Princeton/Oxford, 2005

Harari, Yuval Noah, *Homo Deus: A Brief History of Tomorrow*, Vintage, London, 2016〔『ホモ・デウス　テクノロジーとサピエンスの未来』上・下、ユヴァル・ノア・ハラリ著、柴田裕之訳、河出書房新社、2018〕

Hegewisch, Ariane, Childers, Chandra and Hartmann, Heidi, *Women, Automation and the Future of Work*, Institute For Women's Policy Research, 2019

Heller, Nathan, 'Is Venture Capital Worth the Risk?', *The New Yorker*, 20 January 2020

Hicks, Mar, *Programmed Inequality: How Britain Discarded Women Technologists and Lost Its Edge in Computing*, MIT Press, London, 2017

—, 'When Winning Is Losing: Why the Nation that Invented the Computer Lost its Lead', *Computer*, vol. 51, no. 10, 2018

Hinchliffe, Emma, 'Funding for Female Founders Increased in 2019 – but only to 2.7%', *Fortune*, 2 March 2020

Hobsbawm, E J, 'The Machine Breakers', *Past & Present*, no. 1, 1952

Hoke, Donald, 'The Woman and the Typewriter: A Case Study in Technological Innovation and Social Change', *Business and Economic History*, vol. 8, 1979

Hubbard, L Ron, Dianetics: *The Modern Science Of Mental Health*, Hermitage House, 1950〔『ダイアネティックス 自分の能力を最大限にする本』L・ロン・ハバード著、トラストレーション・ユニット東京訳、ニュー・エラ・パブリケーションズ・ジャパン、1991〕

Hund, Emily and McGuigan, Lee, 'A Shoppable Life: Performance, Selfhood, and Influence in the Social Media Storefront', *Communication, Culture and Critique*, vol. 12, no. 1, March 2019

Hunt, Tristram, Marx's General: *The Revolutionary Life of Friedrich Engels*, Holt Paperbacks, New York, 2009

Jansson, Elisabeth, 'Ainas idé blir exportprodukt' ('Aina's Idea Becomes Export Product'), Metallarbetaren, no. 35, 1981

Kaijser, Eva and Björk, Monica, *Svenska Hem: den sanna historien om Fröken Frimans krig* (*Swedish Homes: The True Story of Miss Friman's War*), Latona Ord & Ton, Stockholm, 2014

Kasparov, Garry (with Mig Greengard), *Deep Thinking: Where Artificial Intelligence Ends . . . and Human Creativity Begins*, John Murray Press, London, 2017〔『DEEP THINKING ディープ・シンキング　人工知能の思考を読む』ガルリ・カスパロフ著、染田屋茂訳、日経 BP、2017〕

Kuehn, Daniel, 'Keynes, Newton and the Royal Society: the Events of 1942 and 1943', Notes Rec. 6725-36, 2013

Davenport-Hines, Richard, *Universal Man: The Lives of John Maynard Keynes*, Basic Books, New York, 2015

Dean, Warren, *Brazil and the Struggle for Rubber: A Study in Environmental History*, Cambridge University Press, Cambridge, 1987

Duffy, Brooke Erin, *(Not) Getting Paid to Do What You Love: Gender, Social Media and Aspirational Work*, Yale University Press, New Haven/London, 2017

The Economist, 'Men Still Pick "Blue" Jobs and Women "Pink" Jobs', 16 February 2019

Edgerton, David, *Warfare State: Britain, 1920-1970*, Cambridge University Press, Cambridge, 2006〔『戦争国家イギリス　反衰退・非福祉の現代史』デービッド・エジャトン著、坂出健監訳、松浦俊輔ほか訳、名古屋大学出版会、2017〕

Elis, Angela, *Mein Traum ist länger als die Nacht* (*My Dream is Longer than the Night*), Hoffmann und Campe Verlag, Hamburg, 2010

Engels, Friedrich, *The Condition of the Working Class in England*, Oxford University Press, Oxford, 1993〔『イギリスにおける労働者階級の状態』上・下、エンゲルス著、一條和生、杉山忠平訳、岩波文庫、1990〕

Fagan, Brian, *The Little Ice Age* (Basic Books, New York, 2000)〔『歴史を変えた気候大変動』ブライアン・フェイガン著、東郷えりか、桃井緑美子訳、河出書房新社、2001〕

Federici, Silvia, *Caliban and the Witch: Women, the Body and Primitive Accumulation*, Autonomedia, New York, 2004〔『キャリバンと魔女』シルヴィア・フェデリーチ著、小田原琳、後藤あゆみ訳、以文社、2017〕

Field, Alexander J, 'World War II and the Growth of US Potential Output', working paper, Department of Economics, Santa Clara University, May 2018

Follett, Chelsea, 'How Economic Prosperity Spared Witches', *USA Today*, 28 October 2017

Ford, Martin, *The Rise of the Robots: Technology and the Threat of Mass Unemployment*, Basic Books, New York, 2016〔『ロボットの脅威　人の仕事がなくなる日』マーティン・フォード著、松本剛史訳、日本経済新聞出版社、2018〕

Frey, Carl Benedikt and Osborne, Michael, *The Future of Employment: How Susceptible are Jobs to Computerisation?*, Oxford Martin School, Oxford, 2013

Frey, Carl Benedikt, Berger, Thor and Chen, Chinchih, 'Political Machinery: Did Robots Swing the 2016 US Presidential Election?', *Oxford Review of Economic Policy*, vol. 34, no. 3, 2018

Frey, Carl Benedikt, *The Technology Trap: Capital, Labor, and Power in the Age of Automation*, Princeton University Press, Oxford, 2019〔『テクノロジーの世界経済史　ビル・ゲイツのパラドックス』カール・B・フレイ著、村井章子、大野一訳、日経 BP、2020〕

Funderburg, Anne Cooper, 'Making Teflon Stick', *Invention and Technology Magazine*, vol. 16, no. 1, summer 2000

Gasser, Aleksander, 'World's Oldest Wheel Found in Slovenia', Government Communication Office of the Republic of Slovenia, March 2003, www.ukom.gov.si

Gladwell, Malcolm, 'Creation Myth', *The New Yorker*, 9 May 2011

Boyd, Thomas Alvin, *Charles F Kettering: A Biography*, Beard Books, Washington, 1957

Bradley, Harriet, 'Frames of Reference: Skill, Gender and New Technology in the Hosiery Industry', *Women Workers and the Technological Change in Europe in the Nineteenth and Twentieth Centuries*, ed. Gertjan Groot and Marlou Schrover, Taylor & Francis, London, 1995

Brandel, Jennifer and Zepada, Mara, 'Zebras Fix What Unicorns Break', *Medium*, 8 March 2017, www.medium.com

British Business Bank, 'UK Venture Capital and Female Founders', report, 2019

Brooks, Rodney, 'Elephants Don't Play Chess', *Robotics and Autonomous Systems*, vol. 6, no. 1-2, 1990

—, *Flesh and Machines: How Robots Will Change Us*, Vintage, London, 2003

Brynjolfsson, Erik and McAfee, Andrew, *The Second Machine Age: Work, Progress, and Prosperity in a Time of Brilliant Technologies*, Norton & Company, New York, 2014〔『ザ・セカンド・マシン・エイジ』エリック・ブリニョルフソン、アンドリュー・マカフィー著、村井章子訳、日経 BP、2015〕

Bulliet, Richard W, *The Camel and the Wheel*, Columbia University Press, New York, 1990

—, *The Wheel: Inventions and Reinventions*, Columbia University Press, New York, 2016

Campbell- Kelly, Martin and Williams, Michael R (ed.), 'The Moore School Lectures: Theory and Techniques for Design of Electronic Digital Computers', *The Moore School Lectures* (*Charles Babbage Institute Reprint*), MIT Press, Cambridge, Massachusetts; Tomash Publishers, Los Angeles, 1985

Casey, Robert, *The Model T: A Centennial History*, Johns Hopkins Press, Baltimore, 2008

Chaudhuri, S, 'Women as Easy Scapegoats: Witchcraft Accusations and Women as Targets in Tea Plantations of India', *Violence Against Women*, vol. 18, no. 10, 1213-1234, 2012

Christian, Cornelius, 'Elites, Weather Shocks, and Witchcraft Trials in Scotland', Working Papers 1704, Brock University, Department of Economics, 2017

Churchill, Winston, *The Gathering Storm*, Penguin Classics, London, 2005

Clark, Kate, 'US VC Investment in Female Founders Hits All- time High', *TechCrunch*, 9 December 2019

Cobb, Matthew, *The Idea of the Brain: A History*, Profile Books, London, 2020

Comrie, Leslie, 'Careers for Girls', *The Mathematical Gazette*, vol. 28, no. 28, 1944

Conniff, Richard, 'Alchemy May Not Have Been the Pseudoscience We All Thought It Was', *Smithsonian Magazine*, February 2014

Copeland, Jack, 'Colossus and the Rise of the Modern Com-puter', *Colossus: The Secrets of Bletchley Park's Codebreaking Computers*, Oxford University Press, New York, 2006

Cummings, Missy, 'Rethinking the Maturity of Artificial Intelligence in Safety-critical Settings', *AI Magazine*, 2020, http://hal.pratt.duke.edu/sites/hal.pratt.duke.edu/files/u39/2020-min.pdf

Daggett, Cara, 'Petro- masculinity: Fossil Fuels and Authoritarian Desire', *Millennium*, vol. 47, no. 1, 2018

Das, Smita and Kotikula, Aphichoke, *Gender-based Employment Segregation: Understanding Causes and Policy Interventions*, International Bank for Reconstruction and Development/The World Bank, 2019

参考文献

Abbate, Jane, *Recoding Gender: Women's Changing Participation in Computing*, MIT Press, Cambridge, Massachusetts, 2012

Adler, Michael H, *The Writing Machine*, George Allen & Unwin, London, 1973

Aldrin, Buzz, *Magnificent Desolation: The Long Journey Home from the Moon*, Bloomsbury Publishing, London, 2009

Alexopoulos, Michelle, 'Read All about It!! What Happens Following a Technology Shock?', *American Economic Review*, vol. 101, no. 4, June 2011

Allan May, John, 'Come What May: A Wheel of an Idea', *Christian Science Monitor*, 4 October 1951

Allehanda.se, 'Fråga Gösta: hur många hästkrafter har en häst?' ('Ask Gösta: How Many Horsepower Does a Horse Have?'), 27 October 2005

Allen, Robert, 'Engels' Pause: Technical Change, Capital Accumulation, and Inequality in the British Industrial Revolution', *Explorations in Economic History*, vol. 46, no. 4, 2009

Arntz, Melanie, Gregory, Terry and Zierahn, Ulrich, 'The Risk of Automation for Jobs in OECD Countries: A Comparative Analysis', *OECD Social, Employment and Migration Working Papers*, no. 189, OECD Publishing, Paris, 2016

Asaf Levanon, Paula and England, Paul Allison, 'Occupational Feminization and Pay: Assessing Causal Dynamics Using 1950-2000 U.S. Census Data', *Social Forces*, vol. 88, no. 2, December 2009

Autor, David, 'Polanyi's Paradox and the Shape of Employment Growth', NBER Working Papers 20485, National Bureau of Economic Research, Inc., 2014

Axelsson, Per, *Höstens spöke: De svenska polioepidemiernas historia* (*The Ghost of Autumn: the History of the Swedish Polio Epidemics*), dissertation, Umeå University, Carlsson, Stockholm, 2004

Badkar, Mamta, 'Snap slips after Kylie Jenner tweet', *Financial Times*, 22 February 2018

Baird, Ross, *The Innovation Blind Spot: Why We Back the Wrong Ideas and What To Do About It*, Benbella Books, Texas, 2017

Barnett, Cynthia, *Rain: A Natural and Cultural History*, Crown Publishing, New York, 2015〔『雨の自然誌』シンシア・バーネット著、東郷えりか訳、河出書房新社、2016〕

Beevor, Antony, *Stalingrad*, Viking, London, 1998

Berger, Thor, Frey, Carl Benedikt, Levin, Guy and Rao Danda, Santosh, 'Uber Happy? Work and Well-being in the "Gig Economy"', *Economic Policy*, vol. 34, no. 99, July 2019

The Bible, Genesis

Boot, Max, *War Made New: Technology, Warfare, and the Course of History – 1500 to Today*, Gotham Books, New York, 2006

Bootle, Roger, *The AI Economy: Work, Wealth and Welfare in the Robot Age*, Nicholas Brealey Publishing, London, 2019

旅行……19-20
リーランド、ヘンリー……42-5, 48-9
ル・ボン・マルシェ……140
レイェフスキ、マリアン……90
レイビー、ジェリー……12
錬金術師……249-51
労働市場
　技術的な資質と――……99
　技術のイノベーションと――……86-7
　グラマーレイバー……135
　自動化と――……171-5, 188-94, 208-34
　ソーシャルメディアのインフルエンサーと――……129-35, 141-3, 145-53
　――におけるジェンダー分離……218-20
　――の女性化……151
ロシア：二月革命（1917年）……138
ローズ、アイダ……92, 185
ロード、バリー：『Art & Energy（アート&エネルギー）』……152
ロボット……123, 163, 165, 175, 208
　運動スキルと――……182, 185-6, 188-95, 198
　社会福祉と――……171-2
　賃金と――（自動化も参照）……173
　トランプの当選と――……209
　人間のメタファーと――……178
　労働と――……172-5, 188-94, 208-34
ローマ……17-18, 35-6
ローマ帝国……17-8, 35-6
『ロマンシング・ストーン　秘宝の谷』……28
ローリング、J・K：「ハリー・ポッター」シリーズ……261

［わ行］
ワット、ジェームズ……84-5

［数字・アルファベット］
3Dプリンター……208
9・11同時多発テロ……151, 167
AI（人工知能）……157, 182, 219, 256
　高齢者ケアと――……222
　「ソフトスキル」と――……220, 228-9
　知性と――……193
　肉体的なプロセスと――……187-8, 191
　――分野の女性研究者……194
　ベンチャーキャピタルと――……123-4
　放射線科医師と――……228
『Electric Vehicles』……42, 47
ENIACコンピューター……80
IBM……92
　ディープ・ブルー（スーパーコンピューター）……186-7, 192-3
ILC……59-65, 78-9
iPhone……111, 124, 232
IPO（新規株式公開）……123
IQ……220
MI6……89
NASA……10, 61-2, 64-6
Playtex……59, 61
T型フォード……39-40, 46
USラゲージ社……8
Voi……123
WeWork……123
YouTube……132, 223

フリーランス・プログラマーズ社……96
『プリンターズ・インク』……135
ブルックス、ロドニー……193, 196
フレイ、カール・ベネディクト……209
ブレッチリー・パーク……89-91, 97
プロシューマー……143
プロテスタント信仰……242
プロのバイヤー……134
プロメテウス……158
ペニシリン……66, 68
『ヘラルド・サン』……198
ベル電話研究所……81
ペンシルベニア大学……80-1, 88
ベンチャーキャピタル……117-24, 170-1, 257
ベンツ、オイゲン……31, 34
ベンツ、カール……31-5
ベンツ、ベルタ……31-4, 37, 40, 49, 52
ベンツ、リヒャルト……31, 34
ベンツ・パテント・モトールヴァーゲン……32, 34-5, 37
ホイットニー、ウィリアム・C……51-2
ボイル、ロバート……249
放射線科医師……228
ホーキング、スティーヴン……163
捕鯨……116-22, 125, 171, 258
歩行器……106-12, 120, 125, 128
歩行補助具市場……111
ボトックス……130-1
ボナパルト、ナポレオン……91, 231
ポランニー、マイケル……184
ポランニーのパラドックス……184-5, 188, 190, 194, 196, 221, 232
ポリオ……104
掘り棒……69-70, 153, 263
「ホワイト・ラビット・ナンバーシックス」(溝掘り機)……67

［ま行］
マイケルソン、アルバート……257
マウス、コンピューター——の発明……16, 110
マカダム、ジョン……18
「魔術師」……252-5, 259-60, 262
魔女……236-42, 245, 248-51, 259-62
マスク、イーロン……42, 52, 254
マッツカート、マリアナ……255
マム、ハイス……48
マルクス、カール……204, 206-7
　『資本論』……207
マン、チャールズ・C……252-5
ムーア・スクール・レクチャー……80-4
ムスペルヘイム……156-7
ムーベリ、ヴィルヘルム：『The Emigrants（移民者たち）』……19
「無用者階級」……210, 223, 232
ムンク、ペーダー海軍大将……235-7
メイ、ジョン・アラン……13
メイシーズ……12-3
メソポタミア……11, 158
メタファーの選択……156-70
メルセデス・ベンツ……32
モデル30……45
モラベック、ハンス……191-2

［や行］
ユグドラシル……157
ユニバーサル・ベーシックインカム（UBI）……211, 226
ユミル……156-7
「予言者」……252-7, 259-60, 262-3

［ら行］
リー、ウィリアム……230
李開復（リー・カイフー）……188
リビング・ガードル……56

トールキン、J・R・R:『指輪物語』……255
トロワ、クレティアン・ド……24

［な行］
ナショナリズム……200, 245
ナレッジ・エコノミー……219-20
肉体
経済と──の現実……176-9
女性と──のつながり……177-9, 198-201
新型コロナウイルス感染症と──……165-70
創世のメタファー……156-70
デジタル革命（2010年代）と──……170-6
人間をコンピューター／機械のように扱う……162-70
「ブラック・スワン」と──……166-9
AIと──……180-201
ニコラス、トム……117
乳製品業界……75-6
ニュートン、サー・アイザック……181, 249-51
二輪戦車……25
縫い物……56-66, 79, 93, 204-6
ノイマン、ジョン・フォン:『電子計算機と頭脳』……164

［は行］
バイオハック……210-1, 219, 229, 233
バイキング……156-7, 160, 163, 179
ハイジャック事件、アメリカ国内の航空機──……8
バッテリー技術……39, 48, 50-2
発明の母……68, 263
バーデン大公国……31
母親……145, 176
ハバード、L・ロン……162
『ダイアネティックス 自分の能力を最大限にする本』……162
ハーバード大学天文台……87
母なる自然……238, 243-4, 248, 254
ハミルトン・スタンダード社……61-2
ハラリ、ユヴァル・ノア……210
ハリウッドスタジオ……150
馬力……32, 84-5
ハロッズ……21
「半分だけ発明された」……15
ヒックス、マー……92, 97
必要は発明の母……68
ヒトラー、アドルフ……67
ヒポクラテス……158
百貨店……12, 21, 26, 29, 139-43, 152-4
ビン・ラディン、オサマ……167
フィヴィッツァーノ、カロリーナ・ファントーニ・ダ……110
フェイスブック……120, 125, 132-3
フェデラー、ロジャー……198-200
フェミニズム
アンチフェミニズム……245
起業と──……146-7
ケア業界と──……224
セルフリッジと──……141
ハリケーンと熱帯低気圧と──……243
フェルディナント、フランツ……167
フォード……46
フォード、クララ……40
フォード、ヘンリー……39-40, 42
『フォーブス』……132
フォラカー、エレノア……78-9
ブッシュ、ジョージ・W……150-1
ブラジャー……59, 63-4, 79
プラス、ロバート……28-9
「ブラック・スワン」……156, 166-9, 174
フランス革命（1789年）……86, 138
フランチーニ兄弟……159
ブリ（神）……156

掃除／清掃……189-91, 194, 232
創造性／創造力……137, 192, 221, 233
相対性理論……257
素材、女性向けと男性向けの——……72-3, 258
ソーシャルメディア……123-4
　インフルエンサー……129-35, 141-3, 145-53
　ベンチャーキャピタルと——……123-4
「ソフトスキル」と第二機械時代……220, 228-9
ソフトバンク……123
ゾラ、エミール：『ボヌール・デ・ダム百貨店』……140-1

［た行］

第二機械時代……208-9, 212, 216, 219, 223, 225-30, 233
第二次世界大戦（1939～45年）……59, 67-8, 80-1, 89-90, 93, 105
タイプライター……110
タッチスクリーン技術……110
『タトラー』……20-1
タペストリー……76
ダモア、ジェームズ……100
タレブ、ナシーム：『反脆弱性』……14-5
　『ブラック・スワン』……167-70
炭鉱、アメリカの——……246
タンザニア……217, 239
チェス……186-9, 191-4, 196-8
知能
　感情知能……221, 229
　コンピューターと人間……163-5, 182, 193-8, 219-21
　人工（AIを参照）
チャーチル、ウィンストン……67, 150-1
チャルファン、E・P……41
チャルマース工科大学……245
チューリング、アラン……88-90, 97
ディオール、クリスチャン……59
ティザード卿、ヘンリー……68
低賃金の仕事
　ギグエコノミーと——……171
　ケア業界と——……224-5, 229
　コンピュータープログラミングと——……92-3, 229
　女性がする作業に技術が伴うと認めないことと——……75
　女性が——を選んでいる……74
　女性の特性と——……93-4, 100-1
　労働市場の女性化と——……151-2
ティトゥバ（女性奴隷）……240
ティファール……78
ティール、ピーター……132-3
デカルト、ルネ……159-61, 164, 179
テグマーク、マックス……163
デジタルマップ技術……171
データと機械学習……194
デトロイト・エレクトリック……41
テフロン加工のフライパン……77-8
デュワートロフィー……45
デルコ……45
テレシコワ、ワレンチナ……61
電子メール用プロトコル、世界初の——……110
伝統知識……77
天然ゴム……57-60
天文学……86-7
同一賃金法（給与も参照）……92
道具、世界初の——……69-70
トゥーリ、ペッレグリーノ……110
トゥーンベリ、グレタ……245, 247, 251-2
特許……11-3, 22, 32, 77, 108, 112, 208, 230
トラボルタ、ジョン……162
トランプ、ドナルド……209, 246

電気自動車……36-53, 153, 182, 258
電気式セルフスターター……44-6, 49, 53, 81
——の発明……31-53
「支配」「つぶす」「破壊」のイノベーション理論……125, 127, 153, 263
資本主義
生産性と——……205
ソーシャルメディアのインフルエンサーと——……132, 142
プロシューマー……143
ベンチャーキャピタル……117-24, 170-1, 257
「魔術師」と——……253
社会福祉／訪問介護サービス……171-4, 221-2, 224
シャーフ、ヴァージニア：『Taking the Wheel』……38
シャーリー、ステファニー……96
車輪の発明……10-1, 17
出産の物語……71
狩猟採集社会での役割分担……69-70
シュンペーター、ヨーゼフ……205
障がいと発明……87, 104-12
消費者主義
買い物と——（買い物を参照）
消費者としてのアイデンティティ……150-3
ソーシャルメディアのインフルエンサー……129-35, 141-7, 153
プロシューマー……143
小氷期……237, 241-2
助産術／助産師……73-5, 224, 237
ジョブズ、スティーブ……15-7, 111
ジョンソン、ボリス……254
シラー、ロバート……12
『ナラティブ経済学』……14
シリコンバレー……98, 118-9, 124
新型コロナウイルス感染症（パンデミック）……165-70, 173-4, 178, 217
紳士向けアンダースラング・ロードスター……41
人種差別……58, 199, 245, 252-3
真珠湾攻撃（1941年）……56-7, 59
親密さ、販売戦略と——……145, 147-8
信用……112-5, 151
女性の信用収縮……112-5
スウェーデン……19, 245-6
ケア業界と——……171-4
ジェンダー分離型経済……217
助産術……73-4
第二次世界大戦と——……105
男女間賃金格差……224
乳製品業界……76
ベンチャーキャピタルと——……121
ポリオ……104-5
養育手当と保育費……224
スカンジナビア半島の男女平等政策……224
スーツケース、キャスター付き——……8-30, 246, 258
スティビッツ、ジョージ……81-5, 88
スナップチャット……131-2
スパネル、アブラム……56-61
スマート人間……210
スマートフォン……132, 142, 170, 187, 208
生産性……205
政治的介入……231
聖書……158
セイラム魔女裁判……240
石油……34, 53, 152, 247
セルフリッジ、ハリー・ゴードン……141, 143
ゼロックス……15-6
セントクレア、カッシア……72
全米黒人ジャーナリスト協会……199
専門職の価値……225

ナレッジ・エコノミー……219-20
肉体と――……177-9
――の女性化……151-2
符号と――……153
ベンチャーキャピタル……117-24, 170-1, 257
捕鯨……116-22, 125, 171, 258
芸術家、女性の――……77
ケインズ、ジョン・メイナード……250
ケタリング、チャールズ・F……44-6, 48-9, 53, 81
原子爆弾……67
ケンブリッジ大学……90, 181, 250
古代ギリシャ……158
固定価格……139, 142
コムリー、レスリー……86
コリンズ、マイケル……10
ゴールドマン、シルヴァン……23-4
コンピューター
女性のコンピューター関連職と――……85-8, 91-101, 185, 229, 258
女性のプログラミング職と――……88-101
シリコンバレーと――……98, 118-9, 124
スティーブ・ジョブズと――……15-7
世界初の――……80-1, 91
タッチスクリーン技術……111
チェスと――……186-8, 192-3, 197
人間の脳のメタファーと――……162-5, 178-9
ブレッチリー・パークと――……91, 97
ムーア・スクール・レクチャー……80-4

［さ行］

サイエントロジー……162-3
ザッカーバーグ、マーク……132, 147
サドウ、バーナード……8-13, 23-4, 26, 28
サーフ、ヴィントン……110
サムソナイト……28
ザルカダキス、ジョージ……157-8
産業革命（第一機械時代）……117, 204, 206-7, 209, 214-6, 218, 226, 231, 233
サン・ジェルマン・アン・レイ城の庭園……159, 179
サンプソン、アグネス……237
シェイクスピア、ウィリアム：『ハムレット』……71
シェパード、レオナルド……78
ジェームズVI世、スコットランド王……235-7, 243
ジェンナー、カイリー……129-35, 145-7, 149-50, 153-4
ジェンナー、クリス……130, 135
自然と女らしさ／女性性……238-49, 254, 260-2
実業家／起業家……50, 96, 196, 257
ジェンダーと――……108, 111, 115, 127, 129-54
シリコンバレーと――……118-9
ソーシャルメディアのインフルエンサーと――……129-54
ベンチャーキャピタルと――……118, 122-7
自動運転車……182, 195-6, 222
自動化／ロボット
介助と――……171-2, 222
体の動きと――……185-6, 188-94, 198, 221
ソフトスキルと――……172, 188-94, 220-2, 232-3
人間をロボットに見立てる……175, 178
病院と――……222
ベンチャーキャピタルと――……123
労働と――……171-5, 188-94, 208-34
自動車
自動運転……195-6, 222

消費者主義と――……152-3
小氷期……237, 241-2
トゥーンベリと――……245, 247, 251-2
否定論……244-7
――への投資……68
ボリス・ジョンソンと――……254
マスクと――……254
予言者／魔術師と――……253-6, 259
技術
車の発明……84-6
月面着陸……60-6, 78-9
コンピュータープログラミング……80-4, 86-101
助産術……73-5
戦争と――イノベーション……66-9
創世のメタファー……156-70
力の強さ、労働市場のジェンダーロールと――……98-9
テフロンの発明……77-8
乳製品業界……75-6
美術、女性の――……76-7
技術的な資質……99
機内持ち込み用かばん……28-9
キーボード……110
キャデラック・モーター・カンパニー……42-5, 49
キャバレー社……28
給与／賃金
ギグエコノミーと――……173, 175-6
男女間賃金格差……73-5, 87, 92-3, 100, 205, 214, 217, 224
地方と――……209
低賃金の仕事（低賃金の仕事も参照）……74-7, 92-5, 100-1, 151-2, 170, 176, 223-5, 229, 232, 248
同一賃金法……92
キュー王立植物園……58
教育……36, 77, 105, 194, 219, 226, 247, 251
「キロガール」（計算作業1000時間分）……88
ギンヌンガの淵……156-7
金融システム……112-4, 125, 257
グーグル……100, 123, 133, 219
靴下産業……93
クテシビオス、アレクサンドリア……158
クラーマー、ハインリヒ……239
グラマーレイバー……135
クリスチャン、コーネリウス……242
クルーニー、ジョージ……149
グレゴワール、コレット……77
クロディ、カール・H……37
軍事とイノベーション……66-9
経済
イノベーションへの抵抗／反感と――……14, 19, 26, 53
買い物と――（買い物を参照）
価格の上昇……138
感情的な結びつきと――……144-50
ギグエコノミー……170-6
金融危機（2008年）……113, 115, 151, 169
金融面での女性のアイデアの排除……111-2, 123-5, 257
これからの――……208-12
コンピューターと――……83-4, 97
自動化と――（自動化を参照）
女性の魅力と――……149
新型コロナウイルス感染症と――……168-70, 178
信用と――……112-5, 151
生産性と――……205
清掃／掃除と――……188-91
戦時下のイノベーションと――……66-9
男女間賃金格差と――……74-7, 92-5, 98-100
力の強さと――……98-9

エンゲルス、フリードリヒ……204, 206-8, 212, 214-6, 218, 227, 234
『イギリスにおける労働者階級の状態』……207
オウィディウス……36
王立婦人海軍……91
オスター、エミリー……238
オースティン、ジェイン……149, 209
オッケル、ウィリー……34
オーディン……156-7, 163
男らしさ／男性的／男性性
気候変動と——……244-7
技術と——……178, 193-4, 244
キャスター付きスーツケースと——……8-15, 19-23, 26-30, 246, 260
コンピュータープログラミングと——……93
産業革命と——……212-6, 218
自然と——……260
自動車と——……48
スポーツと——……198-201
素材と——……73
「男性的」のラベル付けが経済に与える影響……77
力の強さと——……22, 29, 98-9, 214, 218
捕鯨理論と——……127
魔女と——……240-1
オルドリン、バズ……10, 63, 79
温室効果ガス……125
女らしさ／女性的／女性性……30, 41, 75, 77, 248
イノベーションと——……125-7
技術と——……99
経済と「女性」のラベル——……77
自然と——……238-49, 254, 260-2
出産の物語と——……71
素材と——……72-3
「ソフトスキル」と——……220, 223-30
力の強さと——……98-9
低賃金と——……75
電気自動車と——……37, 40-1, 46-50, 52-3
縫い物と——……93-5
労働市場と——……151

［か行］

買い物……129-54
感情的な結びつきと——……144-50
固定価格……139, 142
消費者としてのアイデンティティ……150-3
ショッピングカート……24
ソーシャルメディアのインフルエンサー／グラマーレイバー……129-35, 141-3
——と符号……153
百貨店、近代型の——……139-42, 153
プロシューマー……143
価格の上昇……138
カスパロフ、ガルリ……186-7, 191-3, 197, 201, 221
カーター、バイロン……43-4, 48
カーダシアン一家……129, 135
かつら職人……86
カトリック教会……159, 242
「ガールアワー」……92
「ガールイヤー」……83-5, 88
カルタゴ……35
カルパティア山脈……11
感情知能……221, 229
感情的な結びつきと経済……144-50
機械学習……194
ギグエコノミー……170-6
気候危機／気候変動
イノベーション／テクノロジーと——……125-6, 259-60
ジェンダーと——……244-7

索引

［あ行］
アインシュタイン、アルベルト……257
アップル（IT企業）
　女性従業員……133
　タッチスクリーン技術……111
　マッキントッシュ……16
　iPhone……111, 124, 232
アフリカ
　——での女性の起業……146
アポロ11号……10, 60-6, 78-9
アマゾン（オンライン小売業者）……171
アマゾン（熱帯雨林）……57-8
編み機……230
アームストロング、ニール……10, 60, 62-3, 78-9
アメリカ大統領選挙（2016年）……209
アルゴリズム……57, 170-2, 178-9, 195-6, 208
アル・ジャザリ、イスマイル……158
アン、デンマーク王女……235-7
イギリス諜報機関……89
イギリスの行政機関……92
イギリス領マラヤ……57-9
イケア……144
異端審問……239
イノベーション
　インターネットと——……133-4, 170-6
　機械のように働く人間の組織……170-6
　ギグエコノミーと——……174-6
　気候変動と——……125-6, 244-6, 252, 255-7, 260
　ジェンダーと——……26-7, 114-5, 125-7, 257-8
　消費と生産の境目がぼかされる……143-4
　生活水準と——……205
　戦争と——……66-9
　——と符号……126, 153
　——の亀の歩み……12
　発明は歴史の能動的参加者……256
　百貨店と——（百貨店を参照）
　——への抵抗……14, 26, 53
　安く売る……114-5
　理論の——……51
　——をあとから見れば……16, 26
イングランド銀行……97
イングリッド、デンマーク王妃……128
インスタグラム……130-3, 143, 147
インフルエンサー、ソーシャルメディアの——……129-35, 141-3, 145-50
ヴァチカン……239
ウィッカム、ヘンリー……57-8
ヴィファルク、アイナ……104-12, 115, 120-1, 124-5, 128
ヴィリ……156
ウィリアムズ、セリーナ……180-6, 188, 197-9, 201, 221
ウィルソン、ウッドロー……40
ヴェー……156
ウェスターマン、ウェイン……110
ヴォルテール……72
ウォレス、デヴィッド・フォスター……198-200
宇宙服……60-6, 78-9
ウーバー……124, 171
馬なし馬車……31-3, 84
運転……31-53
エアリアル（スウェーデンの雄馬）……85
エクマン、グンナル……107
エジプト……91, 104, 158
エドワードⅡ世、国王……89
エニグマ暗号……89
エリザベスⅠ世、女王……89, 230-1
円、世界初の——……10-1

カトリーン・キラス＝マルサル
Katrine Kielos-Marçal

スウェーデン出身、英国を拠点に活動するジャーナリスト。スウェーデンの大手新聞Dagens Nyheter 紙記者。政治、経済、フェミニズムなどの記事を寄稿するほか、ミシェル・オバマへの単独インタビューを担当。またスウェーデンのニュースチャンネルEFNでナシーム・ニコラス・タレブやスティーブ・アイズマンといった経済界の重鎮へのインタビューを手がける。2015年、BBCの選ぶ「今年の女性100人」に選出。経済と女性、イノベーションについてTEDxなどで講演をおこなっている。初めての著書『アダム・スミスの夕食を作ったのは誰か？』は世界20か国語に翻訳され、ガーディアン紙のブック・オブ・ザ・イヤー（2015年）に選出された。本書は2作目となる。

山本真麻
Maasa Yamamoto

翻訳家。訳書にロビン・ワーショウ『それはデートでもトキメキでもセックスでもない』、ロッド・ジャドキンス『天才はしつこい』、バーナード・マー『世界標準のデータ戦略完全ガイド』、ブライアン・エリオット他『Slackが見つけた未来の働き方』、共訳書に『シンギュラリティ大学が教えるシリコンバレー式イノベーション・ワークブック』など。

これまでの経済《けいざい》で無視《むし》されてきた数々《かずかず》のアイデアの話《はなし》

イノベーションとジェンダー

2023年8月20日　初版印刷
2023年8月30日　初版発行

［著　　者］　カトリーン・キラス＝マルサル
［訳　　者］　山本真麻
［発 行 者］　小野寺優
［発 行 所］　株式会社河出書房新社
〒151-0051
東京都渋谷区千駄ヶ谷2-32-2
電話　03-3404-1201（営業）
　　　03-3404-8611（編集）
https://www.kawade.co.jp/
［組　　版］　株式会社キャップス
［印　　刷］　三松堂株式会社
［製　　本］　三松堂株式会社

Printed in Japan
ISBN978-4-309-23137-2